W0177860

**Gebrauchsanweisung
für den Schwarzwald**

Jens Schäfer

Gebrauchsanweisung für den Schwarzwald

Piper München Zürich

Mehr Bäume.
Weniger CO$_2$.
www.cpibooks.de/klimaneutral

Mehr über unsere Autoren und Bücher:
www.piper.de

Das Gedicht von Harald Hurst auf Seite 40 stammt aus:
Harald Hurst, »Do Hanne Num. Ausgewählte Gedichte und Geschichten«,
Karlsruhe 2010, S. 24. Mit freundlicher Genehmigung des G. Braun
Buchverlags.

ISBN 978-3-492-27636-8
Überarbeitete und erweiterte Neuausgabe 2014
© Piper Verlag GmbH, München 2009 und 2014
Karte: cartomedia, Karlsruhe
Satz: le-tex publishing services GmbH, Leipzig
FSC-Papier: Munken Premium von Arctic Paper
Munkedals AB, Schweden
Druck und Bindung: CPI books GmbH, Leck
Printed in Germany

Für meine Eltern

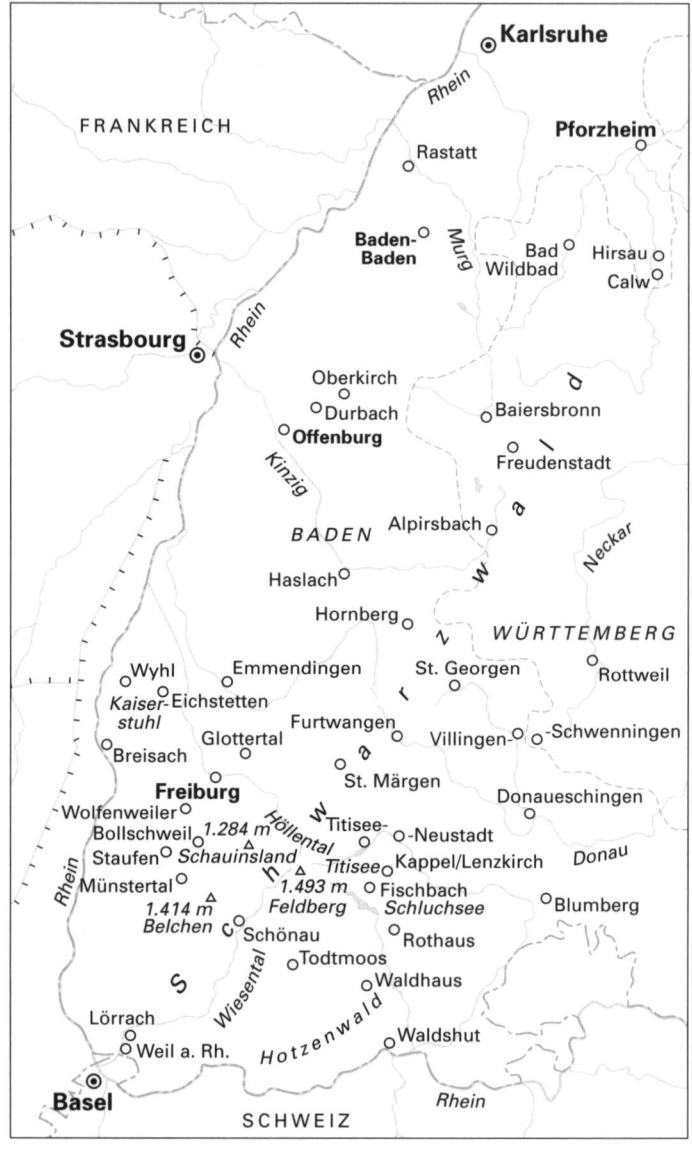

Inhalt

Kuckucksuhren, Kirschtorten, Bollenhüte.

Wie man sich den Schwarzwald vorstellt

Egal als was Sie, lieber Leser, in den Schwarzwald kommen –
ob als Städtereisender oder als Gourmet, als Wanderer oder
Kurgast, als Kongressteilnehmer oder als Student –, bedenken
Sie, dass jeder Einheimische, dem Sie begegnen, Ihnen etwas
voraushat. Er lebt hier. Denn es gibt nur zwei Arten von Menschen, sagt ein Sprichwort: solche, die hier leben wollen, und
solche, die das bereits tun. Im gesamten Schwarzwald sind das
knapp dreieinhalb Millionen. Mehr als doppelt so viele kommen jährlich zu Besuch. Der Schwarzwald ist einer der Sehn-
suchtsorte der Deutschen schlechthin, und das schon seit beinahe 200 Jahren. Die Vorstellung von einer heilen Welt kommt
dem, was man vom Schwarzwald kennt oder zu kennen meint,
ziemlich nahe. Gesunde Luft und mildes Klima, ansehnliche
Städte und pittoreske Dörfer, Gastfreundschaft und Gemütlichkeit, geringe Arbeitslosenzahlen und gutes Essen, liberale und
freundliche Menschen, die zu leben verstehen und leben lassen, und das im Einklang mit viel unberührter Natur.

Schließen Sie kurz die Augen, und denken Sie an den
Schwarzwald. Was sehen Sie? Kuckucksuhren, Kirschtorten
und Bollenhüte? Damit haben Sie durchaus recht. Aber lassen

Sie die Insignien des Schwarzwalds mal beiseite, und denken Sie nur an die Landschaft. Was sehen Sie jetzt? Anmutige Täler und dunkle Wälder, sanfte Hügel mit mächtigen Eindachhöfen und saftige Wiesen, auf denen braunweiße Kühe grasen? Dann sehen Sie, was neunzig Prozent aller Menschen spontan zum Schwarzwald einfällt und was auch die Deutsche Post mal auf eine bunte, piktogrammisierte Briefmarke, Motiv *Schwarzwald*, drucken ließ. Keine Sorge, an Ihrer Einbildungskraft ist nichts verkehrt. Aber es ist nur ein Teil des Ganzen: der *Süd*schwarzwald. Im *Nord-* und im *Mittel*schwarzwald sieht es ziemlich anders aus. Enger sind die Täler und noch dichter bewachsen. Fachwerkhäuser gibt es hier und Dörfer, in die die Sonne nur ganz selten einzudringen scheint. So viel Schatten kann auch schon mal aufs Gemüt schlagen, besonders im Winter. Und im Westen, wo die Hänge des Schwarzwalds in die sonnige Rheinebene übergehen, prägen Felder und Weinberge das Bild.

Ein Freudenstädter, ein Triberger und ein Freiburger haben jeweils etwas anderes im Sinn, wenn sie an den Schwarzwald denken. Der Erste sieht riesige Waldflächen und hält Freudenstadt für die Hauptstadt des Schwarzwalds. Der Zweite denkt an tiefe Schluchten und empfindet die Triberger Wasserfälle als sein Zentrum (womit er geografisch gesehen recht hat). Dem Dritten fallen Freiburgs enge Gassen und das milde Klima ein, und er meint nicht nur im Zentrum des Schwarzwalds zu leben, sondern gleich in der heimlichen Hauptstadt Deutschlands. Kein Schwarzwälder denkt an das Große, Ganze, sondern immer an das Eigene, Kleine, das mit dem großen Rest wenig zu tun hat.

Nicht dass die Freudenstädter, Triberger und Freiburger ignorante Provinzler wären, die nicht über ihren Tellerrand hinausschauen. Die einzelnen Gebiete hatten einfach nie viel miteinander zu schaffen. Der Schwarzwald war jahrhundertelang so dicht und undurchdringlich, dass es kaum Verbindungen zwischen seinen einzelnen Teilen gab.

Als er im frühen Mittelalter besiedelt wurde, haben das Wiesen- oder das Kandertal in nordsüdlicher und, in Ost-West-Richtung verlaufend, das Höllen-, das Kinzig-, und das Murgtal den Bau großer Verbindungsstraßen beinahe unmöglich gemacht. Von Schienen ganz zu schweigen. Daran hat sich bis heute nicht viel geändert. Wer im Nordschwarzwald wohnt, fährt nicht mal eben so in den Süden und umgekehrt. Wieso auch? Man hat den Schwarzwald schließlich vor der eigenen Haustür, und der genügt. Nach wie vor stehen die Fahrzeiten in keinem Verhältnis zur eigentlichen Entfernung. Will man mit der Bahn von Neustadt im Süd- nach Bad Wildbad im Nordschwarzwald fahren, muss man erst den Zug nach Freiburg nehmen, dort nach Karlsruhe umsteigen und dann nach Pforzheim, von wo aus schließlich eine S-Bahn nach Bad Wildbad fährt. Für eine einfache Fahrt braucht man so fast vier Stunden. Dabei sind diese beiden Städte in der Luftlinie keine hundert Kilometer voneinander entfernt.

Schwarzwälder sind ebenso ver- wie aufgeschlossene Wesen, sie sind abgeschottet und weltoffen zugleich. Als Teil des strategisch wichtigen Dreiländerecks weckte ihre Heimat schon immer Begehrlichkeiten und war jahrhundertelang heftig umkämpft. Mit den Nachbarn hat man sich deshalb nie wirklich anfreunden können. Der Schwarzwald ist umrahmt vom protestantischen Württemberg im Norden (der größte Teil des Schwarzwalds ist badisch und katholisch), dem Elsass im Westen (das die Deutschen immer wieder besetzt, annektiert und bekriegt haben), der Schweiz im Süden (die Deutschen gegenüber schon immer fremdelte), und im Osten warten hinter Baar und Bodensee schon die Bayern. So eingekeilt, umkämpft und unbeliebt blieb den Schwarzwäldern gar nichts anderes übrig, als sich auf sich selbst zu besinnen und sich die Selbstzufriedenheit und -genügsamkeit zuzulegen, die die Menschen hier heute auszeichnet. Ein Jubilar wurde zu seinem 100. Geburtstag von einem Redakteur der örtlichen Zeitung besucht. Auf die Frage, wie er rückblickend sein Leben beschreiben würde, sagte er nur: »Es war biegelscht e schäni Zitt!«

Gleichzeitig sind die Schwarzwälder kontaktfreudig, menschenfreundlich und weltoffen. Das gilt vor allem für die aus der Oberrheinischen Tiefebene. Sie hatten schon früh Kontakt zu Händlern und Kaufleuten, die hier durchzogen und Freiburg zu einem wichtigen Handelszentrum machten. Es prägt, wenn man seit Jahrhunderten da wohnt, wo andere hinpilgern, um Geschäfte zu machen, zu arbeiten und sich auszukurieren.

Heute weiß man die Standortvorteile zu schätzen. In dreißig Minuten ist man in französischen Supermärkten, in fünfzig im schweizerischen Hochlohnland (viele Schwarzwälder arbeiten dort, vor allen Dingen im Gesundheitssektor) und in hundertachtzig in oberitalienischen Städten. Für die Strecke Karlsruhe–Paris benötigt der TGV drei Stunden. Basel erreichen Sie von Freiburg aus in fünfundvierzig Minuten, Zürich in zwei Stunden, Mailand in fünf. Wer zum Skifahren in die Alpen will, ist in zwei Stunden da, im Mittelmeer baden kann man in fünf. Der Schwarzwald hat den Ruf, Reiseziel alter Omas und biederer Kurgäste zu sein, die mit sonntäglichen Kurkonzerten und einem bunten Heimatabend zufriedenzustellen sind. Wirklich was erleben könne man nur in Antalya oder Palma und nicht in Bad Teinach oder Hinterzarten. Skiurlaub bucht man sowieso in den Alpen, wo es längere Pisten und Schneesicherheit gibt – unvorstellbar, dass 1992 ein Schwarzwaldprospekt noch mit einer Schneehöhe von zwanzig Zentimetern warb, die an hundert Tagen im Jahr sicher vorzufinden seien. Der Senegalese Souleyman Sané, der in den Achtzigern einer der ersten schwarzen Spieler in der Fußballbundesliga war, kam von Frankreich nach Donaueschingen, von wo er zum Sport-Club Freiburg wechselte. Als der Sportler las, dass es da im Winter minus zehn Grad hat, sagte er nur: »Leck mich am Arsch.«

Diese schneesicheren Zeiten sind unwiederbringlich vorbei; die Skiliftbesitzer können lange Lieder über schneelose Winter singen. Aber Not macht ja bekanntlich erfinderisch. Die Hochfirstschanze bei Titisee-Neustadt ist die größte Naturschanze Deutschlands. Die Anlage gilt als weltcuptauglich, obwohl es keine Aufstiegshilfen gibt und die Springer mit Kleintransportern zum Anlauf gebracht werden müssen. Neuerdings wird der Schnee dort gehortet. Tausende Kubikmeter werden an kalten Wintertagen mit der Beschneiungsanlage produziert, zusammengetragen und eingemottet. Der Schnee übersommert unter einer Siloplane aus Kunststoff und kann im nächsten Winter termingerecht wieder ausgepackt werden. Hier soll nie mehr ein Skispringen wegen Schneemangel ausfallen.

Trotzdem oder gerade deshalb erlebt der Schwarzwald derzeit eine Renaissance. Die Menschen scheinen lange genug in der Weltgeschichte herumgeflogen zu sein und entdecken den Reiz des Regionalen, Wahren und Authentischen wieder. Die Welt da draußen ist so unübersichtlich und bedrohlich geworden, dass sich viele auf die schönen und friedlichen Ecken ihrer Heimat besinnen. Globalisierung und Mobilität, lange Zeit die Feinde des Schwarzwaldtourismus, entpuppen sich jetzt als seine guten Freunde. Gerade weil man überall hinfliegen und erreichbar sein kann, gewinnt das Nahe wieder an Wert. (Und wenn die Prognosen von Zukunftsforschern stimmen und wir uns wegen Inflation und Altersarmut in ein paar Jahrzehnten keine fernen Reisen mehr werden leisten können, wird der Schwarzwald bestimmt wieder eine führende Ferienregion.)

Die Besucherzahlen gehen seit ein paar Jahren wieder nach oben. Die meisten Gäste kommen aus Deutschland. Auch bei Russen, Amerikanern, Israelis, Letten und Chinesen wird der Schwarzwald immer beliebter. Fast ein Drittel der Besucher kommen mittlerweile aus dem Ausland, Tendenz steigend. Angeführt werden sie mit weitem Abstand von Schweizern und Franzosen. Neben der Schönheit der Natur schätzen die vor allem die qualitativ hochwertige Küche zu vergleichsweise günstigen Preisen.

Im Durchschnitt bleiben die Gäste 2,8 Tage. Das war vor vierzig Jahren noch anders. Meine Eltern bekamen regelmäßig Besuch von Verwandten, die sich für zwei Wochen und mehr in ihrem Wohnzimmer einmieteten. Meine Eltern hatten drei kleine Kinder und wohnten in einer winzigen Drei-Zimmer-Wohnung. So was würde man heute auch niemandem mehr zumuten.

Der Trend geht zurück zur Natur, zu Ruhe und Langsamkeit, zur selbst gemachten Marmelade und zum Hofladen, für den der Bauer noch selbst schlachtet. Zu Gasthöfen, wo es im Flur nach Kuhstall riecht und auf der Speisekarte nur regionale Produkte stehen. All das bietet der Schwarzwald. Er hat sich ein paar Jahre geduckt, den Mantelkragen hochgeschlagen und geduldig gewartet, bis die globalen Stürme über ihn hinweggefegt waren.

Natürlich stößt man auch hier auf den ein oder anderen Hotelklotz, am Titisee etwa oder am Schluchsee. Aber im Großen und Ganzen musste der Schwarzwald nicht verschandelt werden, um Touristen anzulocken oder unterzubringen. Eben wegen seiner Unberührtheit und Naturbelassenheit kommen die ja her. Abgesehen davon, dass die meisten Dörfer und Täler viel zu klein und eng für Bettenburgen sind. (Dafür werden jetzt Windräder auf die Berge gebaut, was auch nicht jedermanns Sache ist.)

»Die Wahrheit wird euch frei machen« – dieser Satz aus dem Johannesevangelium steht am Kollegiengebäude I der Albert-Ludwigs-Universität in Freiburg. Also will ich ehrlich sein. Das eingangs zitierte Sprichwort geht eigentlich ein bisschen anders: Es gibt zwei Sorten von Menschen; die, die in *Freiburg* leben, und die, die in Freiburg leben wollen.

Doch Freiburg gehört schließlich zum Schwarzwald dazu. Aber wieso heißt es dann *Freiburg im Breisgau* und nicht *Freiburg im Schwarzwald*? Was ist denn der Schwarzwald? Darf man eine Landschaft, die über 150 Kilometer lang und bis zu hundert

Kilometer breit ist, in einen geografischen Topf schmeißen? Gehört Karlsruhe dazu? Was ist mit dem Kaiserstuhl? Weil am Rhein? Nagold und Calw? Kann eine Landschaft mit Temperaturschwankungen von mehr als zwanzig Grad Celsius (wenn im Januar die ersten Sonnenstrahlen Freiburgs Thermometer auf zwölf, dreizehn Grad ansteigen lassen, hat es auf dem Schauinsland noch minus zehn) überhaupt eine Einheit bilden?

Und was ist mit den Schwarzwälderinnen und Schwarzwäldern? Handelt es sich um ein einheitliches Völkchen, das sich über einen Kamm scheren lässt? Ist es in Reinform überhaupt noch anzutreffen? Sind das alles Badener? Und stimmt es, dass man hier auch Schwäbisch spricht?

Es herrscht offensichtlich Klärungsbedarf. Gehen wir also auf die Reise, erkunden wir den Schwarzwald, machen wir uns vertraut mit seiner Geschichte und seinen Geschichten, seinen Bewohnern und ihren Eigenarten, seinen Speisen und Getränken, seinen Festen und Gebräuchen. Sehen wir uns in Freiburg um. Lernen wir Menschen kennen, die hier leben, und solche, die hier gelebt haben.

Der Weg ist immer auch das Ziel. Die Schwarzwald-Panoramastraße führt von Waldkirch nach Hinterzarten, die Schwarzwald-Tälerstraße von Rastatt nach Alpirsbach und die Schwarzwaldhochstraße von Freudenstadt nach Baden-Baden. Fahren Sie durch das Münstertal, mit dem Kloster St. Trudpert, den großen Walmdachhöfen und den sonnenbeschienenen Matten eines der schönsten im ganzen Schwarzwald, rauf auf den Belchen, von dem man die Alpen und die Oberrheinische Tiefebene mit den Weinbergen des Kaiserstuhls und der Vogesen sieht, und durchs Kleine Wiesental wieder hinab in die Weinberge Badenweilers.

Diese Strecken versprechen viele Aus- und Einsichten. Sie entdecken den Schwarzwald in seiner ganzen Pracht. Hügel und Wälder, Wiesen und Weiden so weit das Auge reicht. Viele sind so kurvig, dass man vor lauter Kuppeln, Bremsen und

Schalten gar nicht dazu kommt, aus dem Fenster zu sehen. Entsprechend beliebt ist der Schwarzwald bei Motorradfahrern. Glücklicherweise wurden überall Parkbuchten eingerichtet, in denen Sie anhalten, das Panorama genießen und Fotos schießen können.

Sie können auch ein umfangreiches Netz von Freizeit- und Wanderbus-Strecken nutzen, mit dem der Schwarzwald in den letzten Jahren überzogen wurde. Es gibt Zwei-, Drei- und Viertälertickets, Fahrradmitnahme ist überall möglich.

Am schönsten und ökologischsten erkundet sich der Schwarzwald mit dem Zug. Allein die Strecke Karlsruhe–Freiburg ist allerliebst, wenn links die Westkante des Schwarzwalds wellengleich ansteigt und rechts die Getreidefelder und Gemüsewiesen vom Kaiserstuhl und den Vogesen durchbrochen werden.

Langsamer, gemütlicher und aufregender ist die Albtalbahn, die sich von Karlsruhe nach Bad Herrenalb hinaufschlängelt. Oder die 250 Kilometer lange Strecke, die von Offenburg über St. Georgen nach Singen am Bodensee führt. Die Schwarzwaldbahn, die hier fährt, wurde 1873 fertiggestellt und ist mit 670 Höhenmetern und 38 Tunneln eine der brückenärmsten Gebirgsbahnen Europas. Es gibt keinen Superlativ, den es nicht gibt. Sie ist, wie es in einem zeitgenössischen Text heißt, ein »nach den Worten eines competenten Fachmannes, durch Eigenartigkeit, Kühnheit und Großartigkeit ausgezeichneter Bau.« Zwei Kehrschleifen ermöglichen es, die Höhe zu meistern.

Die vielleicht reizvollste Strecke ist die Dreiseenbahn von Titisee nach Seebrugg, die Titisee, Windgfällweiher und Schluchsee passiert. Sie wurde 1926 als letzte Bahnstrecke Südbadens eröffnet. Drei Jahre später benannte sich die Gemeinde Viertäler aus Marketinggründen in Titisee um.

Tun Sie mir und sich den Gefallen, und lösen Sie einen Fahrschein. Wenn Sie bereits in Freiburg einsteigen, fahren Sie die erste halbe Stunde auf der Strecke der Höllentalbahn, die in den

Hochschwarzwald und weiter nach Donaueschingen und auf die Baar führt. Doch Vorsicht an der Bahnsteigkante: Der Zug verlässt Freiburg stündlich, aber nicht immer vom selben Gleis. Mehr als einmal freute ich mich vergebens, der einzige Wartende zu sein und freie Platzwahl zu haben.

In knapp einer Stunde bekommen Sie auf dieser Strecke wirklich alles geboten, was den (Süd)Schwarzwald ausmacht: Freiburg und seine Tunnels, das ausladende Dreisam- und das zerklüftete Höllental mit seinen bilderbuchhaften Tälern und Felsen. Beim Hirschsprung erinnert ein eisernes Denkmal an ein kapitales Tier, das auf der Flucht vor einem Jäger über die Schlucht gesprungen sein soll. Auf einem steinernen Viadukt überqueren Sie die enge Ravennaschlucht und kämpfen sich anschließend hinauf nach Hinterzarten, ehe sich in Titisee der Weg gabelt. Sie haben atemberaubende Ausblicke auf den Feldberg (Baden-Württembergs höchster), den verwunschenen Bahnhof Bärental (Deutschlands höchstgelegener) und das Ufer des Schluchsees (Deutschlands höchstgelegene Talsperre). Seit doppelstöckige Waggons eingesetzt werden, ist die Sicht noch spektakulärer geworden, zumindest in den oberen Abteilen. Vielleicht haben Sie Glück, und ein original Schwarzwälder sitzt in Ihrem Abteil und erzählt Ihnen von seiner Heimat. Wenn nicht, lesen Sie einfach weiter.

If you haven't been to the Black Forest Inn, you haven't been to Minneapolis!

Der Schwarzwald und die große weite Welt

Die Schwarzwälder präsentieren nicht nur ihren Landsleuten eine Idylle, ihnen kommen auch höchst repräsentative Aufgaben auf internationaler Ebene zu. Kuckucksuhren, Schwarzwälder Kirschtorte und Schwarzwälder Schinken sind Berühmtheiten, die seit vielen Jahren das Bild von Deutschland und den Deutschen in der Welt prägen. Die Gemütlichkeit der Schwarzwälder ist, je nach Blickwinkel, mal typisch badisch, mal ist sie *typically German*. Neben Amerikanern kommen vor allem Japaner, Franzosen, Italiener und Spanier her.

Dabei ist es mir im Ausland schon häufiger passiert, dass der Schwarzwald kurzerhand in ein benachbartes Bundesland verlegt wurde:»I am from the Black Forest.« – »Ah, that's in Bavaria, isn't it?« Nicht schön. Auch nicht, dass die letzte Ausgabe des Lonely Planet *Munich, Bavaria & the Black Forest* hieß. Aber das ist alles nicht so schlimm wie das, was mir in deutschen Landen regelmäßig widerfährt:»Ich stamme aus dem Schwarzwald.« – »Aha, also aus Schwaben!« Nein, das stimmt ganz entschieden nicht! Lediglich ein kleiner Teil des nördlichen Schwarzwalds liegt in Schwaben, der große Rest jedoch in Baden.

If you haven't been to the Black Forest Inn, you haven't been to Minneapolis! Mit diesem Slogan wirbt ein Lokal in den USA, das seit 1965 zahlreiche Preise für *authentic, homemade German and European meals and outdoor eating* gewonnen hat. Die Speisekarte lockt mit *Strudel, Bread and Bratwurst* sowie *Spaetzel* and, of course, *Black Forest Cherry Cake.*

Black Forest Inns gibt es auch in South Dakota, New Jersey und in Ontario / Canada. In Minnesota steht das *Black Forest Brew House*, in Lindenhurst, New York, eine *Black Forest Bakery*: lauter große, mit dunklen Holzbrettern verzierte Häuser, die *real and authentic German* Essen und Trinken servieren.

Sie könnten auch *Germany Inn* heißen oder *Rhineland Inn* oder *Berlin Inn*. Es sind aber *Black Forest Inns*, denn in der Welt steht der Schwarzwald nun mal für Deutschland und manchmal für die Schweiz und Österreich gleich mit. Manche nehmen es nicht so genau und servieren außerdem *Homemade Soft Pretzel, Wiener Schnitzel, Sauerbraten* oder das *Black Forest Lager Fondue*. So wird es einem Inder gehen, der sieht, dass ein ganzer Subkontinent auf die immergleichen drei Grundsoßen mit zehn verschiedenen Zutaten reduziert wird, oder einem Italiener, der feststellt, dass Deutschlands Eisdielen fast ausnahmslos *Venezia* heißen. Wir tragen nun mal Vorstellungen und Bilder mit uns herum, und die wollen wir bestätigt sehen.

Es gibt auch ein Mineralwasser, das nach dem Schwarzwald benannt ist. Das *Black Forest Still* ist aber kein amerikanisches Produkt, das seine besondere Qualität betonen will. Dieses Wasser, das sich auch *Black Forest Pearl* nennt und im »Bottle-Carrier« angeboten wird, wird aus der Hansjakobquelle in Bad Rippoldsau im Nordschwarzwald gewonnen und ist für den heimischen Markt bestimmt. Es ist schon genug über Anglizismen in der Werbung, auf Telefonrechnungen und im Fernsehen gespottet worden. Trotzdem sei die Frage erlaubt, ob ein ganz normales Mineralwasser seinen Ruf oder seine Absatzzahlen verbessert, indem es seinen Namen internationalisiert.

Dass die ganze Welt weiß, wo er herkommt, verdankt der Schwarzwälder aber nicht nur den Speisegaststätten, die in ebendieser herumstehen, sondern auch den Gebrüdern Grimm und ihren Märchen. *Hänsel und Gretel* und das *Rotkäppchen* spielen dort, zumindest in vielen fremdsprachigen Fassungen. Den bösen Wolf gibt es nicht mehr, die dichten Wälder sind an vielen Stellen abgeholzt, das Holz wurde für den Schiffs- und den Stollenbau und für Kuckucksuhren gebraucht. Die Abholzungen müssen passiert sein, nachdem die spanische Sprache den Schwarzwald in sich aufnahm: *Selva negra* bedeutet *schwarzer Dschungel*. Aber wenn man in mancher dunklen Gegend des Mittelschwarzwalds wandert, versteht man, warum die Iberer ihn so tauften. Oder wenn man mit dem Boot durch die dicht bewachsenen Sümpfe bei Taubergießen paddelt. Auf den drei großen Fernwanderwegen – dem Westweg von Pforzheim nach Basel, dem Mittelweg von Pforzheim nach Waldshut und dem Ostweg von Pforzheim nach Schaffhausen – sieht man tagelang nichts als Wald. Wer mit dem Rad, Motorrad oder Auto unterwegs ist, kann viele Stunden auf kurvenreichen Waldstraßen dahin fahren. Viel Wald bedeutet aber auch viel Schatten. Es kann einem aufs Gemüt schlagen, wenn man stundenlang keine Sonne sieht und den blauen Himmel immer nur erahnt. Eine Tour sollte also danach ausgewählt werden, ob sie auch sonnige Höhenzüge hat.

Vermutlich fühlen sich Amerikaner auch deshalb so vom *Black Forest* angezogen, weil es ein Schwarzwälder war, der ihrem Land seinen Namen gab. Der geht nämlich auf Martin Waldseemüller zurück, der um 1470 in Freiburg auf die Welt kam. (Oder in der *Binzenmühlen-Straße* im nahen Wolfenweiler, wie dort ein Schild an der Hauswand behauptet. Oder ganz woanders. Seine Geburt ist so lange her, dass die Meinungen darüber auseinandergehen dürfen.)

Gesichert ist, dass Waldseemüller nach seinem Studium der Kosmografie an der Freiburger Universität in der Druckwerkstatt seines Onkels in Basel arbeitete, ehe er als Kosmograf ins Kloster Vosagense in Saint-Dié in Lothringen wechselte. Lothringen gehörte damals zum Heiligen Römischen Reich Deutscher Nation.

Waldseemüllers Herr war Renée von Lothringen, der sich für Landkarten begeisterte. Er hatte die Schriften des Kaufmanns, Seefahrers und Draufgängers Amerigo Vespucci gelesen, der 1499 und 1502 zwei Reisen in die Neue Welt unternommen hatte. Seine Reiseberichte, in denen er diese in den schillerndsten Tönen und Farben beschrieb, machten Vespucci weltberühmt. Und mit ihm das neue Land. Renée beauftragte Waldseemüller mit der Erstellung einer Weltkarte nach Vespuccis Berichten. Der machte sich unverzüglich an die Arbeit, und weil der neue Kontinent einen Namen brauchte, beschloss der Kosmograf, dass man ihn, »da Americus ihn gefunden, Americus oder America von heute an nennen könnte«. Das angehängte a gefiel ihm, da auch Europa, Afrika und Asia eine weibliche Endung hatten.

Spätestens jetzt wird der gebildete Leser einwerfen, dass Amerika doch nicht von Vespucci, sondern von Christoph Kolumbus entdeckt worden war. Diese Meinung teilten damals viele Wissenschaftler und verlangten, der Kontinent müsse Colombo genannt werden. Ohne Erfolg. Kolumbus war schon zu Lebzeiten in Vergessenheit geraten. Überdies beharrte er bis zuletzt darauf, nicht Amerika, sondern Indien gefunden zu haben. Die Proteste verhallten ungehört, und schon nach wenigen Jahren hatte sich America durchgesetzt.

Auch Martin Waldseemüller geriet in Vergessenheit und mit ihm seine berühmte Karte, auch wenn sie eine Auflage von tausend Stück hatte, damals eine immens hohe Zahl. Sie wurde mit einem Begleitbuch und einer Globussegmentkarte herausgebracht. Eine frühe Form von Multimedia also. Eine Segmentkarte bestand aus zwölf miteinander verbundenen, abgerundeten Rhomben, die man zu einem Globus zusammenfalten konnte. Erst 1910 tauchte wieder ein Exemplar der Landkarte auf. Ein Mönch fand es im Rücken eines Buches versteckt in der Bibliothek von Schloss Wolfegg in Oberschwaben. Und 2012 entdeckten zwei Bibliothekarinnen der Münchner Ludwig-Maximilians-Universität zufällig eine Globussegmentkarte, als sie die Bestände prüften.

Die Amerikaner begannen in den Achtzigerjahren, Verhandlungen mit dem Fürsten zu Waldburg-Wolfegg über einen Kauf der Karte zu führen. Aber die damalige Bundesregierung verbot, nationales Kulturgut dieser Kategorie zu veräußern. Helmut Kohl und Roman Herzog konnten die Frage, ob Freundschaft oder der Schutz nationalen Kulturguts höher zu bewerten sei, nicht abschließend beantworten. Gerhard Schröder beschied dann Kraft seines Amtes, dass die Karte als Dankeschön für die Unterstützung der Amerikaner bei der deutschen Wiedervereinigung verkauft werden dürfe. Angela Merkel war es schließlich, die sie überbrachte. Sie sah darin »ein schönes Zeichen der besonders engen deutsch-amerikanischen Freundschaft«. Die Library of Congress in Washington, wo die Karte heute hängt, hat geschätzte zehn Millionen Euro dafür bezahlt. Sie können sich America im Internet ansehen. Die Library hat die Karte unter *www.loc.gov* ausgestellt.

Was wohl Martin Waldseemüller zu alledem gesagt hätte? Wahrscheinlich wäre ihm nicht wohl bei der Sache gewesen. Schon bald bekämpfte er selbst den Namen, den er der Neuen Welt gegeben hatte, und nannte den neuen Kontinent wieder »terra nova« oder »terra incognita«. Das ist sie für den Mann, der von der Welt nicht viel mehr gesehen hat als den Schwarzwald und Lothringen, ja auch zeitlebens geblieben.

Phänotypen.

Woran man einen Schwarzwälder erkennt

Seit frühester Zeit waren Freiburg und der Schwarzwald Durch-
und Zuzugsgebiet. Vielen hat es hier so gut gefallen, dass sie
dageblieben sind. Im Mittelalter lockten die Welfen und die
Staufer Menschen aus ganz Europa hierher. Aus wirtschaftli-
chen Gründen kamen später Spanier und Savoyer, aus religiösen Hugenotten, Waldenser und Österreicher und auf der
Flucht vor den Franzosen Pfälzer. Während des Dreißigjähri-
gen Kriegs schlugen sich Böhmen, Mähren, Schweden, Nie-
derländer, Schlesier und Ungarn bis hierher durch. In dieser
Zeit kam auch Hans Jakob Christoffel von Grimmelshausen in
den Schwarzwald, der den *Abenteuerlichen Simplicissimus* schrieb
und in Oberkirch das Gasthaus *Silberner Stern* eröffnete, in dem
man heute noch gut und badisch essen kann. Seit der Neuzeit
kommen Studenten aus dem In- und Ausland, um an der hiesigen Universität zu studieren.

Bei so viel Zugereisten und Touristen – gibt es dann überhaupt noch *original Schwarzwälder*? Und wenn ja, woran erkenne
ich sie?

Zuallererst daran, dass sie das Leben genießen. Freiburger
sind gesellig und sitzen gern bei einem Glas Wein zusammen.

Aber sie trinken nicht nur, sondern sie reden auch gern. Und viel. Freiburger sind stets ein wenig selbstverliebt und immer ein bisschen laut. Sie glauben zu wissen, wie die Welt funktioniert und haben das starke Bedürfnis, die anderen an ihren Erkenntnissen teilhaben zu lassen. Man erklärt sich hier so gern gegenseitig das Leben, dass man, hört man zwei Freiburgern zu, manchmal nicht mit Sicherheit sagen kann, ob es sich um einen Dialog oder um zwei parallel laufende Monologe handelt. Ausführungen enden oft mit »So isches!«, »Des kannsch aber glaube!«, »Wenn ich's dir sag!«, »Des isch klar!« oder »Ich sag dir's!« Das klingt manchmal rechthaberisch, ist aber nie aufdringlich oder beleidigend.

Ich bin jedes mal aufs Neue von der herzlichen Freundlichkeit der Schwarzwälder begeistert. Wer aus dem Südwesten stammt und in Berlin lebt, leidet dort nicht nur am schlechten Wetter, sondern auch an der beinahe pathologischen Unfreundlichkeit der Ureinwohner. Wie heißt es in der *Gebrauchsanweisung für Brandenburg* so treffend? »In Brandenburg ist der Kunde nicht König, sondern Kind.« Im Schwarzwald ist der Kunde zuallererst mal Mensch. Und dann Kunde. Und zu beiden ist man freundlich, *baschda*.

Manchmal können aber auch die Schwarzwälder aggressiv werden. Besonders junge Menschen lassen sich immer wieder zu Randale und Schlägereien verleiten. Das passiert meist, nachdem sie zu viel Alkohol getrunken oder andere berauschende Substanzen zu sich genommen haben. Die Zahl der Kinder und Jugendlichen, die wegen Alkoholmissbrauchs in Kliniken eingeliefert werden, hat sich in Deutschland seit 2000 mehr als verdoppelt. Auch im sonst so friedlichen Freiburg haben die Saufgelage und Prügeleien derart zugenommen, dass der Gemeinderat Anfang 2008 ein Alkoholverbot über das sogenannte Bermudadreieck verhängte. Zwischen 22 und 6 Uhr durfte zwischen Münster, Universität und Siegesdenkmal am Freitag und am Wochenende kein Alkohol mehr auf offener

Straße konsumiert werden. Die Stadt hat gute Erfahrungen damit gemacht. Aber dann klagte ein Jurastudent vor dem Mannheimer Verwaltungsgerichtshof, der das Verbot mangels gesetzlicher Grundlage wieder kippte. Noch nicht gekippt wurde die »Säule der Toleranz« auf dem Augustinerplatz. Auf einem der schönsten Plätze der Stadt treffen sich nämlich allabendlich sehr viele junge Leute, um zu reden, zu trinken und laut zu sein. Schaltet die Säule abends von Grün auf Rot, heißt das, dass sie leise sein sollen. An Tankstellen, Kiosken und Supermärkten gibt es in Baden-Württemberg zwischen 22 und 5 Uhr trotzdem keinen Alkohol mehr zu kaufen. In einer Stadt wie Berlin gäbe es wohl einen Volksaufstand, würde ein solches Verbot eingeführt werden.

Wenn Sie sich ein eigenes Bild von den Freiburgern machen wollen, sollten Sie am späten Samstagnachmittag in die *Markthalle* zwischen Grünwälderstraße und Martinsgässle gehen. Im hinteren Teil, bei den Stehtischen, zwischen Studenten und Professoren, Touristen und Zugereisten, kann man sie sehen und hören. Ein anderer guter Ort ist die Gaststätte *Zum Kranz* in der Herrenstraße an einem Sonntagabend. Oder das Stadion des Sport-Club Freiburg. Oder die *Casa Española* in der Adelhauserstraße. Die wurde in den frühen Sechzigern in der Münzgasse für spanische Gastarbeiter eingerichtet. Als die nach Francos Tod in ihre Heimat zurückkehrten, entdeckten Studenten, Alternative und Studienräte das Lokal für sich. Typisch für die *Casa* war der mittlerweile verstorbene Walter »Jimmy« Emmerle, der lange Jahre vor und hinterm Tresen stand. Mit seiner pechschwarzen Dauerwelle und dem Bijou-Bärtchen hielt ich Jimmy lange für einen Vollblutspanier. Bis mir jemand erklärte, dass er Urfreiburger ist. Wenn man sich in seine Nähe stellte, hörte man das auch.

Umgekehrt verhält es sich mit Chico, der Konzerte organisiert, die Szenekneipe *Swamp* in der Talstraße und einen Wurststand im Sport-Club-Stadion betreibt, in dessen Stadionheft er früher sehr lustige Kolumnen geschrieben hat. Ich dachte lange, Chico sei waschechter Freiburger, vom Aussehen, den Gesten, seiner Körperbewegung und vor allem wegen seines astreinen alemannischen Dialekts. Dabei heißt er eigentlich Carmelo Policicchio und hat kalabrische Wurzeln. *Sell könne Se mir glaube.*

Von der Offenheit und Herzlichkeit der Menschen in der Rheinebene profitieren regelmäßig Studenten der Fachhochschule Offenburg. Dort kümmern sich einheimische Senioren um Mexikaner, Bangladeshis, Chinesen oder Iraner. Sie helfen bei Problemen im Studium und im Alltag und bringen ihnen unsere (die alemannische?) Kultur und Sprache näher. Man geht gemeinsam ins Theater und besucht Konzerte und Sehenswürdigkeiten. Die Studenten schwärmen von der Herzlichkeit der ehrenamtlichen Unterstützer, und den Senioren macht es Spaß, mit den jungen Leuten zusammen zu sein. Das sei wie ein Jungbrunnen. Eine klassische Win-win-Situation also. Ich hoffe, dass die internationalen Studenten manchmal auch was mit Gleichaltrigen unternehmen.

Die Geselligkeit und die Freude am Gespräch, die die Badener ausmachen, werden spürbar weniger, je weiter Sie in den Schwarzwald vordringen. Die Menschen hier oben sind nicht unfreundlich. Aber gegenüber Fremden auch nicht gerade offen. Eher haftet ihnen eine konservative Wortkargheit an. Jahrhundertelang hat ihnen die Natur so viel abverlangt, haben sie so viel schaffen müssen, dass nur wenig Zeit zum Sprechen blieb. Sie können heute noch entlegene Dorfgasthäuser betreten, in denen sich ein mit zehn oder fünfzehn Männern voll besetzter Stammtisch darin gefällt, gemeinsam zu schweigen. Das werden Sie in Freiburg, Offenburg oder Karlsruhe niemals erleben.

Nehmen Sie es nicht persönlich, wenn ein Hochschwarzwälder kurz angebunden ist. Die Menschen sind hier einfach so. Ein Tourist fuhr mal an einer Tankstelle in Lenzkirch vor, um vollzutanken. Der Tankwart Herr B., der immer einen grauen Mantel und eine blaue Mütze trug, kam an die Zapfsäule und schraubte den Tankdeckel auf. Irgendwas schien dem Touristen nicht zu behagen, er sah sich um und wollte wissen, wie viel Oktan denn das Benzin habe. Der alte Tankwart zuckte nur mit den Schultern. »Sell isch mir glich«, sagte er, tankte den Wagen voll und beachtete den Kunden nicht weiter.

Auch meine Mutter, die als junge Frau in den Hochschwarzwald zog, hat oft erzählt, wie schwer es in den ersten Jahren war, Kontakt zu knüpfen. Im Grunde haben die einheimischen Frauen sie komplett ignoriert. So schlimm ist es heute natürlich nicht mehr.

Hier oben trinkt man eher Bier als Wein. Einmal im Jahr, an Fasnet, lassen auch die Schwarzwälder die Sau raus, dann aber richtig. Die pietistischen Protestanten im Nordschwarzwald bringen allerdings nicht mal das fertig.

In *Das kalte Herz* lässt sich der Kohlenmunk-Peter aus Habgier mit zwei Waldgeistern, dem Glasmännlein und dem Holländer-Michel ein. Das schönste Märchen Wilhelm Hauffs ist genauso schaurig-schön, dunkel und verschlungen, wie man sich den Schwarzwald vor 200 Jahren vorstellt. Darin beschreibt er detailliert den Schwarzwälder Phänotyp: »Sie sind größer als gewöhnliche Menschen, breitschultrig, von starken Gliedern, und es ist, als ob der stärkende Duft, der morgens durch die Tannen strömt, ihnen von Jugend auf einen freieren Atem, ein klareres Auge und einen festeren, wenn auch rauheren Mut als den Bewohnern der Stromtäler und Ebenen gegeben hätte … Am schönsten kleiden sich die Bewohner des badenschen Schwarzwalds; die Männer lassen den Bart wachsen, wie er von Natur dem Mann ums Kinn gegeben ist; ihre schwarzen Wämser, ihre ungeheuren, eng gefalteten Pluderhosen, ihre roten Strümpfe und die spitzen Hüte, von einer weiten Scheibe umgeben, verleihen ihnen etwas Fremdartiges, aber etwas Ernstes, Ehrwürdiges.«

Diesen Urtyp werden Sie heute nicht mehr antreffen. Abgesehen davon, dass, wer sich heute so kleidet, auf direktem Wege in Emmendingen landen würde. Dort steht das psychiatrische Krankenhaus für die gesamte Region Süd- und Mittelbaden. Es wird stets angeführt, wenn jemand aus der Reihe fällt, »so, wie der rumlauft, kummt er beschdimmt vu Emmedinge«, und ist Teil des Erziehungsprogramms: »Wenn de so wittermachsch, kummsch uff Emmedinge!« Jemand, der nicht der Allerhellste ist, ohne deswegen gleich nach Emmendingen zu müssen, wird auch *Chrischtkindle* genannt. Im Gegensatz dazu heißt einer, der besonders clever ist, *Käpsele*.

Auch im Schwarzwald vermengte man sich. Die zahlreichen mittelständischen feinmechanischen Betriebe im Mittel- und Südschwarzwald haben Menschen aus allen Gegenden Deutschlands hergelockt. Die Gemeinden im Nordschwarzwald wuchsen, als nach dem Weltkrieg Bosch, Benz und andere Großbetriebe Württembergs expandierten. Auch der ein oder andere Urlaubsflirt entwickelte sich zu einer mehrköpfigen Familie. Und als nach der Wende die Menschen aus den neuen Bundesländern kamen, um sich den Schwarzwald anzusehen, hat es vielen von ihnen so gut gefallen, dass sie gleich dageblieben sind. Wahrscheinlich lag das in dem Fall aber vor allem daran, dass es hier im Gegensatz zu daheim Arbeitsplätze gab. Besonders in Museen, der Gastronomie und sogar am Tresen von Touristeninfos kann man den sächsischen und thüringischen Zungenschlag hören, und unter den Verkäufern des Freiburger Münstermarkts habe ich schon rumänische Stimmen vernommen.

Trotz aller Vermengung gibt es noch die typischen Schwarzwälder, denen man ihre Herkunft auch ansieht. Kräftiger sind ihre Körper, die Rücken breiter und die Gesichter gröber und rotwangiger. Das gilt für Männer genauso wie für Frauen. In der dritten Strophe des *Badnerlieds* heißt es, dass man ein Badner sein möchte, weil im Schwarzwald so schöne Mädchen wachsen. Aber wegen der ebenso parteiischen wie ungeklärten Autorenschaft kann diese Quelle nicht als objektiv herangezogen werden.

Nicht, dass ich missverstanden werde. Schwarzwälderinnen können sehr hübsch sein. Thomas Schneider, der Masseur aus meinem Heimatdorf, sagte einst: »Die schönsten Rosen blühen im Verborgenen.« Ich war zehn Jahre alt und hatte mit Mädchen noch nichts am Hut. Schneider schon. Er war mehr als doppelt so alt wie ich und ein *Wieberschmecker*, in der ganzen Gegend als Filou bekannt. Ich stand am Rand des Fußballplatzes in meinem kleinen Heimatdorf und schaute mir ein Spiel an, als Schneider diese Weisheit von sich ließ. Er interessierte sich überhaupt nicht für das Spiel, sondern ausschließlich für die mitgereisten Frauen der gegnerischen Mannschaft, die auf der anderen Seite standen. Als die Spieler in der Halbzeitpause in der Umkleidekabine verschwanden, zwinkerte Schneider mir zu und ging rüber, um sein Glück zu versuchen.

Eine amerikanische Austauschstudentin hatte einen etwas anderen Eindruck von den Schwarzwäldern. In einem Café auf dem Freiburger Münsterplatz saß sie am Nebentisch, und ich erlaubte mir, sie und ihre Freundin ein wenig zu belauschen: »*Well, you know, German men don't look good. But I get along with them very well.*«

Optisch mögen die Schwarzwälder vielleicht nicht jeden beeindrucken. Aber ihre Herzlichkeit und Gemütlichkeit sind einmalig. *Real German Freundlichkeit* eben.

Die Beschreibung eines anderen Schwarzwälder Phänotyps liest sich so: »Kleinwüchsig, kombinierter Milch-Fleisch-Typ, sehr edel, ausdrucksvoller Kopf mit lyraförmigem Horn und lebendigem Augenspiel, sehr feingliedrig, lange Mittelhand, etwas abgedachtes Becken und erhöhter Schwanzansatz, harte Klauen, nicht zu großes, aber drüsiges Euter. Farbe: hellrot bis dunkel gedeckt, gescheckt oder gesprenkelt, Kopf weiß, häufiger Augflecken.«

Sie haben natürlich längst bemerkt, dass die Rede nicht von einer Frau, sondern von einer Kuh ist. Die zitierte Beschreibung stammt vom *Förderverein Hinterwäldervieh e. V.*, der sich um den Erhalt und die Förderung des Hinterwälder-Fleckschlages kümmert. Dieses viehische Original, das im Hochschwarzwald zu Hause ist, ist vom Aussterben bedroht. Dabei ist das kleinste Rind Mitteleuropas mit seinen kurzen Beinen und seinem ebenso anspruchslosen wie robusten Wesen wie geschaffen für die steilen Hanglagen und die langen Winter, die hier vorherrschen können.

Die meisten Bauern in meinem Heimatdorf hatten Hinterwälder. Als Kind wurde ich immer zu Bauer Schurt geschickt, um Milch zu holen. *Ich gang in d' Milch*, hieß das. Mit der Blechkanne gingen wir auch in die Blaubeeren und in die Pilze. Ich habe sie oft im Kreis gedreht und die Fliehkräfte bestaunt. Die Milch blieb in der Kanne, selbst wenn die Öffnung nach unten zeigte! Die leere Kanne warf ich auch gern in die Luft und fing sie wieder auf. Je höher, desto besser. Wenn ich sie verfehlte, landete sie mit einem Scheppern auf der Straße und zog sich Beulen und Dellen zu. Frau Schurt war eine patente Landwirtin, die die Kanne mit einem Hammer zurechtschlug, wenn die nicht mehr richtig stehen wollte.

Unter sinkender Population leiden noch zwei weitere Tierarten, die sich den klimatischen und geologischen Bedingungen des Schwarzwalds perfekt angepasst haben: die Vorderwälder Kuh, die etwas größer als die Hinterwälder ist und wesentlich mehr Milch gibt, sowie das Schwarzwälder Kaltblut, ein Pferd, das auch Schwarzwälder Fuchs oder St. Märgener heißt. Früher kamen die Füchse auf dem Feld, im Wald und als Zugtier für Kutschen zum Einsatz. Aber durch die Motorisierung wurden sie immer weiter zurückgedrängt. Heute sind sie fast nur noch für touristische Kutschfahrten eingespannt.

Ökonomische Gründe haben auch für den Schwund an Vorder- und Hinterwäldern gesorgt. Die Schwarzwälder Kuh kann zwar gut im steilen Hang gehen. Aber eine schwarzgefleckte Holstein-Friesian gibt viel mehr Milch als ihre braunweißen Kolleginnen, weswegen in den letzten Jahrzehnten viele Bauern auf diese leistungsfähigere Rasse umgestellt haben.

Heute, da schiere Masse nicht mehr alles ist (und der Milchpreis den Schwankungen des Weltmarktes ausgesetzt bleibt) und man um die Bedeutung eines intakten Landschaftsbildes weiß, werden Bauern, die Hinterwälder in ihrem Stall haben, vom Landwirtschaftsministerium bezuschusst. Immer mehr Wirte nehmen Wälderrindfleisch auf die Karte, weil es gut schmeckt und aus der Region kommt. Das Kalbfleisch ist was Besonderes, weil die Hinterwälder in Mutterkuhhaltung gehalten werden. Das Kalb wird nicht von seiner Mutter getrennt. Es trinkt Muttermilch, was das Fleisch zart macht, frisst aber auch Heu und Gras, das macht es schön würzig, wie Rindfleisch.

Trotzdem schließen viele Bauern, von denen die meisten diesen Beruf sowieso nur noch als Nebenerwerb ausüben, ihre Höfe für immer, wenn sie ins Rentenalter kommen.

Im Zoologischen Garten in Berlin lebt eine Hinterwälder Kuhfamilie. Im Schwarzwald selbst stehen rund 10 000 Vorder- und Hinterwälder auf Wiesen und Weidebergen herum. Sie fressen nicht nur Gras, sondern auch Sträucher und holzartige Teile und schützen die Landschaft so vor der Verwaldung. Das ist in der Tat wichtig, denn würde man ihn lassen, würde der Wald die freigelegten Wiesen und Felder in wenigen Jahrzehnten wieder komplett bewachsen. Die Hinterwälder sind zutrauliche Tiere, die sich gerne streicheln lassen. Genauso wie das ein oder andere Schwarzwälder Mädchen. Probieren Sie es ruhig aus.

Nummelangsamnummenedhuddele.

Die Sprache des Schwarzwalds

Touristen bringen gern Worte und Begriffe, die sie während ihres Aufenthalts aufschnappen ins Gespräch mit Einheimischen ein. Das macht oft Spaß, führt manchmal zu Irritationen, signalisiert aber immer Aufgeschlossenheit und Sympathie gegenüber dem Gastland und seinen Bewohnern. Wer dieses Verhalten im Schwarzwald anwenden möchte, sollte sich auf das ein oder andere Missverständnis einstellen.

Wenn Sie sich etwa auf einem Bauernmarkt in Achern oder Kehl mit Kartoffeln eindecken wollen und Ihre Bestellung so aufgeben, wie Sie es zuvor in Herrischried gelernt haben, verzweifeln Sie nicht, wenn man Sie nicht versteht. Als Sättigungsbeilage Nummer eins hat sich die Kartoffel natürlich auch im Schwarzwald durchgesetzt. Nicht aber ein einheitlicher Name dafür. Während man in Herrischried *Herdöpfel* sagt, sagt man in Kehl *Grumbeere* und in Achern *Erdnuss*. Wer Weihnachtsplätzchen will, muss in Lörrach *Zuckerbrötli*, in Karlsruhe *Bredle*, im Markgräflerland *Springerli* und in Herrischried *Gutseli* kaufen. *Guetseli* sagt man in Lörrach zu Marmelade, am Bodensee sagt man *Iigmachts*, im Hochschwarzwald *Mues* und in Karlsruhe *Schleck*.

34

Das ist kein babylonisches Sprachgewirr, sondern die Sprache des Schwarzwalds. Die wird sprachwissenschaftlich Alemannisch genannt – auch wenn die meisten Einheimischen sie schlicht *Schwarzwälderisch* nennen –, aber ein einheitliches phonetisches Lautbild, das dieser Name suggeriert, existiert nicht. Die Gelehrten sind sich uneins, ob das Alemannische »nur« ein Dialekt oder eine eigenständige Sprache ist. Wird Sprache als National- oder Amtssprache mit einheitlicher Orthografie und Grammatik benutzt, ist es ein Dialekt. Ist Sprache aber ein Regelwerk, das der mündlichen Verständigung dient, wäre Alemannisch eine eigene Sprache, denn es hat eine eigene Syntax, Wort- und Lautbildung.

In jedem Dorf und jedem Tal wird eine andere Variante dieser so einfachen und doch so komplizierten Sprache gesprochen. Christian Streich, der Trainer des Sport-Club Freiburg, stammt direkt von der Schweizer Grenze. Er sagt, dass er viele Wörter aus seinem Sprachschatz streichen musste, weil die im sechzig Kilometer entfernten Freiburg niemand mehr verstehe. Alemannisch schwätze er, weil er das, was er sagen will, auf Hochdeutsch nicht so präzise ausdrücken könne.

Dazu passt, was ein Bekannter mal erlebt hat. Der zog als junger Mann mit einer amateurhaften Kabarettgruppe durch die Republik und spielte eines Tages in Dresden. Vor zwei zahlenden Gästen. Die Truppe legte los, brachte Sketche und riss Witze, aber das Publikum verzog keine Miene. So sehr sie sich auch abmühten, kein einziger Gag zündete. Irgendwann fragten sie von der Bühne herunter: »Verschdanded Ihr uns überhaupt?« Die Gäste schüttelten den Kopf. An dieser Stelle brachen die Komiker ihr Programm ab und gaben den Zuschauern das Eintrittsgeld zurück. Die zeigten ihnen im Gegenzug ihre Stadt.

Meistens verstehen sich die Schwarzwälder untereinander, und entsprechend weiß man auch in Breisach, was Sie meinen, wenn Sie wie in Löffingen *Sonnenwirbel* sagen, obwohl Sie

Löwenzahn meinen, auch wenn man dort *Seichblueme* sagt und *Sunnewirbili* genauso gut Feldsalat bedeuten kann. Auch mit so sprechenden Namen wie *Rossblueme, Saustock, Brunzblueme* und *Bettseiche,* die die guten Futtereigenschaften und die harntreibende Wirkung des Löwenzahns verraten, kommen Sie überall durch.

Do isch ebber, der will ebbes uff Alemannisch sage. Die Schwarzwälder lieben ihren Dialekt, besonders wenn sie guter Laune sind. Sie unterhalten sich ganz selbstverständlich in ihrer Mundart, und das nicht nur auf Volksfesten und Narrensitzungen. Doch das war nicht immer so.

Nach dem Zweiten Weltkrieg hatte das Alemannische keinen guten Ruf, da es von den Nationalsozialisten zur »Blut und Boden«-Sprache stilisiert worden war. Außerdem wollte in dieser fortschrittsgläubigen Zeit niemand durch eine hinterwälderische Sprache in den Verdacht geraten, rückständig zu sein. In den Sechzigern gründeten ein paar Mundartdichter, zwecks Pflege und Erhaltung des Alemannischen und zur Befreiung von seinem schlechten politischen Ruf, die *Muettersproch-Gsellschaft.* 1975 verkaufte man erstmals Aufkleber. Die schlugen ein wie eine Bombe. Die Leute rannten der *Gsellschaft* die Bude ein, die sicherheitshalber mit Ständen auf die Straße ging, an denen sie *Kleberli* und Bücher verkaufte und neue Mitglieder warb. 3700 sind es heute, die in verschiedenen Regionalgruppen zusammengeschlossen sind. Die ganz große Zeit der *Uffbäpper* (oder *Bäpper*) ist wohl vorbei, aber auf so mancher Haustür *bappt* der blaue Kreis noch, der darauf hinweist, dass die Bewohner Alemannisch verstehen. Weil diese Sprache so uneinheitlich ist, gibt es zwei Varianten: *Bi uns cha mer aus Alemannisch schwätze* und *Bi uns kammer au Alemannisch schwätze.* (Der lange gelbe Streifen *Nummelangsamnummenedhuddele* scheint hingegen verschwunden zu sein, der die gemütliche Art der Badener zum Ausdruck brachte: »Immer schön langsam, nur nicht drängeln«.) Das verweist auf ein Problem: Wie schreibt man in einer Sprache, die so uneinheitlich ist wie das Alemannische? Meistens so, wie einem *d' Gosch gwachse isch*. Beziehungsweise *'s Muul*. Oder *d' Schnurre* oder *d' Klapp*.

Ein römischer Schreiber notierte im dritten Jahrhundert über die Alemannen, sie seien »zusammengespülte und vermengte Menschen«. Die gingen aus den verschiedensten germanischen Stämmen hervor, die nach und nach in den Schwarzwald eingedrungen waren und sich hier niedergelassen hatten. All diese Männer – *alle Mannen* – und Frauen fanden erst hier zu einem neuen Stamm zusammen. Es gab also keine Alemannen, die diese Gegend eroberten, wie irrtümlich immer wieder geschrieben wird.

Ähnlich entwickelte sich die alemannische Sprache erst im Lauf der Jahrhunderte. Beziehungsweise sie entwickelte sich *nicht*, denn als das Mittelalter zu Ende ging und ein Sprachwandel des Deutschen einsetzte, blieb das Alemannische davon weitgehend verschont. Einwandernde germanische Sprachen vermengten sich mit romanischen und keltischen Ursprüngen und ein paar italienischen und französischen Einflüssen, das war's. So ist das Alemannische heute dem Mittelhochdeutschen oft näher als dem Neuhochdeutschen. Vor allem in den höhergelegenen Schwarzwaldtälern. In Freiburg und der Rheinebene, wo häufig Händler und Handwerksgesellen durchzogen, brachten diese auch ihre Sprache mit. In den Schwarzwald drang ja kaum jemand vor.

Der Schwarzwald könnte heute, da alles zurück zum Ursprünglichen und Authentischen will, also durchaus mit seiner urigen Sprache werben: »Machen Sie Urlaub im Schwarzwald, der neuhochdeutschen Firlefanz wie Monophtongierungen und Diphtongierungen nicht nötig hat: *Wii* statt Wein, *Wuet* statt Wut und *pfiife* statt pfeifen. Erholen Sie sich fernab moderner Vokaldehnungen, und sagen Sie *sagge* statt sagen, *wegge* statt wegen und *gugge* statt gucken. Verzichten Sie auf K-Verschiebungen, *Chind* statt Kind, *chaasch* statt kannst und *chalt* statt kalt. Verzichten Sie auf das Imperfekt, kein sagte, gab, traf und war, dafür *i han gsait, i han gä, i han troffe, i bin gsi.* Benutzen Sie Diminutive, so viele Sie wollen: *Hüüsli, Märli, Kätzli, Hösle.* Freuen Sie sich darauf, *st* und *sp* nicht nur am Wortanfang als *scht* und *schp* zu sprechen – also *Schpeck* und *Schtein* –, sondern auch *im* Wort: *Schweschter, Kaschper, Kaschte.* Benutzen Sie eine ganze Woche lang, von *Mändig, Zischdig, Mittwoch, Dunnschdig, Frittig, Samschdig* bis *Sunndig,* Begriffe, die sonst keiner kennt: *losen* für hören, *Hag* für Zaun, *Schmutz* für Fett, *Rane* für Rote Bete, *Giggl* für Hahn, *Brägeli* für Bratkartoffeln, *wunderfitzig* für neugierig, *Dubel* für Depp, *selligsmool* für damals, *Stigge* für Treppe, *schlozze* für lutschen, *Pfnüsel* für Schnupfen, *Häs* für Kleidung, *Weckle* für Brötchen und *lupfen* für heben.

Und sagen Sie *Schwäbisch,* wenn Sie Deutsch meinen. Dieser Sonderfall muss erklärt werden. Die Schweizer und die Elsässer benutzen dieses Synonym heute noch. In der Schweiz wird ebenfalls Alemannisch gesprochen. Deswegen haben die Schwarzwälder auch keine Schwierigkeiten, Schweizer Radio- und Fernsehsendungen zu verstehen. Die Sprachwissenschaft nennt das Alemannisch der Eidgenossen Höchstalemannisch, sie selbst bezeichnen es als Schwyzerdütsch. Die Elsässer nennen ihre Sprache Elsässisch und die Augsburger Augsburgisch. Dort wird Alemannisch gesprochen, genauso wie in Bayerisch-Schwaben, Liechtenstein, Vorarlberg und im Aostatal. Streng genommen ist das Schwäbische auch eine Variante des alemannischen Dialekts, im Gegensatz zum Hochalemannischen aber stark vom Fränkischen beeinflusst. So heißt das *Rombachtal* in seinem schwäbischen Teil *Rohnbachtal,* und die Calwer nennen ihre Heimatstadt *Calb* und sich selbst *Calber.* Aus Calw stammt mein Freund Matthias. Als er vor vielen Jahren in unsere Klasse in Freiburg kam und behauptete, er sei Schwarzwälder, haben wir ihn ausgelacht.»Im Schwarzwald schwätzt mer doch kei Schwäbisch«, sagten wir. Wir wussten es eben nicht besser. Die Sprachgrenze verläuft ungefähr entlang der Murg. Alemannisch ist die Sprache des südwestlichen Baden-Württembergs von Karlsruhe bis Lörrach bis zum westlichen Bodensee, umfasst also ziemlich genau das Gebiet des Schwarzwalds.

Die Bezeichnung »Alemannisch« gibt es erst seit rund 200 Jahren. 1803 veröffentlichte Johann Peter Hebel erstmals seine *Alemannischen Gedichte.* Hebel wurde 1760 in Basel geboren, verbrachte seine Kindheit in Hausen im Wiesental (*willsch schmuuse, goosch uff Huuse*) und verfasste viele seiner Gedichte und Geschichten in mundartlicher Schriftform. Hebel war auch Pfarrer, und so wohnt den meisten seiner Kalendergeschichten, die heute noch verlegt werden, ein moralisch-aufklärender Gedanke inne und manchmal auch etwas sehr Tröstlich-Erbauliches:

Und wenn de amme Chrüzweg stohsch, und nümme weisch, wo's ane goht, halt still, un frog di Gwisse z'erscht, 's cha dütsch, gottlob, und folg si'm Rot.

Schöner kann man es kaum ausdrücken.

Jeder Freiburger kennt mindestens zwei Zeilen Hebels. »Z' Friburg i de Stadt, suufer isch's und glatt«, steht auf den Straßenreinigungsfahrzeugen, die die Innenstadt und nach Marktschluss den Münsterplatz reinigen.

Für Martin Heidegger war Hebels Schriftsprache die »einfachste, hellste, zugleich bezauberndste und besinnlichste, die je geschrieben wurde«. Dem Philosophen, der an der Freiburger Universität einen Lehrstuhl inne- und in Todtnauberg ein Häuschen hatte, war ein gewisser Hang zur Verklärung stets zu eigen. In den frühen Romanen Arnold Stadlers kann man sehr schön nachlesen, wie Heidegger regelmäßig die Bauern in der Umgebung besuchte, immer auf der Suche nach Worten, in denen sich das wahre und wahrhafte Leben widerspiegelte.

Auch Ernst Bloch fand, das Alemannische sei eine Sprache, »die nach Bauernbrot und Landluft schmeckt«. Apropos Bauernbrot: In Achern heißt der Brotanschnitt *Knerbel,* in Offenburg *Kniisli* und in Schiltach *Miisli.* In Freiburg sagt man *Kneisli,* in Emmendingen *Knäuser* und in Lörrach *Chropf,* im Hotzenwald *Chnüsli*, in Waldshut *Enkel*, in Furtwangen *Zipfel* und am Bodensee *Mündli*.

Diese Sprache ist so variantenreich und so schön, man könnte glatt eine Gänsehaut kriegen. *Do kaasch e Hutt kriege, gopferdamminomol.*

Ein zeitgenössischer alemannischer Autor ist Harald Hurst aus Karlsruhe. Er ist ein Lebenskünstler und Bonvivant, ein Menschenkenner und Original. In seinen Gedichten und Geschichten schreibt er über Alltagsbeobachtungen und menschliche Verhaltensweisen. Er trägt seine Texte auch gern vor. Mal liest er im Biergarten und mal vor Tausenden auf einem Open-Air-Fest. Eine Hurst-Lesung sollten Sie sich nicht entgehen lassen. Hurst ist ein lässiger Entertainer und ausgewiesener Experte seiner Heimat:

Heimat
Heimat isch dort
wo aim d' Leut
so gut verstehn
dass mer manchmol
scho beim Schwätze merkt
's wär besser g'wese
mer hätt's Maul g'halte

Damit Sie nicht völlig im Wald stehen, wenn ein Ureinwohner Sie anspricht, gibt es hier eine Liste wichtiger alemannischer Wörter und Ausdrücke:

abe	hinunter
ablo	ablassen, schimpfen
allewiil	immer
amenorts	irgendwo
amig	oft, als
ännewäg	trotzdem

äwäng	ein wenig
bäffzge	nörgeln, keifen
bätschnass	klatschnass
bicklhart	sehr hart
ä bitzeli	ein wenig
Bloodere	Blase
blutt	nackt
bruddlig	schlechter Laune sein
bummere	kräftig klopfen
buschbr	nicht wohl sein. *S isch mer ned buschbr.*
däne	drüben
dätsch mer	würdest du mir
drimmlig	schwindelig
dure	hindurch
dusse	draußen
ebber	jemand
effange	endlich
eismol	plötzlich
emol	einmal
Fegnescht	unruhige Person
Fiedle	der Hintern
Fiiroobe	Feierabend
Finke	Pantoffeln
gang go	gehen, um zu. *Kumm, gang go laufe.*
ginke	treten
gschuggt und gschupft	verrückt
gumpe	hopsen
Heugumber	Heuschrecke
hitt	heute
kääb	knapp
's läbbert sich zämme	es kommt allmählich viel zusammen
Lalli	Zunge
lambe loose	herunterhängen lassen

loose	hören
Luusr	Lausbub
mer	wir
Mocke	Brocken
Moorn	Morgen
Moris	Angst
müpfe	meckern
nablosse	runterlassen
neume	irgendwo
neumedure	irgendwie
niemerts	niemand
niene	nirgendwo
nomol	nochmal
notno	nachher
nume	nur
pfuuse	schlafen
rubblig	rau, uneben
rumbis un stumbis	samt und sonders
schlozze	lutschen, saugen
Schmutz	Fett
schnufe	atmen
Schnure	Mund
seggle	rennen
selligsmool	damals, vor langer Zeit
Stigge	Treppe
Tschobbe	Jacke, Kittel
Tschooli	ein guter Zeitgenosse mit Eselsgeduld
uffe	hinauf
verbuzze	leiden können
vergellschtert	entsetzt, fassungslos
verheie	etwas unabsichtlich zerbrechen
verseggle	verarschen

vorghuust	*Sie hänn vorghuust.* Sie hatten vorehelichen Geschlechtsverkehr.
wänn	wollen
wellewääg	gewiss, sicherlich
wit	willst
witt	weit
zämme	zusammen
zimpferlig	sehr empfindlich
Zitig	Zeitung

Der Wald hat's gegeben, der Wald hat's genommen.

Wie der Schwarzwald zu dem wurde, was er ist

Die Schwarzwälderinnen und Schwarzwälder sind ohne den Schwarzwald gar nicht denkbar. Seit Hunderten von Jahren leben sie von und mit und in ihm. Er gibt ihnen zu essen und trinken, er spendet Schutz bei Regen und Unwetter und zu starker Sonne, er gibt ihnen das Holz, das sie zum Heizen und Bauen brauchen. Und der Wald? Steht still und schweiget. Dabei hätte er sehr wohl Grund, sich zu beschweren, denn seine Bewohner haben ihm in den letzten fünf Jahrhunderten immer wieder ganz schön zugesetzt.

Als die Römer vor 2000 Jahren rheinaufwärts in den Norden zogen, gab es hier noch keine sanften Hügel, Wiesen und Weideflächen, sondern nur eine einzige große zusammenhängende Waldfläche. Diese nannten sie *silva negra*, dunkler Wald. Wären sie schon vor 10000 Jahren gekommen, hätten sie sich einen anderen Namen ausdenken müssen. Zur Würmeiszeit, der sogenannten *Kleinen Eiszeit*, war der Schwarzwald noch so stark vergletschert, dass hier höchstens ein paar magere Büsche und Sträucher wuchsen.

Für eine Landschaft, die vor 60 Millionen Jahren entstand, sind 8000 Jahre natürlich ein Klacks, entwicklungsgeschichtlich gesehen. So lange ist es mittlerweile her, dass sich die Erde hier im größeren Stil aufbäumte und Buntsandstein, Gneis, Granit und andere Gesteinsarten ineinanderschob. 35 Millionen Jahre später senkte sie sich in der Mitte, wo heute der Rhein fließt, wieder ab. Links und rechts davon blieb alles, wie es war, und der Schwarzwald und die Vogesen entstanden.

Die Vogesen kann man an schönen Tagen vom Schwarzwald aus sehen. Sie sind dafür verantwortlich, dass es im Mittel- und im Nordschwarzwald sehr viel häufiger regnet als im Süden und man vom lang anhaltenden Regen *bätschnass* werden kann. Die feuchten Westwinde vom Atlantik bleiben an ihnen hängen und regnen sich dort aus, während sie weiter nördlich ungehindert vordringen können.

Als es vor 10 000 Jahren langsam wärmer wurde, bildeten sich die Gletscher zurück, das schmelzende Wasser floss talabwärts und höhlte die Felsen aus. So entstanden Karseen wie der Mummelsee, der Glaswaldsee und der Schwarze See, auch die Hochmoore wie Kaltenbronn und Wildsee stammen aus dieser Zeit. Vor 3000 Jahren wanderten Birken und Kiefern ein, gefolgt von den ersten Nadelbäumen. Unter deren Federführung entstanden dann die Wälder, die nach und nach die ganze Gegend vereinnahmten.

Jahrhundertelang interessierte sich keine Menschenseele für den Schwarzwald. Er war eine große zusammenhängende Waldfläche, so dunkel und undurchdringlich, dass die Römer ihn mieden wie die Pest. Außer einigen Thermalbädern, die als Erholungsanlagen für Soldaten dienten, gründeten sie ihre Siedlungen in der Ebene. So entstand im zweiten Jahrhundert *Portus*, das heutige Pforzheim.

Ich würde gerne behaupten, dass die Alemannen keine solchen Angsthasen waren. Das stimmt aber leider nicht. Auch ihnen war der Wald zu groß, zu dunkel und zu unheimlich. Aus heutiger Sicht lacht man darüber. Aber wenn man mal ein, zwei Tage lang auf kurvigen Straßen durch Wälder, Berge und tiefe

Täler unterwegs ist, die wenig Sonne abbekommen, kann einem schon mulmig werden. Da ist man froh, wenn man endlich wieder unten in der friedlichen Ebene ist. Wenn man sich dann noch klarmacht, dass es vor ein paar Hundert Jahren keine Straßen und Zugstrecken gab, keine Felder, Wiesen und Matten, dann kann man verstehen, dass die Menschen sich nicht hierher trauten. Der Schwarzwald war ein Dschungel, ein dicht bewachsener, undurchdringlicher Urwald.

Nur ein paar vereinzelte Missionare, die aus Irland und Schottland gekommen waren, um die Schwarzwälder zu christianisieren, wagten sich hinein. Diese Mönche lebten als Eremiten und gründeten später Klöster. Deswegen gibt es hier auch so viele Orte, die ein Sankt im Namen haben, wie St. Märgen, St. Blasien oder St. Ulrich.

Im Mittelalter begann sich das Verhältnis der Schwarzwälder zur Natur grundlegend zu ändern. Nun wagten sie sich in den Wald hinein. Weil sie sich an ihn gewöhnt hatten. Weil sie nicht mehr an Geister glaubten. Vor allem aber, weil sie Bodenschätze entdeckt hatten. In Haslach Erz und am Schauinsland Silber. So richtig Schwung brachte freilich erst die Industrialisierung. Die fand zwar unten in der Ebene statt, war aber auf einen Rohstoff angewiesen, den es nur hier oben in Hülle und Fülle gab: Holz. Holz wurde überall eingesetzt. Es war Heizmaterial, der Bergbau brauchte es, um die Stollen abzustützen und das Erz zur Verkokung zu erhitzen, der Schiffsbau war darauf angewiesen. Nachdem Amerika entdeckt und der Seeweg nach Indien gefunden worden war, schickten die Handelshäuser immer mehr und immer größere Schiffe an immer entlegenere Punkte der Welt, um die dortigen Reichtümer zurück nach Europa zu bringen. Dafür brauchten sie immer größere und kräftigere Baumstämme. Sie fanden sie im Schwarzwald. Die größten und mächtigsten Tannen wurden *Holländer* genannt. Weil sie die Mastbäume auf den Schiffen der holländischen Handelsflotte wurden. Und immer mehr Menschen zogen in die prosperierenden Städte, es mussten Lagerhallen, Fabriken, Silos und immer mehr Wohnhäuser errichtet werden. Man sagt, Amsterdam sei auf Schwarzwälder Tannen gebaut.

Die Waldbauern fällten die dicken Stämme und zogen sie mit Ochsen und Pferden an die Ufer der Murg und der Enz, zwei schmale Flüsschen im Nordschwarzwald. Dort wurden sie von den Flößern zu Flößen »eingewälzt«, also zusammengebunden. Diese Flöße waren bis zu vier Meter breit und bis zu 280 Meter lang und im Gegensatz zu den großen Flößen auf dem Rhein in sich gelenkig. Geflößt wurde im Frühjahr, wenn die Flüsse wegen der Schneeschmelze genügend Wasser führten. Später wurde ein System aus Staudämmen und Schwellstufen entwickelt, in denen genug Wasser aufgestaut werden konnte, um die Flöße bei geöffneter Schleuse auf einer künstlichen Welle treiben zu lassen.

Viele Städte wurden auf diese Weise mit Brennholz versorgt. Freiburg über die Dreisam, Basel über Wiese und Wutach, Straßburg über die Kinzig. Wo es keine Flüsse oder Bäche gab, wurden künstliche Wege angelegt. Bis zu drei Kilometer lang waren diese sogenannten Weg- und Erdriesen, ins Erdreich gegrabene Rinnen, in denen die Stämme im Stück wie auf einer Rutschbahn ins Tal hinab rasten. Sie konnten bis zu siebzig Stundenkilometer schnell werden. Wobei ich mich frage, wie man das damals gemessen hat.

Am Rhein oder in Besigheim, wo die Enz in den Neckar mündet, wurden sie zu noch größeren Flößen zusammengebunden. Für die meisten Flößer war die Reise hier zu Ende. Sie verkauften ihre Ware und kehrten nach Hause zurück, selbstverständlich zu Fuß. Manche fuhren aber auch weiter bis nach Köln, Duisburg und nach Holland. Durch sie hörten die Menschen im Norden zum ersten Mal, dass es so etwas wie den Schwarzwald überhaupt gab.

Ein weiteres Holz fressendes Gewerbe war die Glasbläserei. Ein wichtiger Grundstoff dafür war Pottasche, die man aus der

Asche von Laubbäumen gewann. Buchen wurden verbrannt und dann mit Wasser ausgelaugt und in Pötten eingedampft. Damit konnte man den Siedepunkt von Quarz von 1800 auf 1200 Grad senken. Für die Glasbläser war das eine feine Sache, für den Wald aber eine Katastrophe, denn um ein Kilogramm Glas herzustellen, musste man einen ganzen Kubikmeter Holz verfeuern.

Die Schwarzwälder fällten und hackten und heizten und verbauten, was das Zeug hielt. Sie betrieben so rücksichtslosen Raubbau, dass genau das passierte, was den Regenwäldern Südamerikas in den nächsten zwanzig Jahren blühen könnte: Der Schwarzwald verschwand. Gegen Ende des 18. Jahrhunderts waren nur noch knapp zehn Prozent des Südschwarzwalds mit Bäumen und Büschen bedeckt! Anfang des 19. Jahrhunderts wurde in Stuttgart sogar das Brennholz knapp. Aber die Holzfäller hängten ihre Axt nicht an den Nagel. Es war ein Teufelskreis: kein Holz, keine Arbeit, kein Lohn, kein Essen. Also schlugen sie weiter. Andere Arbeit gab es nicht. Die Menschen sägten buchstäblich den Ast ab, auf dem sie saßen.

Der Holz-Boom hatte dem strukturschwachen Schwarzwald für zwei-, dreihundert Jahre einen kleinen Aufschwung beschert. Reich waren seine Bewohner dadurch aber nicht geworden, von ein paar wenigen Großgrundbesitzern einmal abgesehen. Die Realteilung tat ihr Übriges. Im Schwarzwald wurde der Besitz nämlich nicht dem ältesten Sohn vererbt, wie andernorts üblich, sondern auf alle Nachfahren verteilt. Immer mehr Bauern besaßen immer weniger Land und Wald.

Die Silber- und Erzvorräte in den Minen gingen langsam zur Neige, und die aus Schwarzwälder Tannen gebauten Schiffe brachten aus Südamerika so viel Silber und Gold mit, dass die Preise für heimische Edelmetalle in den Keller fielen. Die Schwarzwälder Minenarbeiter waren also so etwas wie die ersten Opfer der Globalisierung. Der Wald hat's gegeben, der Wald hat's genommen. Auch die Flößer wurden durch die Technisierung und die Erfindung neuer Maschinen und Transportmittel überflüssig. Der Schwarzwald verarmte so stark, dass im 19. Jahrhundert viele seiner Bewohner nach Amerika auswandern mussten.

Es musste etwas geschehen, um die totale Entwaldung zu verhindern. So verabschiedete die badische Regierung im Jahre 1833 ein Gesetz zur Wiederaufforstung. Man setzte auf Fichten, die wesentlich schneller wachsen als Tannen. Wenn Sie heute durch den Schwarzwald wandern oder fahren, tun Sie das also durch Fichtenwälder. Leider sind Monokulturen sehr viel anfälliger als Mischwald. Auch haben Fichten nur ein sehr flaches Wurzelwerk, sodass sie für die Unwetter, die es hier im Herbst und Winter manchmal gibt, zur leichten Beute werden.

Nachdem zuerst der saure Regen dem Schwarzwald zugesetzt hatte, hinterließ im Winter 1999 Lothar eine Spur der Verwüstung, die alles bisher Dagewesene in den Schatten stellte. Der Sturm traumatisierte eine ganze Region und zerstörte über 3000 Hektar Wald. Die Holzfäller brauchten ein paar Hundert Jahre, um das Bild einer ganzen Region nachhaltig zu zerstören, Lothar genügten dafür ein paar Stunden. Die Folgen kann man noch heute überall sehen. Ob am Schliffkopf oder am Schluchsee, ob an der Schwarzwaldhochstraße oder im Rombachtal – in einst geschlossenen Waldgebieten klaffen riesige Lücken. Schön sind die nicht. Und billig auch nicht. Zu einer Zeit, als die Holzpreise im Keller und Pellets noch nicht erfunden waren, mussten die Baumstämme zu Hunderttausenden aus dem Wald gezogen werden. Jahrelang lagen sie an Wegesrändern und wurden künstlich bewässert, damit der Borkenkäfer und anderes Ungeziefer sich ihrer nicht bemächtigte. Der Sturm ist zum Trauma für eine ganze Region geworden. Es gibt Filme und Bücher über Lothar und eine eigene Ausstellung im Stuttgarter Museum für Landesgeschichte. Die Surf- und Beatband *Leopold Kraus Wellenkapelle* aus Freiburg hat sogar ein Lied nach ihm benannt: *Lothar '99.*

Von Brauchtümern und Missverständnissen.

Die Insignien des Schwarzwalds

Der Bollenhut

Für einen Bollenhut werden in Handarbeit 14 Wollrosen auf einen Strohhut genäht. Die Wollbollen symbolisieren der Legende nach das Blut Jesu am Kreuze, das sich in rote Rosen verwandelte, beziehungsweise die Tränen Marias am Grab ihres Sohnes, die sich in schwarze Blüten verwandelten. Sein Gewicht von zwei Kilo lässt darauf schließen, dass er nur zu ganz besonderen Anlässen getragen wurde. Unverheiratete Mädchen und Frauen tragen rote, verheiratete Frauen schwarze Bollen. Diese doch sehr eigenwillige Kopfbedeckung ist schon seit langer Zeit eines *der* Wahrzeichen des gesamten Schwarzwalds. Ob eingeschweißter Schinken, Werbeprospekt oder Papierserviette – alles, was auch nur im Entferntesten mit dem Schwarzwald zu tun hat, wird heute mit einem Bollenhut oder einem bollenhuttragenden Mädchen verziert.

Dabei wurde sie ursprünglich nur in Gutach, Reichenbach und wenigen anderen Dörfern des Gutachtals getragen. Die Operette *Schwarzwaldmädel* machte diese Kopfbedeckung so berühmt, dass sich auch die anderen Gemeinden mit ihr zu schmücken begannen. Den Gutachtalern gefiel das gar nicht, verständlicherweise. Heutzutage allerdings, wo Trachten nur noch zu folkloristischen Zwecken getragen werden, haben sie sich an den Vorzeigecharakter der eigenen Tracht gewöhnt.

1955 war das noch anders. Es ging rund, als der württembergische Fremdenverkehrsverband eine Delegation in die USA schickte, um reisewilligen Amerikanern die Schönheiten Germanys im Allgemeinen und Schwabens im Besonderen nahezubringen. Wer sich wohl zehn Jahre nach Kriegsende ausgerechnet Deutschland als Ferienland aussuchte? Vielleicht ehemalige GIs, die ihren Familien die Schlachtfelder zeigen wollten, auf denen sie gekämpft hatten. Auf jeden Fall hatte eine Pressereferentin des württembergischen Fremdenverkehrsverbands offensichtlich das Bedürfnis, den eigenen Auftritt etwas aufzupeppen, und erschien im Bollenhut, *dem* Markenzeichen des badischen Schwarzwalds schlechthin! Können Sie sich vorstellen, was los war, als das die Runde machte? Die verlorene Abstimmung pro Südweststaat lag noch keine drei Jahre zurück, einer Verfassungsbeschwerde wegen »überspieltem Volkswillen« wurde erst 1956 vom Bundesverfassungsgericht stattgegeben (mehr dazu im Kapitel »Durch Freund- und Feindesland«). Die Badener fühlten sich übervorteilt und fürchteten, für die immensen Schulden Württembergs aufkommen zu müssen, ganz abgesehen davon, dass sie Schwaben auf den Tod nicht ausstehen konnten! »Trachtenmissbrauch einer Großstadtdame«, wie eine Bauernzeitung schrieb, war noch das Harmloseste.

Im Trachtenmuseum in Haslach erfahren Sie, dass zur Gutacher Tracht nicht nur der berühmte Bollenhut, sondern auch ein *Goller* (Halsmantel für Mädchen und Frauen mit ornamentaler Stickerei, z. T. mit sinnbildlichen Zeichen), ein *Libli* (Mieder aus geblümtem Samt, bis Ende des 19. Jahrhunderts Schnürmieder, später seitlich geschlossen), eine *Schobe* (offen getragene, rot gefütterte Jacke), ein *Wifelrock* (Gewebe aus Hanf und Wolle, geleimt und geschwärzt, nicht waschbar), *Hasenhärene* (Strümpfe aus Angorawolle) und *Watschen* (weit ausgeschnittene, flache Schuhe) gehören. Außerdem sind hier über hundert andere Schwarzwälder Trachten ausgestellt, die sich teilweise ganz erheblich voneinander unterscheiden. Der *Schäppel* aus dem ehemals fürstlich fürstenbergischen Gebiet im oberen Kinzigtal etwa ist eine riesige, mit Hunderten von Glasperlen und kleinen Spiegeln bestickte Brautkrone, so groß wie eine Waschtrommel und bestimmt genauso schwer. Da hatten es die Frauen aus Simonswald leichter, die nur einen gekalkten und eingefärbten Strohzylinder trugen. Zu sehen gibt es auch Fasnetmasken, Schwarzwaldsouvenirs und ein Zwergenkostüm, mit dem Rudolf Thoma, der Sohn vom Haslacher Kanonenwirt, 1909 den ersten Preis bei den Preismaskenbällen in Haslach und in Karlsruhe gewann. Das Museum ist etwas angestaubt. Trotzdem oder gerade deswegen ist es so schön. Lebensgroße Puppen stehen in holzverschlagenen Vitrinen, die schlecht beleuchtet sind. Viele dieser teilweise sehr alten Figuren starren mit erschrecktem Blick ins Leere und sehen durch die indirekte Beleuchtung aus wie das stumme Personal einer Geisterbahn.

Das Chilbifeuer

Im traditionell katholischen Schwarzwald wird der Kalender von kirchlichen Feiertagen bestimmt. Kirchweih wird am Namenstag des Kirchenpatrons gefeiert. Wo der unbekannt ist, feiert man den Kirchweihtag im Oktober. Abends wird das große Chilbifeuer (oder Kilbifeuer bzw. Kilwifeuer) angezündet. Die Dörfer veranstalten regelrechte Wettkämpfe, wer das größte zustande bringt. Tagelang tragen die jungen Männer Holz und anderes brennbares Material zusammen, um das größte Feuer weit und breit zu haben. Manche sind besonders raffiniert und entfachen ihren Haufen, damit die anderen Dörfer auch ihr Feuer anzünden, um dann später mit einem zweiten, noch viel größeren zu brillieren.

Bei vielen Kirchweihfeiern gibt es eine Tombola, und der Hauptpreis ist traditionell ein Hammel. Die Leute waren arm, und das Fleisch war ein willkommenes Zubrot für den kommenden Winter. Die Waldshuter verlosen den ihrigen in Erinnerung an die Belagerung der Stadt durch die Schweizer vor über 500 Jahren, als sie einen Hammel auf die Stadtmauer stellten und so den Angreifern zeigten, dass sie noch genug zu essen hatten.

Bei einer Chilbi in Lenzkirch hat vor einigen Jahren Frau Winter den Hammel gewonnen. Vielleicht weil sie eine Zugereiste war, brachte Frau Winter es nicht fertig, ihren Siegpreis schlachten zu lassen. Zwei Jahre lebte der Bock, dem sie den Namen Kilbi gab (auf den er aber nicht hörte), bei ihr im Garten, fraß die Küchenabfälle und hielt das Gras niedrig. Bis eines Tages ein Hund, der Witterung aufgenommen hatte, über den Zaun sprang. Kilbi erschrak so sehr, dass er auf der Stelle tot umfiel. (Der Hund war unserer. Später hat er mal ein Huhn erlegt. Der Bauer, dem wir die Schandtat gestanden, wollte nur eins wissen: *» War's e wießes oder e bruuns?«*)

Fasnet

Jedes Jahr übertragen die deutschen Fernsehanstalten stundenlange Karnevalssitzungen aus den sogenannten Hochburgen Köln und Mainz. Ich kann mir das beim besten Willen nicht ansehen. Denn ich bin mit der schwäbisch-alemannischen Fastnacht aufgewachsen. Die Narren im Südwesten tragen keine Soldatenuniformen wie die Funkenmariechen, sondern handgeschnitzte Holzmasken, die *Larven* heißen, und bunte, mit großen oder kleinen Glocken behangene Kostüme, die man *Häs* nennt. Auch wenn im Alemannischen *Häs* generell für Kleidung steht, ist doch meist das Narrenkleid damit gemeint. Die meisten sind aufwendige *Fleckle-Häs*, mit vielen kleinen wie Schindeln übereinandergenähten Stofffetzen.

Traditionelle Fastnachtsfiguren wie Wald- und Seeteufel, Moorhexen und Wilde Leute entstammen der örtlichen Sagen- und Mythenwelt. Weil diese aber nur über ein begrenztes Personal verfügt, mussten viele Zünfte, die in den letzten Jahren ins Leben gerufen wurden, auf die neutrale Hexe zurückgreifen. Angesichts der vielen Neugründungen befürchtet die Vereinigung Schwäbisch-Alemannischer Narrenzünfte, kurz *VSAN*, mittlerweile, historisches Brauchtum und Traditionen könnten verraten werden. Aber viele bestehende Zünfte sind einfach zu voll und können oder wollen keine weiteren Mitglieder mehr aufnehmen. In der stetig wachsenden Zahl überregionaler Narrentreffen, bei denen hundert und mehr Zünfte aus nah und fern durch den Ort ziehen, sieht die *VSAN* ebenfalls eine Gefahr für die traditionellen ortsansässigen Umzüge.

Das ist mal wieder so eine Zwickmühle der modernen Welt: Soll man Brauchtum, das die Sehnsucht der Menschen nach Traditionen und Altüberliefertem, nach Ehrlichem und Authentischem befriedigt, kommerzialisieren und auf diese Weise riskieren, dass es seine Seele verliert? Oder zulassen, dass es vielleicht irgendwann ausstirbt? Davon bedroht war die schwäbisch-alemannische Fastnacht nämlich schon mehr als einmal. Im Mittelalter wurden zur Fasnet der Winter vertrieben und die verderblichen Lebensmittel vor Beginn der Fastenzeit aufgebraucht. Die Reformation machte in den protestantischen Ländern die Fastenzeit überflüssig, und mit ihr logischerweise auch die Fastnacht. In den pietistischen Gegenden des Nordschwarzwalds wird sie heute noch nicht gefeiert. Im 18. Jahrhundert begann sich der rheinische Karneval auszubreiten.

Es brachen düstere Zeiten für die alemannische Fasnet an. 1903 machten beim Rottweiler Hexensprung nur noch sieben Hexen mit. Das ist bei einer Veranstaltung, bei der die Hästräger durch meterhohe Flammen springen und die heute so viele Menschen anzieht, dass sie auf mehrere Tage verteilt werden muss, kaum mehr vorstellbar.

Anfang des 20. Jahrhunderts distanzierten sich die Bauern vom bildungsbürgerlich dominierten Karneval und besannen sich wieder auf die überlieferten Traditionen. Dem Bildungsbürgertum war das erst mal egal. Was der Bildungsbürger nicht kennt, juckt ihn nicht. Doch dann – das musste ja so kommen – fand er Gefallen an der authentischen und traditionellen Fasnet und wollte auch mitmachen. Die Zünfte wuchsen an und verhängten irgendwann einen Aufnahmestopp, weshalb neue Zünfte gegründet wurden usw. usf.

Die Menschen verkleiden sich eben gern, und die Fastnachtszeit kann eine besonders schöne, aufregende und wilde sein. Unter der Maske darf man vieles tun, was man sich sonst nicht getraut. Früher war alles besser, das gilt natürlich auch für die Fasnet. Alte Narren berichten, wie viel wilder es damals noch zuging. Bis vor ein paar Jahren schlossen die Firmen ihre Tore noch ganz selbstverständlich vom *Schmutzige Dunnschdig* bis zum *Aschermittwoch*.

Eine der schönsten Masken haben die Kühe aus Raitenbuch, einem kleinen Hangdorf im Hochschwarzwald. Sie sind die einzige mir bekannte Zunft, die in all den Jahren nicht größer geworden ist, obwohl es wahrlich viele Interessenten gab. Seit jeher sind es sieben Stück. Mitmachen darf nur, wer aus Raitenbuch stammt, über achtzehn, männlich und Junggeselle ist, wobei die maximale Zeit als Hästräger auf elf Jahre begrenzt ist. Nicht wenige Bedingungen für ein Dorf mit 160 Einwohnern. Aber bis jetzt hat es noch immer geklappt. Die Kühe tragen ein hellblaues Hemd und eine weiße Hose, und ihre große Holzmaske erinnert mit ihren großen und aufgerissenen Augen und Nasenlöchern an eine Kreuzung aus Teufel und wild gewordener Kuh.

Um mich zu vergewissern, dass meine Informationen auch stimmen, habe ich beim damaligen Vorsitzenden angerufen. Der hat mir erklärt, wie der Verein funktioniert. Zum Dank schickte ich ihm ein Exemplar der Erstauflage dieses Buches.

Als ich nichts hörte, fürchtete ich, dass es nicht angekommen war. Also rief ich noch mal an und erkundigte mich, ob er das Exemplar erhalten und ob es ihm gefallen hat. Die Antwort fiel knapp und vielsagend aus: »Jo, sell war scho guet.« Damit war das Gespräch beendet. Wie gesagt, Schwarzwälder reden nicht so viel.

Am Rosenmontag treiben es die Raitenbucher Kühe ganz besonders wild. Sie fliegen immerzu im Dreck herum, wie der Hans aus dem Lied *Hans gang heim*: »Ob es regnet oder schneit, ob de Hans im Dreck rumkeit.« Wenn sie nicht gerade im Dreck herumfliegen, schnappen sie sich die schönsten Mädchen und nehmen sie ein Stückchen mit. Hat eine Kuh ein besonders schönes Mädchen entdeckt, mustert sie es erst mal in aller Ruhe. Da das Mädchen bei den krummen Augen der Maske nicht erkennen kann, ob es tatsächlich gemeint ist, wird es nervös. Ist das Mädchen nervös, freut sich die Kuh. Und lässt sich noch mehr Zeit. In aller Ruhe nähert sie sich, wissend, dass ihr das Opfer nicht entkommen kann. Dem Mädchen rutscht dabei das Herz in die Hose vor Angst und nervöser Erregung, und packt die Kuh dann endlich zu, kreischt es und wehrt sich mit Händen und Füßen, schließlich will es nicht mitgenommen werden, schon gar nicht von so einer hässlichen Kuh aus Raitenbuch. Aber da muss das Mädchen aufpassen, denn wenn es zu sehr zappelt, kann es passieren, dass die Kuh ablässt und sich ein neues Opfer sucht, und das wäre noch viel schlimmer, als mitgenommen zu werden, denn von einer Raitenbucher Kuh auserkoren zu werden, ist ja eigentlich die größte Ehre, die einem Mädchen zuteilwerden kann, weiß doch jeder, dass sich die Kühe nur die Allerhübschesten aussuchen und dass hinter ihren Masken die coolsten Kerle vom ganzen Hochschwarzwald stecken, zumindest während der Fastnachtstage.

Zu wild sollte man es als Hästräger allerdings nicht treiben. Bei einem Umzug in Marbach bei Villingen wurde mal eine junge Frau verletzt, weil »ein Mitglied einer bislang noch unbekannten Hexenzunft der Jugendlichen einen Besen durch die Beine hindurch« steckte, wie es im Polizeibericht hieß.

Aber auch Hästräger kann es erwischen. Ein Lenzkircher Dengele hat das mal am eigenen Leib zu spüren bekommen. Dengele gehen auf den Urseegeist zurück, ein Vorbote des Todes. Eine schwarze, böse Gestalt, dessen Dengeln in den Abendstunden zu hören war. Heute schieben Dengele am Rosenmontagsumzug ihre Holzsensen zwischen die Füße der Zuschauer am Straßenrand. Besagter Dengele war etwas zu grob, sodass Frau W., deren Beine er erwischte, stolperte und hinfiel. Das gefiel Herrn W., einem Dachdecker, der danebenstand, so wenig, dass er mit der Faust auf die Holznase des Dengeles schlug, woraufhin sowohl Masken- also auch Maskenträgernase brachen.

Kuckucksuhren

Neulich wartete ich am Frankfurter Flughafen auf meinen Flieger und schlenderte ein bisschen durchs Terminal. In einem Souvenirshop entdeckte ich einen kleinen Kühlschrankmagneten in Form einer Schwarzwälder Kuckucksuhr. In einem Anfall von Nostalgie kaufte ich ihn, obwohl er überteuert und auch nicht besonders schön war. Das sah die junge Verkäuferin wohl auch so, sie legte die Stirn in Falten und fragte, warum ich ausgerechnet dieses Andenken haben wolle. Vermutlich sei die Uhr für einen japanischen Freund. Ich nickte. Dabei kenne ich gar keine Japaner.

Ihr Gedanke lag nahe. Tatsächlich sind Touristen aus Japan und Nordamerika ganz verrückt nach Kuckucksuhren und allem möglichen anderen folkloristischen Schnickschnack. Am Titisee und an der Deutschen Uhrenstraße, die einmal quer durch den Schwarzwald führt und all seine chronometrischen Sehenswürdigkeiten erfasst, liegen Aberhunderte von Geschäften, die ausschließlich Kuckucksuhren verkaufen. Sie haben sich längst darauf eingestellt, für ihre Kunden nur ein Ziel von vielen zu sein und dass es diese vor logistische Probleme stellen würde, wenn sie eine große Schachtel durch halb Europa schleppen müssten, in der sich ein filigran gearbeitetes Holzkunstwerk befindet. Deswegen kann man sich seine Uhr heute aussuchen, vor Ort bezahlen, verpacken, frankieren und sich zum Wunschtermin nach Hause schicken lassen.

Aber auch Europäer mögen sie. Im Zug saß ich jüngst neben einem französischen Herrn, der auf dem Weg nach München war. Er sprach sehr gut Deutsch, wir kamen ins Plaudern. Er hatte mal ein paar Jahre in der bayerischen Hauptstadt gearbeitet und zählte stolz auf, wie gut er Bayern kannte: Hofbräuhaus, Schwabing, Königsschlösser. Eine typisch bayerische Kuckucksuhr habe er damals auch gekauft, sagte er, seit vielen Jahren hänge sie in seinem Wohnzimmer. Ich protestierte natürlich und erklärte, dass diese Uhr mitnichten aus Bayern, sondern aus dem *Forêt Noire* stammt. Aber das ließ der Gute einfach nicht gelten. *Mais non, Monsieur, natürlich stammt die Kuckucksuhr aus Bayern!* Ich versuchte es noch zweimal. Aber da war nichts zu machen. *Merde alors.*

Die ersten Uhren, die im Schwarzwald hergestellt wurden, waren noch keine Kuckucksuhren. Die aufkeimende Industrialisierung hatte die Bauern des Schwarzwalds einfach übergangen. Sie waren zwar handwerklich geschickt, hatten aber ein entscheidendes Problem: Sie lebten in tiefen und abgeschiedenen Tälern, in denen sich keine Großindustrie ansiedeln ließ. Mehr als Kleinkram war nicht drin. So konnten sie sich auch nie etwas von den Kostbarkeiten kaufen, die italienische Händler, die den Weg über die Alpen gefunden hatten, mit sich führten. Irgendwann brachte einer von ihnen eine Uhr mit. Die Schwarzwälder sahen dieses Ding und dachten das Gleiche, was sich heute asiatische Plagiatoren denken, wenn sie Waren aus Europa sehen: »Des könne mir au.« Sie bauten die Uhren nach. In den Wintern, die lang und kalt und schneereich waren, hatten sie genügend Zeit dafür. Mitte des 17. Jahrhunderts war das. Sie benutzten das einzige Material, das ihnen zur Verfügung stand: Holz. Ihre Uhren hatten auch nur einen Zeiger. Später nahmen sie Metall aus den Eisen- und Erzminen. Diese Uhren waren keine Kuckucksuhren, sondern einfache Bauernuhren mit bemalten Metallplatten. Nebengewerbe wie Gestell- und Werkzeugmacher, Schildermaler und Gießer entwickelten sich. Das feinmechanische Geschick der Schwarzwälder, die kurzen Wege und das Material direkt vor Ort ließen die erste Schwarzwälder Industrie entstehen.

Nun waren die Schwarzwälder Uhrmacher so gut, dass ihre Produkte eine Ewigkeit hielten. Als alle Leute in der Umgebung mit einer Uhr ausgestattet waren und die Absatzzahlen sanken, kam einer auf die Idee, aktiv auf neue Kunden zuzugehen. So entstand der Beruf des *Packers*. Auf den hölzernen Ortsschildern in Lenzkirch im Hochschwarzwald sind solche Packer dargestellt. Dieser packte so viele Uhren, wie er auf seinem Rückengestell tragen konnte, und zog los. Zuerst ging es in die deutschen Städte, später wurde so die ganze Welt von Asien bis Amerika mit robusten und günstigen Gebrauchsuhren versorgt.

Die Geburtsstunde der Kuckucksuhr, wie wir sie heute kennen, schlug Mitte des 19. Jahrhunderts. Die ganze Welt war mit Schwarzwälder Uhren versorgt, und die Absätze begannen einzubrechen. Ihr veraltetes Design und die amerikanische Konkurrenz, die mit billiger Ware auf den Markt drängte, taten ein Übriges. 1850 hatte Robert Gerwig die rettende Idee. »Dieser seltene Mann« (*Badische Biographien*, Band 4, 1891) war der Gründer und Direktor der Uhrmacherschule in Furtwangen, entwarf Straßen, die Schwarzwald- und die Gotthardbahn, leitete den Bau der Rheinbrücke Waldshut-Koblenz, der Rheintalbahn, der Höllentalbahn und der Ravennabrücke. Er schrieb eine Studie über die Bedeutung der Moose für die Wasserverteilung auf der Erdoberfläche und saß als Abgeordneter im badischen Landtag und später im Deutschen Reichstag. Gerwig also rief zu einem Wettbewerb auf, in dem ein zeitgemäßes Gehäuse für die Schwarzwalduhr gesucht wurde.

Der Architekt Friedrich Eisenlohr, der auch die Gebäude der Badischen Staatsbahnen entworfen hatte, reichte ein Bahnwärterhäuschen mit Zifferblatt ein. Etwas Moderneres hatte die Uhrenwelt noch nicht gesehen! Als dann noch der Kuckuck dazukam, war der Erfolg besiegelt. Am Anfang wurden sie auch »Figuren-« oder »Männle-Uhren« genannt. Denn es schlugen nicht nur der Vogel, sondern auch Figuren, Soldaten, Ziegen und andere Tiere die volle Stunde an. Der Kuckuck hat sich durchgesetzt, weil sein Ruf am leichtesten herzustellen war. Wäre Schweineuhr oder Kuhuhr schöner gewesen?

Heute muss man die Uhren nicht mehr zu den Amerikanern tragen, denn die Amerikaner kommen zur Uhr. Sie decken sich hier mit *Original Black Forest Coocoo Clocks* ein, selbstverständlich *handmade from the real Black Forest artists.*

Der Schwarzwald wurde im 19. und 20. Jahrhundert eines der wichtigsten Zentren der Uhrenindustrie und der Feinmechanik. Klein- und mittelständische Unternehmen stellten medizinische Geräte oder Hi-Fi-Elektronik her. Dual-Plattenspieler aus St. Georgen und SABA-Fernsehgeräte (Schwarzwälder Apparate-Bau-Anstalt) aus Villingen waren führend in der Welt. Bis auch die Tage der mechanischen Uhren, Plattenspieler und Tonbandgeräte gezählt waren. Im Zeitalter von Quarz, LCD und Smartphones braucht niemand mehr eine mechanische Uhr, und wenn doch, dann greift man zu einem Billigprodukt aus Asien, das man einfach wegwirft, wenn es kaputt ist.

Mein Neffe bekam zu seiner Konfirmation eine wunderschöne Max-Bill-Uhr von Junghans. Der Uhrenhersteller aus Schramberg im Mittelschwarzwald ist schon mehrmals am Konkurs vorbeigeschrammt, hat sich aber immer wieder zurück in den Markt gekämpft. Feierlich überreichte der Patenonkel diese ebenso schlichte wie elegante Automatikuhr mit den markanten langen Strichen auf dem versilberten Blatt. Die Eltern waren beglückt, der Schenkende war stolz, alle Erwachsenen wollten die Uhr mal anlegen. Nur der Beschenkte fragte leise, was er denn bitte schön mit einer Armbanduhr anfangen solle, wo doch sein Handy die genaue Uhrzeit habe. Das kränkte den schenkenden Onkel, aber wir anderen konnten ihn beruhigen: In ein paar Jahren wird der junge Mann die Uhr mit Stolz und Dank tragen. Wahrscheinlich bis ans Lebensende.

Das, was ausrangiert wurde, weil es altmodisch und out war, wird irgendwann wieder schön, und Sammler beginnen sich dafür zu interessieren. Im Internet, auf Flohmärkten und auf Uhrenbörsen, überall werden heute alte mechanische Uhren gehandelt. Zugegeben, Höchstpreise erzielen nur Produkte aus der Schweiz, die so klangvolle Namen wie Patek Philippe oder Cartier tragen.

Mich hat diese Leidenschaft ebenfalls gepackt. Ich suche schon länger nach einem ganz bestimmten Modell aus den Sechzigerjahren, das seit Jahren nicht mehr hergestellt wird. Es ist eine wunderschöne Armbanduhr, von schlichter Eleganz. Sie hat ein bronzefarbenes Zifferblatt, ihr Laufwerk ist nichts Besonderes, und auch sonst fällt sie nicht weiter auf. Was sie so besonders macht, ist der Name ihres Herstellers, der in geschwungenen Buchstaben schräg unter der Zwölf steht. Sie heißt *Schwarzwälder*. Neulich wurde eine online versteigert. Ich war leider zu spät dran. Die Uhr war schon weg. Für 19 Euro.

Balzer Herrgott

Im Stadtwald von Gütenbach im Simonswäldertal befindet sich der Balzer Herrgott. Das ist eine Kruzifixfigur, die beinahe komplett in den Baum eingewachsen ist. Nur noch der Kopf schaut heraus. Wäre er nicht schon zweimal wieder freigelegt worden, könnte man die Figur längst nicht mehr sehen.

Ursprünglich hing die Christusfigur aus Kalksandstein an einem Kreuz vor einem Bauernhof. 1844 ging eine große Schneelawine nieder, die den Hof vollständig unter sich begrub. Figur und Wegkreuz wurden zerstört, Arme und Beine vom Korpus abgetrennt. Buben aus dem Dorf trugen den Rumpf in den Wald, wo ihn andere an eine Buche nagelten. Auf alten Schwarz-Weiß-Aufnahmen ist der Körper noch vollständig zu erkennen. Der Baum wuchs und umschlang nach und nach den Christuskörper. Heute sieht es tatsächlich so aus, als würde der Kopf aus dem Baum herauswachsen, sehr gruselig. Balzer Herrgott heißt die Figur übrigens deshalb, weil hier früher die Auerhähne gebalzt haben.

Longinuskreuz

Eine anderes Schwarzwälder Original ist das Longinuskreuz, eine Sonderform des Arma-Christi-Kreuzes. Arma-Christi-Kreuze sind Wegkreuze, an denen außer dem gekreuzigten Jesus noch diverse Werkzeuge hängen, die an dessen Martyrium erinnern sollen. Das können Zangen, Fesseln, Leitern, Lanzen und ähnliches sein. Auf einigen Arma-Christi-Kreuzen gibt es auch Hähne, Würfel und Silberlinge; wieder andere kommen ganz ohne Christusfigur aus. Bei einem Longinuskreuz gibt es zusätzlich einen kleinen Reiter auf einem Pferd, der den Heiland ehrfurchtsvoll anstarrt. Das ist Longinus, der römische Hauptmann, der Jesus die Lanze in die Seite stach, um zu prüfen, ob er schon tot war. Die Legende will, dass das Blut ungestockt aus Jesu Leib floss. Einige Tropfen fielen auf die Augen eines Blinden, der sehend ward. Manchmal war es auch Longinus selbst, der wieder sehen konnte. Longinus erkannte, dass der Gekreuzigte tatsächlich Gottes Sohn war, und sammelte das Blut von der Erde auf.

In der Staatsgalerie Aschaffenburg hängt ein Longinus von Lucas Cranach, im Petersdom in Rom steht ein überlebensgroßer Marmor-Longinus von Gianlorenzo Bernini. Die Holzschnitzer der Longinuskreuze sind unbekannt geblieben. Der niedliche Reiter in seiner blauen Jacke und den roten oder weißen Hosen hat so gar nichts von einem römischen Hauptmann. Das ist die Uniform der Durlacher Reiterregimenter des badischen Markgrafen aus dem 18. Jahrhundert. Vermutlich, weil Schwarzwälder Bauern gut mit Pferden umgehen konnten und im Kriegsfall als Kavalleristen eingesetzt wurden. Ich könnte mir auch vorstellen, dass ein Schnitzer, der nach einem langen und kalten Winter einfach nicht mehr wusste, was er noch schnitzen sollte, auf die Idee mit dem Reiter kam. Das hat den anderen so gut gefallen, dass sie es nachgemacht haben. Wie viele Longinuskreuze es insgesamt gibt, weiß ich nicht. Sehr viele sind es nicht. Vielleicht zwanzig oder dreißig Stück, eher weniger. (Es gibt auch kaum Literatur über sie. Wer Kunstgeschichte studiert oder Europäische Ethnologie und noch ein Thema für die Abschlussarbeit sucht: *Do hesch eins.*)

In freier Widlbahn habe ich bisher nur ein einziges gesehen. Das war im Kinzigtal. Die meisten Longinuskreuze stehen im Mittleren Schwarzwald, im Oberprechtal etwa, im Elztal und im Glottertal. Auch bei St. Peter und bei Schonach gibt es wohl welche. Ganz sicher finden Sie eins in den Vogtsbauernhöfen.

Vogtsbauernhöfe

Das imposante Freiluftmuseum bei Gutach zeigt, wie das Leben der Schwarzwaldbauern in den letzten 400 Jahren ausgesehen hat. Hier wurden zwanzig Bauernhöfe, Mühlen und Sägen aus dem ganzen Schwarzwald zusammengetragen. Die riesigen Höfe wurden Stück für Stück auseinandergenommen und im schönen Gutachtal wieder aufgebaut. An der Hauswand vom Hippenseppenhof hängt ein schönes großes Longinuskreuz. Der Hippenseppenhof ist ein Koloss von einem Bauernhof. Er stand mal in Furtwangen und stammt aus dem Jahr 1599. Für den Bau eines solchen Hofes wurden tausend Festmeter Rundholz benötigt. Der jährliche Holzbedarf belief sich auf siebzig Raummeter Brennholz, zwei Festmeter Nutzholz und zwei Festmeter Schneflerholz zum Anfertigen von Werkzeugen und Haushaltsgeräten. Die meisten Schwarzwaldhöfe standen einzeln auf der Wiese oder im Wald. Wegen der großen Distanzen zu anderen Häusern handelte es sich meist um autarke Selbstversorgerhöfe. Sie heißen Eindachhöfe, weil sich alles unter einem Dach befindet, die Wohnung, der Stall, die Schenke. Ein Freund meines Bruders ist in einem solchen Eindachhof aufgewachsen. Michael war eine Leseratte, der ein Buch nach dem anderen verschlang. Meine Mutter lieh sich manchmal eins aus. Jahre später hat sie erzählt, dass sie oft abends im Bett lag und sich wunderte, was denn so nach Kuh roch. Immer wieder schnupperte sie an ihren Schuhen und Kleidern, weil sie dachte, sie wäre in Kuhdung getreten oder hätte sich wo reingesetzt. (Das wäre im kuhreichen Schwarzwald ja nichts Ungewöhnliches gewesen.) Bis sie irgendwann merkte, dass es Michaels Bücher waren, die so müffelten. Dessen Zimmer lag quasi überm Kuhstall. Die viehischen Gerüche zogen durch die Holzdecke hinauf in seine Bude und fraßen sich in den Büchern fest.

Die Vogtsbauernhöfe sind auf jeden Fall eine Reise wert. Das letzte Mal war ich an Ostern da. Wir hatten geglaubt, ein paar frühe Sonnentage in der wärmsten Region Deutschlands verbringen zu dürfen. Stattdessen war es, auf gut alemannisch, *iisig kalt*. Der Himmel war neblig trüb, die Wiesen waren nass und grau, auf den Bergen lag noch meterhoch der Schnee. Durch die Vogtsbauernhöfe pfiff ein eiskalter Wind. Unsere Rettung war das Brenn- und Backhäusle, in dem eine freundliche Frau stand und backte. In dem wohligen dunklen Raum roch es nach Holz und frischem Brot. Rita Vitt vom Brunnenhof im nahen Prinzbach kommt ab und zu her, um Brot zu backen und selbst gebrannten Schnaps zu verkaufen. Sie gab uns mit einem freundlichen Nicken zu verstehen, dass wir reinkommen sollten. Wir gehorchten und wärmten unsere Hände und Mägen an frisch gebackenen, mit Schmand und Speck belegten Brotfetzen, die köstlich schmeckten. Frau Vitt zog sie mit den bloßen Händen aus dem großen rußigen Ofen, der die ganze Wand bedeckte. Rechts davor stand ein kleiner gusseiserner Ofen, unter dem ein Feuer brannte. Ich war erstaunt, dass dieses kleine Feuer es schaffte, den riesengroßen Ofen zu beheizen. Frau Vitt schüttelte nur den Kopf, *a wa*, und schob einen großen Holzscheit in die große Luke des Ofens, aus der sie eben die Brotlaibe gezogen hatte. Seitdem weiß ich, was mit Holzofen gemeint ist. Ein Städter auf dem Land. Außer Frau Vitt bewirtschaften noch ein paar andere Bäckerinnen das Backhäusle. Wenn Sie in den Genuss von frischem Holzofenbrot kommen wollen, sollten Sie sich bei den Vogtsbauernhöfen erkundigen, wann der nächste Backtag ist.

Der Schwarzwaldverein

Ein Verein, der den Schwarzwald im Namen trägt, muss was Besonderes sein. Den sollten wir uns mal genauer anschauen. Der Schwarzwaldverein ist aus dem Schwarzwald längst nicht mehr wegzudenken. Umgekehrt ist der Schwarzwald so, wie er ist, ohne Schwarzwaldverein nicht denkbar. Er hat für dessen Image genauso viel getan wie die Schwarzwaldklinik und der Bollenhut. Er wirkt aber eher im Hintergrund. Oder vielleicht eher auf dem Untergrund? Sollten Sie den Verein nicht kennen – seien Sie versichert, dass Sie seiner Arbeit auf Schritt und Tritt begegnen.

Im Jahr 1864 kamen 66 honorige Schwarzwälder, meist Gastwirte und Industrielle, in Freiburg zusammen, um einen »Badischen Verein von Industriellen und Gastwirten zum Zweck, den Schwarzwald und die angrenzenden Gebiete immer bekannter und dem Publikum zugänglich zu machen« zu gründen. Drei Jahre später kürzte man das auf »Badischer Schwarzwaldverein«, 1884 wurde ein »Württembergischer Schwarzwaldverein« gegründet. Ob aus Gründen der Abgrenzung oder um darauf hinzuweisen, dass der Schwarzwald nicht nur badisch, sondern auch schwäbisch ist, lässt sich heute nicht mehr rekonstruieren. 1934 fusionierten sie zum Schwarzwaldverein, der heute knapp 70 000 Mitglieder hat. Damit ist er der zweitmitgliederstärkste Wanderverein Deutschlands. 70 000 Menschen, die aktiv und passiv dafür sorgen, dass der Schwarzwald so schön bleibt, wie er ist.

Der Verein kümmert sich um Brauchtumspflege, Heimatgeschichte und Mundartdichtung und renoviert historische Gebäude und Kleindenkmale. Er bietet Wanderkarten und -bücher und geführte Wanderungen an. Er betreut 26 Wanderheime und einen 350 Kilometer langen Mountainbikeweg von Karlsruhe nach Lörrach (für Straßenräder ungeeignet!). Im Jahr 2000 wurde ein einheitliches Markierungssystem eingeführt, das alle wichtigen Wanderziele und Ausgangspunkte miteinander verbindet. Mittlerweile gibt es 14 000 Wegweiser und 200 000 Markierungszeichen. Vor allem aber betreibt der Schwarzwaldverein über 24 000 Kilometer Wanderwege. Jeden Meter, den Sie hier wandern, gehen Sie auf einem vom Schwarzwaldverein betreuten Weg.

Wichtige Wege sind der Kandelhöhenweg oder der Schluchtensteig oder das Markgräfler Wiwegli. Und natürlich der Westweg, der von Pforzheim nach Basel führt. Er ist der berühmteste Fernwanderweg des Schwarzwalds und der älteste in Deutschland. Schon 1900 sorgte der Schwarzwaldverein für seine Beschilderung. Als eine Art Marketingkampagne sollte er helfen, den Schwarzwald für Wanderer und Touristen zu erschließen. Er führt über das Murgtal, den Mummelsee und die Hornisgrinde zum Titisee, auf den Feldberg und den Belchen runter ins Markgräflerland und dann nach Basel. Der Westweg ist 285 Kilometer lang und streckenweise recht anspruchsvoll. Dafür bietet er eine Art *Best-of*-Schwarzwald: viel Wald und

Seen, sehr helle und sehr dunkle Täler, schöne Weiler und Dörfer, zahlreiche Berggipfel mit tollen Aussichten.

Leider hapert es in letzter Zeit mit den Mitgliedern, speziell mit den jungen. Vereinsmeierei und Ehrenamt sind eben auch nicht mehr das, was sie mal waren. Während der Deutsche Alpenverein stetig anwächst, stagniert der Schwarzwaldverein. Vielleicht liegt es daran, dass Ersterer viele Klettersteige und Hütten betreut, die man als Mitglied verbilligt nutzen kann. Der Schwarzwaldverein wirkt eher unsichtbar. Aber Wanderwege wuchern zu und verkommen, wenn sie nicht gewartet werden. Wegereferenten, Hauptwegewarte und zahlreiche ehrenamtliche Wegewarte sorgen dafür, dass das Wegenetz begehbar bleibt. Sie entwerfen neue Strecken, halten die alten in Schuss und pflegen das Markierungsnetz, damit sich die Wanderer auch zurechtfinden.

Wenn Sie also regelmäßig im Schwarzwald wandern und mit dem Wegenetz und seinen Ausschilderungen zufrieden sind – jetzt wissen Sie, wer dafür verantwortlich ist. Sie können sich gern erkenntlich zeigen. Wald und Verein werden es Ihnen danken. Sie können auch selbst aktiv werden: Von Achern bis Zusenhofen gibt es 230 Ortsgruppen, die sich über neue Mitglieder freuen. Sektionen gibt es auch in Basel, Essen, Frankfurt, Heidelberg und Stuttgart. »Mitglied des Schwarzwaldvereins« – *sell klingt doch guet!*

»Ein junger Architekt verliebt sich unsterblich in ein appetitliches Schwarzwaldmädchen...«

Der Schwarzwald in Film und Fernsehen

Weil der junge, gut aussehende Architekt Hannes Cremer aus Freiburg darunter leidet, dass es seinem Chef nur ums Geld und nicht um gute Arbeit geht, schmeißt er alles hin und zieht sich für ein paar Tage zurück. Ohne sich von seiner Freundin – sie ist die Tochter seines Chefs – zu verabschieden, steigt er in sein Cabrio und macht sich auf den Weg zu seinem Großvater, der oben im Hochschwarzwald lebt. Unterwegs begegnet er vier jungen Studentinnen in engen Blusen, die auf dem Weg zu einer Hochzeit sind – auf Klapprädern. Diese vier sind »eigentlich ganz dufte Typen«, wie Hannes' zehnjährige Cousine Anni rasch erkennt, und Hannes verliebt sich sofort in Helga, die blondeste von ihnen. Diese wurde gerade von ihrem Verlobten wegen »einer Zicke mit Geld« verlassen und ist noch nicht offen für eine neue Beziehung. Nach 83 Minuten voller Kutschfahrten (Hannes und Anni müssen ein Gespann des Großvaters nach Langenbach bringen), Verwirrungen (Hannes' Freundin aus der Stadt taucht auf, und ein draufgängerischer Modefotograf wirft ein Auge auf Helga) und Gesangseinlagen (Hannes singt *Hoch auf dem gelben Wagen* und andere Schlager) liegen sich Hannes und Helga endlich in den Armen.

So weit die Story eines deutschen Kinospielfilms aus dem Jahre 1974, der »fröhlich macht wie der schönste Urlaub oder das beliebte Kirschwasser«. Die Hauptrollen in *Schwarzwaldfahrt aus Liebeskummer* spielten Roy Black, Barbara Nielsen und Hans-Jürgen Bäumler. Dem Film war kein allzu großer Erfolg beschieden, auch die Kritik ging nicht sehr gnädig mit ihm um. Vielleicht, weil im selben Jahr Klassiker wie *Der Clou*, *Harold und Maude* und *Chinatown* herauskamen. Sicher aber wegen der dümmlichen Dialoge, der hölzernen Darsteller und der einfallslosen Aneinanderreihung aller erdenklichen Klischees: Der Großvater ist Uhrmacher, lebt in einem Hüsli und vespert geräucherten Speck, am Nachbarhof wird Kirschwässerle gereicht, man trinkt Viertele, die Männer spielen Posaune, die Frauen tragen Bollenhüte, und am Ende findet eine große Trachtenhochzeit statt.

Die Stars des Films hießen Black, Bäumler und Nielsen. Der Schwarzwald war nur für die schönen Motive im Hintergrund zuständig. Aber während die Schauspieler längst wieder in der Versenkung verschwunden sind, ist er immer noch da. Kaum eine Landschaft in Deutschland hat mehr Menschen vor die Leinwände und Bildschirme gezogen. Vor beinahe hundert Jahren stellte er seine Publikumswirksamkeit erstmals unter Beweis. 1917 wurde an der Komischen Oper in Berlin die Operette *Schwarzwaldmädel* von Léon Jessel und August Neidhart uraufgeführt. Darin fährt der Künstler Hans für ein paar Tage zur Erholung in den Schwarzwald, wo er sich sogleich zu dem schönen Schwarzwaldmädchen Bärbele hingezogen fühlt. Die Operette wurde ein riesengroßer Erfolg und auf Aberhunderten von Bühnen nachgespielt. Nach ein paar erfolglosen Verfilmungen wurde 1950 Hans Deppes Version zum Publikumsmagneten. Es war der erste Farbfilm nach dem Zweiten Weltkrieg und lockte über 16 Millionen Menschen in die Kinos. Die Hauptdarsteller Sonja Ziemann und Rudolf Prack waren *das* (west)deutsche Leinwandpaar der Fünfzigerjahre und lösten einen wahren Heimatfilm-Boom aus. Neben ein paar anderen Landstrichen wie der grünen Heide spielten diese Geschichten immer wieder hier: *Die Mühle im Schwarzwälder Tal* (1953), *Schwarzwaldmelodie* (1956), *Die Rosel vom Schwarzwald* (1956), *Das Posthaus im Schwarzwald* (1958), *Schwarzwälder Kirsch* (1958). Und in all diesen Filmen tauchen die Insignien des Schwarzwalds auf: Bollenhüte, Schnaps, Kirschtorten, Kuckucksuhren. Diese Werke sind heute nur noch für Filmhistoriker interessant, die ihren Erfolg gemeinhin mit dem Bedürfnis der damaligen Zuschauer nach einer heilen Welt erklären. Als Deppes *Schwarzwaldmädel* Premiere hatte, lag das Ende des Zweiten Weltkriegs gerade mal fünf Jahre zurück. Die Menschen wollten keine Trümmerfilme mehr sehen, denn auf Trümmer blickten sie zu Hause jeden Tag. Für die Menschen in Berlin, Essen, Hamburg, Frankfurt und vielen anderen zerbombten Städten war der Schwarzwald heiler als andere Welten.

Heute lachen wir über die Klischees aus der Nachkriegszeit. Dabei idealisieren wir das Landleben immer noch. Es äußert sich nur anders. Wir reisen nicht mehr aufs Land, sondern kaufen gleich ein Häuschen mit Garten und bauen Gemüse an. Wer in der Stadt wohnt, kauft im Biomarkt und blättert alle zwei Wochen in der neuen *Landlust*.

Ähnlich begründet war der Erfolg der Brüder Edwin und Hermann Faller aus Gütenbach, die nach dem Zweiten Weltkrieg anfingen, Modellhäuser für Spielzeugeisenbahnen zu bauen. In diesen niedlichen Miniaturhäusern und -städten kam eine Sehnsucht nach einer Übersichtlichkeit und Schönheit der Welt zum Ausdruck, die dieser im wirklichen Leben längst abhanden gekommen war. Auch wenn die Kinder heute lieber vor dem Computer sitzen als vor der Modelleisenbahn – die Firma Faller (Motto: »Wir bauen die Welt im Modell«) gibt es immer noch.

Während die Fallers die Welt tatsächlich vom Schwarzwald aus idealisierten (der seinerseits vom Rest der Deutschen idealisiert wurde), entstanden die Operetten und Filme über den Schwarzwald immer in fernen Großstädten. Der Schwarzwald war vor allen Dingen immer das, was man in ihm sehen wollte. Im Grunde genommen hat sich daran bis heute nichts geändert: der Schwarzwald als Projektionsfläche für Millionen. Periodisch wiederkehrend erfährt er eine filmische Verklärung. Ein paar Jahre ist es still um ihn, dann taucht er wieder auf. Den Fremdenverkehr freut's, die kostenlose Werbung ist mit Gold nicht aufzuwiegen. Dass dabei immer wieder die gleichen Klischees vorgeführt werden, nimmt man gern in Kauf, denn dieselben zieren seit Jahr und Tag die eigenen Ferienprospekte und -broschüren: Bollenhut, Viertele, Speck, Kuckucksuhren, Kirschwasser, schöne Mädchen, tiefe Wälder und sanfte Hügel. In den Fünfzigern bestückten sie die Heimatfilme, in den Siebzigern Roy Blacks Schmonzetten, und als in den Achtzigern das Fernsehen dem Kino endgültig den Rang abgelaufen hatte, tauchten sie in der *Schwarzwaldklinik* wieder auf, einem der letzten großen televisionären Großereignisse des vorigen Jahrhunderts.

Die umfunktionierte Rehaklinik im Glottertal ist heute noch fast so berühmt wie das Brandenburger Tor und das Münchener Olympiastadion. Der Autor Peter Lichtenfeld und der Berliner Fernsehproduzent Wolfgang Rademann, der auch das *Traumschiff* erschuf, hatten sich von der tschechischen Serie *Das Krankenhaus am Rande der Stadt* inspirieren lassen. Die *Schwarzwaldklinik* erreichte bis zu 28 Millionen Zuschauer und sagenhafte sechzig Prozent Marktanteil pro Folge. Von solchen Zahlen kann das Fernsehen heute nur noch träumen. Welches Bild wohl die Menschen in Ungarn, Finnland, Namibia und fünfzig anderen Ländern, in denen die Serie lief, von uns Deutschen haben, wenn sie uns nur aus der *Schwarzwaldklinik* kennen? Professor Brinkmann, seine Frau Christa und sein Sohn Udo, Pfleger Mischa und Oberschwester Hildegard, die strenge Frau Michaelis und die vielen Patienten, die die Serie als Kranke aufsuchten und als Geheilte wieder verließen – vier Jahre lang bevölkerten sie die Bildschirme. 1989 wurde es, von zahllosen Wiederholungen und zwei späteren Jubiläumsfolgen einmal abgesehen, wieder ruhig um den Fernseh-Schwarzwald. *Die Fallers*, eine Serie im dritten Programm über eine Schwarzwälder Bauernfamilie, ist sehr viel näher an der Realität dran und trotzdem oder gerade deshalb lange nicht so populär wie die *Schwarzwaldklinik.*

Wenn Sie sich ein eigenes Bild von der Klinik machen wollen, können Sie das bald wieder tun. Vorausgesetzt, Sie sind krank. Der Carlsbau, der vor dem Ersten Weltkrieg ein Sanatorium war und zuletzt lange leer stand, wird bald wieder eröffnet. Ab 2014 sollen hier psychosomatische Erkrankungen behandelt werden. Wer nicht so lange warten will, soll dem Café Schill einen Besuch abstatten, wenige Hundert Meter von der Klinik entfernt. Die Wände sind mit zahlreichen Fotos und Souvenirs der Schwarzwaldklinik dekoriert.

Wenn der Schwarzwald periodisch wiederkehrt, wäre es langsam an der Zeit, dass er wieder auf dem Bildschirm erscheint. Vielleicht sitzen just in diesem Moment Redakteure, Produzenten und Drehbuchautoren zusammen und bereiten das nächste Revival vor. Vielleicht könnten die Schauspieler, die die obligatorischen Großväter, Schnapsbrenner und Bauern spielen, dann auch mal aufhören, Bayerisch und Schwäbisch zu sprechen. Im Glottertal spricht man *Alemannisch*, und zwar ausschließlich! Hat sich noch niemand Gedanken darüber gemacht, welche Folgen es für die Schwarzwälder haben kann, wenn sie sich immer wieder mit dem falschen Dialekt sprechen hören?

Wer wie Hannes alias Roy Black ein paar Tage aussteigen will, geht heute ins Internet. Das Paradies ist nur einen Mausklick entfernt. In wenigen Minuten sind ein Hotel, ein Zugticket oder ein Flug gebucht. Mit Karlsruhe, Basel, Zürich, Stuttgart und Straßburg befinden sich gleich fünf Flughäfen in

unmittelbarer Schwarzwaldnähe. Die Menschen sind freundlich und leben noch im Einklang mit der Natur, die Wälder
sind tief, die Luft ist gesund, die Hügel sind sanft, die Sonnentage reichlich und der Schnaps hochwertig. Hier ist die Welt
tatsächlich noch genauso in Ordnung, wie die Filme und Serien
es versprechen. Oder etwa nicht?

Eine österreichische Hand und ein französischer Mordbrenner.

Geschichte und Wahrzeichen Freiburgs

»Freiburg ist ein Ort aller Orte«, schrieb Sulpiz Boisserée 1808, »alles Alte ist hier so schön mit Liebe erhalten, die Stadt hat eine herrliche Lage und in jeder Gasse einen kristallklaren Bach. Man sieht überall die milde österreichische Hand.« Boisserée, der sich um den Ausbau des Kölner Doms verdient gemacht hatte, besaß seinerzeit einen exzellenten Ruf als Kunstkenner. Einverstanden, dass hier alles Alte schön erhalten ist, die Stadt schön liegt und Bächle das Stadtbild bestimmen. Aber wo soll hier bitte schön die österreichische Hand walten, noch dazu eine milde?

Um das zu beantworten, müssen wir wieder ein bisschen reisen, diesmal in die Vergangenheit. Die Geschichte Freiburgs und großer Teile des Schwarzwalds sind eng an die des Habsburger Reiches geknüpft.

Beinahe 450 Jahre lang, von 1368 bis 1803, gehörte Freiburg zu Vorderösterreich. (Bis heute wird der Kosmograf Martin Waldseemüller, der Amerika seinen Namen gab und der aus Freiburg stammte, immer mal wieder von Österreich vereinnahmt. Diskussionen über berühmte Söhne und Töchter beider Länder werden wohl nie enden. Nehmen wir sie hin als diskussionsanregenden, völkerverbindenden Teil deutsch-österreichischer Freundschaft.) In dieser Zeit wurde die vom Stadtpatron Georg getragene Fahne mit rotem Kreuz im weißen Feld zum Stadtwappen. (Die anderen Patrone sind Bischof Lambert von Lüttich und der Märtyrer Alexander. Fälschlicherweise wird Maria Muttergottes immer wieder als Patronin genannt, sie ist aber nur die des Münsters.) Wegen der Habsburger blieb der Südschwarzwald katholisch, als sich Württemberg und die Schweiz im 16. Jahrhundert der Reformation anschlossen. Das Wappen Baden-Württembergs, das nach seiner Gründung 1952 entworfen wurde, würdigt diese österreichische Vergangenheit. Über den drei schwarzen Staufer-Löwen im Zentrum stehen der fränkische Rechen, der schwarz-weiße Zollernschild, das badische Gold mit rotem Balken, die württembergischen Hirschgeweihe, der Löwe aus der Kurpfalz und, ganz rechts, der rotweiß-rote Bindenschild der Habsburger.

Eines der wenigen Familienmitglieder der Habsburger, die sich hier jemals blicken ließen, war Prinzessin Maria Antonia, die im Jahr 1770 in Freiburg Station machte. Sie befand sich auf dem Weg nach Paris, wo sie Ludwig XVI. ehelichen und ein paar Jahre später als Marie Antoinette auf dem Schafott enden sollte. Hätte sie gewusst, was ihr blüht, wäre sie bestimmt in Freiburg geblieben.

Wenn Freiburg mal nicht zu Österreich gehörte, gehörte es zu Frankreich. (Das gilt natürlich für die ganze Umgebung.) Die strategisch günstige Lage zwischen Oberrhein und Schwarzwald, an der Grenze zur Schweiz und zu Württemberg, weckte immer wieder das Interesse der zweiten europäischen Großmacht dieser Zeit. Bis auf eine kurze schwedische Besetzung um 1630 wurde die Stadt stets zwischen Österreich und Frankreich hin und her gereicht. Erstmals ging sie 1639 an Frankreich, nachdem der calvinistische Herzog Bernhard von Sachsen-Weimar gestorben war. Der hatte die Habsburger nicht ausstehen können, sich den Franzosen angeschlossen und Freiburg und Breisach 1638 eingenommen. »Breisach ist stark, stärker jedoch sind Gott und der Weimeraner«, steht auf Gedenkmünzen, die im Wentzingermuseum für Stadtgeschichte in Freiburg ausgestellt sind. Breisach war damals die größte Festung am Rhein und der wichtigste Flussübergang im Südwesten. 1644 fiel Freiburg an Österreich, 1677 an Frankreich, 1697 wieder zurück, 1713 und 1744 noch mal an Frankreich. Als die Franzosen 1745 endgültig abzogen, ließ Ludwig XV. die riesige Festungsanlage auf dem Schlossberg schleifen. Das Schleifen und Zerstören war eine französische Spezialität; ihr Meister der General Comte de Mélac, der im Pfälzischen Erbfolgekrieg (1688–1697) zahlreiche Städte und Landstriche zerstören ließ. Ihm fielen Baden-Baden, Frankenthal, Heidelberg, Speyer, Bretten, Pforzheim, Esslingen, Maulbronn und das Kloster Hirsau zum Opfer. Mélac war ein Mordbrenner, Zerstörer und Vergewaltiger, der oft seine grimmigen Hunde auf die Menschen hetzte. Deswegen hießen bissige, schwer erziehbare Hunde im Nordschwarzwald auch lange Zeit Mélac oder Méläcle. (Nachdem Napoleon 1805 erst als Befreier gefeiert und später dann als neuer Imperator bekriegt wurde, wurde Mélacs Name wieder ausgegraben und von den deutschen Nationalisten dankbar als antifranzösisches Propagandawerkzeug benutzt.)

Mit der Freiburger Festungsanlage nahm Ludwig XV. den zukünftigen Generationen eine Touristenattraktion. Auf alten Stichen kann man sehen, dass diese Anlage gigantische Ausmaße hatte und heute bestimmt eine Sehenswürdigkeit ersten Ranges wäre.

Ein paar andere Erinnerungsstücke sind geblieben. Während des Pfälzischen und Spanischen Erbfolgekriegs beauftragte der Kaiser in Wien den Markgrafen von Baden, die Westgrenze des Kaiserreichs abzusichern. Der »Türkenlouis«, wie Ludwig Wilhelm auch genannt wurde (weil er sich bei der Befreiung Wiens als kluger Stratege hervorgetan hatte), ließ Ende des 17. Jahrhunderts eine Verteidigungslinie errichten, die sich über

200 Kilometer durch den kompletten Schwarzwald zog, von Bad Säckingen im Hotzenwald bis hoch nach Heidelberg am Neckar. Weil es so gut wie keine ausgebauten Wege gab, genügte es, sich auf die wichtigsten Passübergänge, Furten und Weggabelungen zu konzentrieren. Sogenannte Schanzbauer errichteten Erdwälle und Schanzen, von denen aus die Eindringlinge unter Beschuss genommen werden konnten. Diese Wälle hatten die Form von Quadraten, Sternen oder Rauten, je nach topografischer Gegebenheit. Am Neuenweger Hau im Oberen Wiesental zwischen Feldberg und Belchen gibt es zwei sehr gut erhaltene Schanzen mitsamt Verbindungspfaden. Schon von Weitem erkennt man den Stern und das Quadrat. Sie sind etwa 10 mal 15 Meter und wie riesige Brandzeichen in die Wiese eingelassen. Wenn Sie den Westweg von Pforzheim nach Basel wandern, kommen Sie daran vorbei.

Wahrzeichen I: Die Bächle

Die Stadtbäche wurden 1250 erstmals erwähnt. Der höchste Punkt dieses ausgeklügelten Systems befindet sich am Schwabentor, wo das Wasser der Dreisam entnommen und in ein neun Kilometer langes Netz über die Altstadt verteilt wird. Im Mittelalter verliefen sie in der Mitte der Straße, aber als mit der Neuzeit immer mehr Freiburger mit ihren Fahrzeugen in die Innenstadt kamen, legte man die Bächle auf die Seite. Mit ihrer Hilfe wurde die Stadt, die nicht direkt am Fluss liegt, mit frischem Wasser versorgt. Außerdem konnte das Wasser im Brandfall aufgestaut und als Löschwasser genutzt werden.

An dieser Stelle ein Hinweis für Kinder und Schüler, die sehnlichst darauf warten, ihre Eltern oder Lehrer endlich bei einem Fehler zu ertappen: Wer Euch erzählt (und das passiert oft), die Bächle hätten als Abwasserkanäle gedient, lügt! Eine Verordnung von 1611 verbot den Freiburgern, die »Verunreinigung durch Harn oder Kraut und anderem Unreine«. Die

Bächle sind ein Wahrzeichen der Stadt, und damit das auch so bleibt, kümmern sich zwei fest angestellte Bächleputzer um ihre Reinigung.

Und noch ein Tipp für alle Erwachsenen und Singles, die auf der Suche nach einem Lebenspartner sind. Wer in ein Bächle tritt, heißt es, wird sich in eine Freiburgerin oder einen Freiburger verlieben, heiraten und für immer bleiben. Sie können hier also auf diesem Weg vor Anker gehen. Allzu lange sollten Sie aber nicht warten. Als Tim Rocketrocker, der Gitarrist der *Leopold Kraus Wellenkapelle*, nach Berlin zog, begründete er diesen Schritt damit, dass in Freiburg die Frauen mit dreißig leider vom Markt seien.

Wahrzeichen II: Die Aussichtspunkte

Freiburger lieben ihre Stadt. Und was man liebt, das sieht man sich gerne an. Den Freiburgern bieten sich zahlreiche Möglichkeiten, ihre »geliebte alte Stadt« (so der Titel eines Bildbands von Leif Geiges) von allen Seiten zu betrachten. Freiburg ist nicht nur die »Stadt der Gotik und des Weins«, wie es immer auf den Postkarten heißt, sondern auch die »Stadt des Aussichtspunkts«. Sollte Ihnen dieser Name noch nicht untergekommen sein – er wurde eigens für diese *Gebrauchsanweisung* erfunden. Es hat aber auch wirklich kaum eine Stadt so viele Stellen mit so unglaublich guter Aussicht wie Freiburg.

1. Das Kagan

Im 17. und 18. Stockwerk der Büro- und Häuserzeile am Hauptbahnhof (nicht im Intercity-Hotel links, sondern im *Solar Tower* rechts des Bahnhofs) residiert das *Kagan*. Nachts tanzen hier die Freiburger über den Dächern der Stadt, wenn Diskothekenbetrieb herrscht. Tagsüber ist das *Kagan* ein Café. Das voll verglaste Stockwerk bietet ein sagenhaftes 360°-Panorama.

Von hier sieht man restlos alles, was Freiburg ausmacht: das Münster und das enge Gassengewirr der Altstadt, den Schlossberg und die Schwarzwaldhöhen dahinter, daneben die toskanisch anmutenden Hügel des Hexentals und auf der anderen Seite den Kaiserstuhl und die Vogesen und die Rheinebene, deren Flimmern im Hochsommer mediterran anmutet. Vom *Kagan* sieht man die schöne Aussichtsplattform auf dem Dach des Universitäts-Kollegiengebäudes II in der Bertoldstraße. Die ist aber schon vor Jahren geschlossen worden, da zu viele lebensmüde Studenten von ihr heruntergesprungen sind.

2. Kanonenplatz, Sternschanze, Greifenegg-Schlössle

Vom Kanonenplatz und der Sternschanze, einem Überbleibsel der von den Franzosen geschleiften Wehranlage auf dem Schlossberg, hat man einen schönen Blick auf die Altstadt, das Münster, ins Dreisamtal, auf die Vogesen und den Schönberg. Vermutlich meinte Charles de Gaulle den Schlossberg, als er an seine Mutter schrieb: »Der Lillisberg ist ein steiler Berg, der Freiburg überragt. Von dort oben sieht man durch die Belfort-Schneise bis nach Frankreich, und von dort habe ich Euch aus der Ferne gegrüßt.« Der spätere französische Präsident hatte Deutschland als Student bereist. 1908 war das.

Ein paar Hundert Meter weiter hinten beginnt der Treppenaufstieg zum neu errichteten Schlossbergturm. Direkt unter der Sternschanze lädt das *Greiffenegg-Schlössle* zum Verweilen ein, dessen beste und beliebteste Plätze am hinteren Rand liegen. An Sommerabenden ist hier sehr viel los, aber nachmittags ergattert man mit Glück einen Platz an der Sonne. Der Biergarten ist so nah am Felsen gebaut, dass man von dort quasi senkrecht auf die Wiehre herunterschauen kann. Dieser schöne Stadtteil, der wegen seines hohen Altbaubestands sehr begehrt ist, liegt auf der anderen Seite der Dreisam.

3. Der Dattler

Weiter nördlich lockt das *Café Dattler* mit seiner Aussichtsterrasse und einer ansprechenden Speisekarte. Bis vor ein paar Jahren fuhr hier eine putzige kleine Seilbahn hoch, die ihre Talstation im Stadtgarten hatte. Sie wurde aus Altersgründen gegen eine moderne Schienenbahn ausgetauscht.

Vom Stadtgarten führt der Mozartsteg zurück in die Altstadt. Unter dieser schmalen Betonbrücke spannen sich lange Stahlseile, die man zum Schwingen bringen kann, wenn man genügend Leute beisammenhat. Drei mal gemeinsam hochspringen und dann abwarten, was passiert. Es lohnt sich.

4. Der Rosskopf

Von der Sternschanze kann man in zwei Stunden auf den Rosskopf laufen, einem beliebten Kurzwanderziel der Freiburger. Vom Rosskopfturm, einer prächtigen Eisenkonstruktion aus dem 19. Jahrhundert, sieht man von Freiburg nicht mehr allzu viel, dafür hat man einen wunderbaren Blick auf den Schwarzwald. Man hat auch einen Blick *aus* dem Schwarzwald *heraus*, denn hier oben wimmelt es von Bäumen. Sie bedecken jede Anhöhe und jedes Tal; wo man hinsieht, Wald. Die geringe ästhetische Anziehungskraft der Windkrafträder, die auf immer mehr Gipfeln stehen, nehmen wir hin. Irgendwoher muss der Ruf der Ökohauptstadt Deutschlands ja kommen.

Wer immer noch nicht genug hat, kann weiter ins Kloster St. Peter laufen. Alle anderen kehren bitte wieder um. Alle Wege führen talabwärts. Besonders lohnenswert ist der nordwestliche über den Hasenkopf, auf dem man im unberührt daliegenden Wildtal landet, das mit seinen wenigen Bauernhäusern, Wiesen und Obstbäumen aussieht wie aus dem Bilderbuch.

Geht man vom Rosskopf in südlicher Richtung durch den Ottilienwald mit dem einladenden Ausflugslokal *St. Ottilien*, liegt einem wenig später das Fußballstadion des Sport-Club Freiburg zu Füßen. Man sieht, *seller Rase isch e Pläsier*. Und versteht, warum Zlatan Bajramović die Freiburger Idylle vermisst. Der bosnisch-herzegowinische Fußballer, der drei Jahre lang in Freiburg spielte, sagte: »Die Trainingseinheiten, bei denen einfach mal keiner zuguckt und man das Plätschern der Dreisam hört, das war schon sehr schön.«

5. Schauinsland

Der 1284 Meter hohe Schauinsland befindet sich noch auf Freiburgs Gemarkung. Sie können auf Freiburgs Hausberg wandern oder die Seilbahn nehmen (Talstation ist in Horben) oder mit dem Rad oder Auto die Serpentinen hochfahren. Bei Motorradfahrern ist die kurvenreiche Strecke so beliebt, dass sie am Wochenende und an Feiertagen nicht fahren dürfen. Es wären einfach zu viele.

Vom Schauinsland sieht man im Grunde alles; Teile von Freiburg und die Oberrheinische Tiefebene, den Feldberg und den Belchen, die Vogesen und die Alpen; vom Turm aus an guten Tagen sogar den Mont Blanc. Bezaubernd sind auch die Bergdörfer Oberried, Münstertal und Horben.

Besonders in den kühlen Monaten lohnt sich ein Ausflug. Bei Inversion ist der Gipfel wolkenfrei, und man kann über die Wolkendecke hinweg bis zu den Schweizer Alpen sehen. Wenn dann auch noch die Sonne untergeht und alles rot einfärbt, kann einem schon mal der Atem stocken vor Schönheit.

Nehmen Sie sicherheitshalber eine Mütze mit. Wie stark der Wind hier manchmal pfeift, kann man an den Windbuchen sehen, die hier oben stehen. Die sind vollkommen schief gewachsen und sehen aus, als wären sie auf der Flucht.

Wahrzeichen III: Die Häuser

Obwohl im Zweiten Weltkrieg viele Häuser zerstört wurden, ist Freiburg eine alte Stadt geblieben. Abgesehen von ein paar architektonischen Bausünden, in der Kaiser-Joseph-Straße zum Beispiel dem Kaufhaus Breuninger, an dessen Erscheinungsbild man sich auch nach über dreißig Jahren nicht gewöhnt hat, oder jener der Stadt zugewandten Seite der Schlossberggarage, hat man sich beim Wiederaufbau an den alten Straßen- und Gassenverlauf gehalten. Es gilt: Je enger die Gassen, desto zahlreicher die Touristen. Viele Häuser wurden nach Originalvorlagen rekonstruiert, das Kornhaus am Münsterplatz etwa. Genauso wie die unzerstörten haben sie bemalte Fassaden und einen eigenen Namen: *Zum Alten Kameeltier*, *Zum Ritter*, *Zum Herzog*, *Zum Dachs* oder *Zur Sichelschmiede*. Im Mittelalter konnten die wenigsten Menschen lesen, also ließ man die Häuser sprechen.

1565 schrieb die Stadt Freiburg diese Häusernamen, die später durch Straßennamen und Hausnummern ersetzt wurden, sogar per Gesetz vor. Viele Gasthäuser wurden in dieser Zeit eröffnet: *Zum Grünen Baum*, *Zum Schiff* oder *Zum Wilden Mann* (in Sulzburg gibt es eine *Pizzeria Zum Wilden Mann*). Dieser Name ist kein Hinweis, dass man sich besser nicht über das Essen beschweren sollte, sondern geht auf eine alemannisch-germanische Sagenfigur zurück, die mit übernatürlichen Kräften ausgestattet war und als Einzelgänger in den Wäldern lebte.

Auch mancher Schwarzwälder Nachname verrät viel über die Herkunft seines Trägers. *Winterhalder* oder *Winterhalter* hießen die Bauern, die keine Sommerhalde bewohnten oder bewirtschafteten, sondern eine Winterhalde, Geländestücke der Nordseite, auf denen der Winter früher einsetzte beziehungsweise später wich.

Deutschlands ältestes Gasthaus liegt am Oberlindenplatz und heißt *Zum Roten Bären*. Es wurde zwar in seiner Bausubstanz verändert – seine jetzige Fassade stammt aus dem 18. Jahrhundert –, aber es wird seit über fünfzig Generationen von Wirtsleuten betrieben. Hamman Bienger war der erste Wirt, der im Jahr 1311 nachweislich fahrenden Händlern und Kaufleuten, die durch das Schwabentor direkt in die Stadt kamen, Schlafstatt, Essen und Schutz bot. Im *Roten Bären* traf sich die Zunft der Schuhmacher. Im Münster gibt es ein Fenster der Schuhmacherzunft »zu dem Bern«, das vom Anfang des 14. Jahrhunderts stammt. Es lohnt sich immer noch, hier einzukehren, die gute badische Küche zu genießen und nach dem Mahl anzufragen, ob man sich das Kellergemäuer ansehen darf. Als ich das letzte Mal da war, wurde ich drei Stockwerke unter die Erde geführt. Auf der steilen Treppe konnte ich förmlich spüren, wie wir mit jedem Meter tiefer in die Geschichte hinabstiegen. Zwischen Arkaden, Steinpfeilern und Weinregalen bekam ich dann einen kleinen Vortrag über die Geschichte des Hauses und der Stadt.

Wahrzeichen IV: Die Stadttore

Dass eines der beiden Stadttore Freiburgs Schwabentor heißt, ist keine Verbeugung vor den Württembergern. Sondern ein Symbol der Abgrenzung. Früher hieß das Tor am Oberlindenplatz Obertor. Ein zehnstrophiges Gedicht von Karl Mayer erklärt, wie es zur Umbenennung kam. Es sagt viel über das aus, was man hier den Schwaben alles zutraut: »In Schwaben war ein Bäuerlein, das hatte Gold in Haufen, ward übermütig gar beim Wein und wollte Freiburg kaufen.« Dieser Landwirt ist auf der stadtzugewandten Seite abgebildet. Die Ratsherren hatten natürlich kein Interesse, ihre Stadt loszuwerden, da konnte der Schwabe noch so mit seinen Reichtümern prahlen. Außerdem hatte er die Rechnung ohne seine Frau gemacht, die in der Nacht vor seiner Abreise das Gold gegen Sand und Steine ausgetauscht hatte. »Still zog er ab mit Sack und Pack, ließ flugs die Rösslein laufen. Das Tor tät man zum Schabernack in Schwabentor umtaufen.«

Das andere erhaltene Stadttor Freiburgs ist das Martinstor in der Kaiser-Joseph-Strasse. Man kann sie leicht unterscheiden; im Martinstor befindet sich eine McDonald's-Filiale. Eine alte Schwarz-Weiß-Aufnahme beweist, dass das Martinstor schon eine Gaststätte beherbergte, als das Fast Food noch gar nicht erfunden war. Am Martinstor prangte lange Zeit eine klassische Martinsdarstellung: Martin hoch zu Ross, zu seinen Füßen ein Bettler, mit dem er seinen Mantel teilt. Das Bild wurde 1968 entfernt, weil es zu beschädigt war. Seitdem wird darüber diskutiert, wie das weiße Tor wieder bemalt werden soll. Für die Grünen-Fraktion im Gemeinderat kommt ein neuer Martin nicht infrage. Denn ein edler Reiter, der seinen Mantel teilt, transportiere ein nicht mehr zeitgemäßes Verständnis der sozialen Probleme in einer Gesellschaft. Das Bild verherrliche die Geste des gut bestallten Militärhauptmanns (oder Geschäftsmanns?) und zeige den Bettler als geschmäcklerische Zutat. Wenn schon ein Martin, fordern die Grünen, dann wenigstens Martin Luther King. Seit Jahren wird die Entscheidung immer wieder vertagt. Böse Zungen behaupten, über die Gestaltung des Tors würde deshalb so intensiv gestritten, weil es keine anderen, keine tiefgreifenden politischen Auseinandersetzungen mehr gebe.

Wahrzeichen V: Die Studenten

Von den vielen alten Straßen und Gassen setzen sich kontrastreich die vielen jungen Menschen ab, die darin unterwegs sind. Das sind Studenten auf dem Weg ins Seminar, in die Mensa oder in die Kneipe. Alle wichtigen Universitätsgebäude befinden sich in der Innenstadt. Dafür hat Erzherzog Albrecht VI. von Österreich gesorgt, als er die Universität 1457 gründete.

»Da viele Kollegien, Professoren, Beamte, Offiziere, und andere gebildete Leute in der Stadt sind, so ist die hiesige Lebensart eher nach dem Ton großer Städte als kleinstädtisch«, schrieb Philipp Ludwig Hermann Richter 1791 in seinem geografisch-statistisch-topografischen Lexikon. Daran hat sich bis heute nichts geändert. Mangels Industrie leben hier wenige Arbeiter, dafür umso mehr Akademiker. Nach dem Studium bleiben viele einfach da. Deswegen, wird immer wieder kolportiert, habe die Stadt auch die höchste Ärzte- und Rechtsanwaltsdichte im ganzen Land. Es gibt 30 000 eingeschriebene Studenten, bei 210 000 Einwohnern können die gar nicht anders als auffallen.

Sie verteilen sich auf pädagogische, soziale und musische Hochschulen. Die allermeisten jedoch sind an der Albert-Ludwigs-Universität immatrikuliert. Wie viele von ihnen wohl wissen, wessen Namen die Universität trägt, die sie tagein, tagaus betreten – ausgenommen Wochenenden, Semesterferien und all die Tage, an denen sie so spät aufstehen, dass es sich gar nicht mehr lohnt, hinzugehen?

Der *Albert* im Namen geht auf ihren Gründer zurück (Albert ist die lateinische Fassung von Albrecht), *Ludwig* kam etwa 350 Jahre später dazu. Im Jahr 1820 gab es Pläne, die Universität mit der in Heidelberg zusammenzulegen. Markgraf Ludwig von Baden verhinderte das, indem er eine ausreichend große Menge Geld zur Verfügung stellte. Um seine Verdienste zu würdigen, wurde sein Name in die Universität integriert. Eine frühe Form des Doppelnamens also.

Dank einer ausgesprochen liberalen Landesregierung waren Freiburg und die anderen badischen Städte schon immer aufgeschlossener als andere. Bereits 1900 waren Studentinnen zugelassen. Hundert Jahre später hatte sich eine Bekannte von mir entschlossen, nicht zu studieren, sondern Schreinerin zu werden. Also rief sie einen Schreiner in St. Georgen an und fragte, ob er eine freie Ausbildungsstelle hätte. Nach einer Minute des Schweigens bekam sie zur Antwort: »Gell, Sie sin weiblich.« Als sie lachte, beeilte der Schreiner sich zu sagen: »Sell macht nix, so einer hämmer scho mol g'het.«

Die Albert-Ludwigs-Universität ist mit der angeschlossenen Klinik der größte Arbeitgeber der Stadt. Sie hat neun Nobelpreisträger hervorgebracht, darf sich Elite-Uni nennen und wird mit entsprechenden finanziellen Mitteln des Landes und des Bundes ausgestattet. Dabei liegt ein Schatten über dem Haus, denn die ein oder andere Spitzenleistung wurde nicht ganz legal erzielt. Mediziner des Uniklinikums haben seit den Sechzigern systematisch Doping erforscht und Studien mit dem Titel *Regeneration und Testosteron* erstellt. Wie man heute weiß, auch im Auftrag des Innenministeriums. Der Kampf um Medaillen ließ alle Hemmschwellen fallen. Selbst Professor Keul, der verstorbene *grand old man* der deutschen Sportmedizin, hat seinen Beitrag geleistet und Rechnungen für Dopingmittel über das Konto »dopingfreier Sport« abgerechnet. Mediziner, die bei Keul studierten, arbeiteten später als Olympia-Ärzte der Deutschen Nationalmannschaft oder bei den Radrennställen Gerolsteiner, Bianchi und Coast. Soll man resignieren ob des systematischen Betrugs, der alle Bereiche unserer Gesellschaft erfasst hat? Oder sich dafür schämen, weil man jahrelang den Siegern zujubelte, obwohl man sich hatte denken können, dass es nicht mit sauberen Dingen zuging?

Die Studenten prägen nicht nur das Erscheinungsbild der Fußgängerzone, sondern auch das der Kneipen, Cafés und Biergärten. Da Medizin, Jura, VWL und Geisteswissenschaften die dominierenden Fakultäten sind, bietet die Gastronomie eine interessante Mischung aus Lifestyle- und Studentenlokalen. Schicke junge Frauen im Kostüm und Männer im Sportsakko, die schon in jungen Jahren Golf spielen und Cocktails trinken, teilen sich das Revier mit energischen Männern mit dichtem Lockenkopf und Frauen mit kurzen Haaren und Lederjacken, die sich an Bier und Joints laben. Es gibt zahlreiche Schankräume, in denen scheinbar nichts anderes konsumiert wird als Alkohol. Wird Essen angeboten, ist das günstig und meist mit Käse überbacken.

In Karlsruhe und Offenburg, wo man sich auf naturwissen-
schaftliche und technische Fächer konzentriert, begegnet man
dagegen Horden junger Männer in karierten Hemden und
Jeans, vor denen immer ein volles Weizenbierglas steht. Der
akute Frauenmangel in ihren Städten treibt sie am Wochenende
ins rheinland-pfälzische Landau. Dort steht nämlich eine pädagogische Hochschule, an der fast nur Frauen eingeschrieben
sind.

Wahrzeichen VI: Das Kellerloch

Das Bedürfnis der Freiburger Jugend nach Schmutz und sub-
kulturellem Unwohlsein ist nicht mehr so ausgeprägt wie noch
vor zwanzig Jahren. Punk und Co. sind vorbei, der Nachwuchs
trägt heute Poloshirt und Anzug, und von den Postern an den
Zimmerwänden strahlen nicht mehr schmutzige, von Drogen
gezeichnete Rockstars, sondern gesunde, kraftstrotzende Sportler, die Medaillen und Endspiele gewinnen. Für die Freiburger,
die den alten Zeiten nachtrauern, für die, für die diese nie auf-
gehört haben, und für die, die manchmal all der Schönheit und
Gemütlichkeit entfliehen wollen, gibt es eine Lokalität, von der
es seit zwanzig Jahren heißt, dass sie demnächst umziehen oder
ihre Tore für immer schließen muss: das *Crash* in der Schnew-
linstraße. Es befindet sich im Bahnhofsviertel, das sein Gesicht
in den letzten Jahren komplett verändert hat. Hier wurden Häuser grundsaniert, Hallen abgerissen, eine Kongresshalle und
postmoderne Bürokomplexe aus Glas und Stahl hochgezogen.
Aber das *Crash* steht immer noch da wie am ersten Tag. 1985
aus einem besetzten autonomen Zentrum hervorgegangen, ist
es einer der abgerocktesten, dunkelsten, lautesten, von Graffiti
übersätesten, übelriechendsten (was durch das Rauchverbot in
Kneipen und Diskotheken viel schlimmer wurde; jetzt merkt
man, dass der Rauch Schweiß-, Bier- und andere Gerüche
wunderbar gebunden hat) Keller in ganz Deutschland, und

gerade deshalb einer der faszinierendsten. Im *Crash* fallen einem immer noch die Ohren ab, wenn man den Boxen zu nahe kommt. Aus denen dröhnt noch heute Death Metal, Gothic, Dark Wave, und unter den Gästen ist die Kombination aus weißer Schminke und schwarzen Gewändern immer noch die verbreitetste. Wer mal wieder seine Hände in Schuld waschen will, sollte unbedingt hierherkommen.

Wahrzeichen VII: Die Fahrräder

Freiburg ist nicht nur Studenten-, sondern auch Ökohauptstadt Deutschlands. Zu denen, die sich kein Auto leisten *können*, kommen noch die, die sich keines leisten *wollen*. Fahrradfahren erlebt seit ein paar Jahren einen Boom. Ob New York, Mailand oder Rio, auf der ganzen Welt steigt man aufs Rad. Die Wiege der deutschen Fahrradkultur steht definitiv in Freiburg. Bereits 1882 wurde ein Velocipedisten-Club gegründet, der Radtouren in die Umgebung organisierte. Der Gründungsvorsitzende Friedrich Ernst Fehsenfeld schätzte das neue und ökologische Verkehrsmittel so sehr, dass er sogar auf dem Hochrad über den St.-Gotthard-Pass in die Schweiz gefahren ist. Im Hauptberuf war er übrigens Verleger und gab die grünen Karl-May-Bände heraus.

In Freiburg gibt es unzählige Fahrradläden, kilometerlange markierte Fahrradwege, separate Abbiegespuren und Mountainbikerouten. Am Hauptbahnhof können Sie Ihren Drahtesel sogar in einem Fahrradparkhaus unterstellen.

Ein Drittel aller Verkehrsteilnehmer Freiburgs sind mittlerweile Fahrradfahrer. Es sind in den letzten Jahren so viele geworden, dass die Stadt ein Parkverbot für Fahrräder rund um den Bertoldsbrunnen aussprechen musste, weil diese nachhaltig den Verkehr von Fußgängern, Straßenbahnen, Lieferautos und anderen Fahrrädern behinderten.

Wahrzeichen VIII: Die Zukunft

Das Gesicht der Stadt wird sich in den kommenden Jahren gehörig ändern. Zwei kühne Neubauten, die man eher in einer urbanen Großstadt vermuten würde, werden bald das Stadtbild prägen. Die veraltete Universitätsbibliothek wird durch einen schwarz glänzenden futuristischen Neubau ersetzt. Die vierspurige Rotteckstraße, die eine der meistbefahrenen Straßen war, wurde für Autos gesperrt und ist nur noch für Fußgänger und Fahrradfahrer passierbar. Das hat die Fußgängerzone erweitert und die Innenstadt mit dem raumschiffartigen Gebäude und dem dahinterliegenden Stadtteil Stühlinger verbunden.

Außerdem bekommt Freiburg ein neues Rathaus. An der Stelle des Technischen Rathauses im Stühlinger wird ein neues Verwaltungszentrum entstehen. Das Projekt wurde international ausgeschrieben. Gewonnen haben drei ovale Bauten, die an drei große, deformierte Fußballstadien erinnern. Der kühne Entwurf stammt von Christoph Ingenhoven aus Düsseldorf. Pikanterweise hat der auch den neuen Bahnhof in Stuttgart geplant, eines der von vielen Grünen und Grünen-Wählern am meisten gehassten Bauprojekte der Republik. *Da müsse mer durch.*

Beten und einkaufen.

Das Freiburger Münster und der Münstermarkt

Im Rieselfeld, einem neuen Stadtteil im Westen der Stadt, steht die Maria-Magdalena-Kirche, eines der wenigen ökumenischen Gotteshäuser Deutschlands. Katholiken und Protestanten haben jeweils einen Raum; einen dritten, in dem das Taufbecken steht, teilen sie sich. Den faszinierenden Bau der Architektin Susanne Gross, der 2005 mit dem Deutschen Architekturpreis ausgezeichnet wurde, sollten Sie sich auf jeden Fall ansehen. Die Gemeinden hatten bei der Ausschreibung um Materialien gebeten, die »etwas von der natürlichen Schönheit der Schöpfung« ausdrücken. Gross hat unverputzten Beton gewählt. Zunächst mag die Kirche mit ihren schiefen und asymmetrischen Wänden ein wenig kühl und abweisend wirken. Sie sieht aus wie ein riesiger Würfel, der auf den Boden gefallen ist. Aber dann bemerkt man, dass diese ungeschminkte Kargheit etwas sehr Anregendes und Anziehendes hat.

Zwei der Innenräume bestechen durch ihren völlig unterschiedlichen Umgang mit Licht. Während die Sonne bei den Katholiken durch verschieden große Fenster eindringt und durch den Raum wandert, hat die evangelische Seite eine große Fensterfront, die den Raum in gleichmäßig helles Licht taucht.

Das kann man vom Münster nicht sagen. Dessen Inneres ist groß, mächtig, beeindruckend und vor allen Dingen dunkel. Auch wenn draußen die Sonne scheint, was in Freiburg praktisch immer der Fall ist. Sie sollten einen Besuch des Münsters aber nicht vom Wetter abhängig machen. Es ist zu jeder Jahreszeit schön. Nehmen Sie sich Zeit. Bestaunen Sie seine Größe und Eleganz, tauchen Sie ein in seine Langsamkeit und Ruhe. Beobachten Sie, wie sich das dunkle Rot des Sandsteins je nach Jahres- und Tageszeit, nach Luftfeuchtigkeit und Temperatur leise verändert. Erkunden Sie sein innerstes Geheimnis, das kein kunsthistorischer Reiseführer jemals vollständig wird erfassen können. Wie bei vielen Sehenswürdigkeiten sind die Touristen hier weitgehend unter sich. Natürlich lieben die Freiburger ihr Münster, aber deswegen müssen sie es ja nicht jeden Tag aufsuchen. (Als die Kirche im Mittelalter erbaut wurde, ist sie nur von den Einheimischen besucht worden.)

Tritt man durch den Haupteingang ein, kann man die Menschen am anderen Ende des Gotteshauses kaum ausmachen, so weit weg sind sie. Vor 250 Jahren konnte man sie gar nicht sehen. Damals stand eine Mauer vor der Vierung, dem gemeinsamen Raum von Haupt- und Querschiff, die die Sicht auf den Chor verstellte. Diese Schranke, der sogenannte Lettner, trennte die Geistlichen vom Straßenvolk. Er wurde 1790 abgebaut.

Wer wissen will, welche Wirkung ein Lettner auf das Raumgefühl haben kann, sollte unbedingt nach Breisach am Rhein fahren. Im Stephansmünster, imposant auf einem Hügel über dem Rhein gebaut, ist er noch erhalten. Breisach ist die namensgebende Stadt für den Breisgau, dessen größte Stadt Freiburg ist. Freiburg liegt also streng genommen nicht im Schwarzwald, sondern im Breisgau. Somit wäre auch das geklärt.

Am Freiburger Münster wurde 300 Jahre lang gebaut. Können Sie sich vorstellen, ein Gebäude in Auftrag zu geben, von dem Sie wissen, dass Sie seine Fertigstellung genauso wenig erleben werden wie Ihre Kinder, Kindeskinder und Kindeskindeskinder? 1200 gab Berthold V. den Startschuss zum Bau einer Pfarrkirche, die zugleich Grablege des Geschlechts der Zähringer werden sollte. Um 1500 war die Kirche fertig. Ihre Bauzeit umfasste drei verschiedene Baustil-Phasen. Aus der Spätromanik stammen die Hahnentürme und das Querschiff mit seinen massiven Mauern und kleinen Fenstern. Das Langhaus und die beiden filigranen Seitenschiffe wurden in der Gotik errichtet und der Hochchor und weite Teile des Innenraums schließlich im spätgotischen Stil.

Vor dem Münster wird man von so viel buntem Treiben abgelenkt, dass man das Gotteshaus kaum in Ruhe auf sich wirken lassen kann. Am besten kommen Sie her, wenn wenig los ist. Das ist leichter gesagt als getan. Hier tummeln sich immer Einkaufsbummler und Studenten, Hausfrauen und Touristen, Markt- und Würstchenverkäufer. Aber es gibt diese Momente, spätnachts zum Beispiel, wenn die letzten Kneipenbesucher auf dem Weg nach Hause sind, oder in den frühen Morgenstunden, wenn noch niemand unterwegs ist außer den Bauern und Wurstverkäufern, die ihre Stände aufbauen, und einigen wenigen, die zur Frühschicht gehen. Oder an einem späten Samstag- oder Sonntagnachmittag außerhalb der Reisesaison, wenn vor den Cafés keine Tische mehr stehen und der einzige Mensch weit und breit der Fahrer des Bibliobusses ist, der regelmäßig aus dem elsässischen Mulhouse kommt, damit die Freiburger sich französische Bücher ausleihen können.

Dann kann man in Ehrfurcht vor dem majestätisch in den Himmel wachsenden Münster erstarren, dessen Spitze in den Wintermonaten manchmal in einer tief liegenden Nebeldecke verschwindet. Was ist ein Menschenleben gegen diesen majestätischen, stummen Monolithen, der als Einziger bezeugen kann, dass es die letzten 800 Jahre wirklich gegeben hat?

Auf alten Luftaufnahmen sieht das Gotteshaus noch viel größer aus. Auf diesen schwarz-weißen Fotografien sind die Häuser bis auf die Grundmauern zerstört, und das Münster wirft einen traurigen schwarzen Schatten auf ihre grauen Ruinen. In der Nacht vom 27. November 1944 wurde Freiburg von englischen Fliegern bombardiert. 3000 Menschen kamen ums Leben, große Teile der Innenstadt wurden zerstört. Das Münster, dessen Fenster sicherheitshalber schon vorher herausgenommen und in Klöstern im Schwarzwald eingelagert worden waren, wurde nicht getroffen. Entweder die Piloten zielten ganz bewusst daran vorbei, oder sie mussten über der Stadt abdrehen, wenn sie nicht in den Schlossberg krachen wollten. Als Student wohnte ich ein paar Jahre in einem schönen Haus am Schlossberg, in dessen Wand noch ein Granatsplitter steckte. Der damalige Besitzer hatte ihn nicht entfernt, sondern als Erinnerung an diese unheilvolle Nacht einrahmen lassen.

In die Wände links und rechts des Münsterportals sind Kreise, Vierecke und Rechtecke gemeißelt. Sie stellen die Einheitsmaße für Brot, Backsteine und Holzkohle dar, an die sich jeder halten musste. Daneben beschreibt eine Inschrift von 1379 die Markttage im Frühling und im Herbst. Der Text ist in gotischer Schrift und enthält Anleihen aus dem Alemannischen: »Ein iar merkt wirdet vf de nechste mentag vn zistag nach sact niclaus kilwi. Und der and uf de nechste zistag vn mitwvche nach all heilige tag.« *Merkt* ist Markt, *mentag* und *zistag* sind Montag und Dienstag. *Kilwi* setzt sich aus Kilche und Wihe zusammen. Die Kirchweihe heißt heute noch *Kilwi* oder *Kilbi*. Der Text lautet also: Ein Jahrmarkt wird sein auf den nächsten Montag und Dienstag nach der Sankt-Nikolaus-Kirchweih. Und der andere auf den nächsten Dienstag und Mittwoch nach Allerheiligentag. Die Frühjahrs- und die Herbstmesse gehen auf diese Termine zurück.

Wer das Gotteshaus nicht alleine betritt, sollte die Augen schließen und sich von seiner Begleitung führen lassen. Auf der linken Seite gleich hinter dem Eingang befinden sich nämlich zwei imposante Metallplatten, die vom Freiburger Lions Club gestiftet wurden. Diese Tastreliefs für Blinde stellen die Front und die Südseite des Münsters im Maßstab 1:100 dar. Auch für Sehende wird die Kirche an dieser Stelle zum Ort der Besinnung, denn wenn man die Augen schließt und die Platten berührt, wird deutlich, wie wenig die eigenen Hände zu spüren in der Lage sind.

An Samstagnachmittagen finden im Münster häufig Eheschließungen statt. Nicht selten trägt der männliche Teil der Hochzeitsgesellschaft die Uniform einer Burschenschaft. Obwohl eigentlich eine linke Stadt, gibt es in Freiburg viele studentische Verbindungen. Das Stadtbild ist nicht gerade von Käppchenträgern, Uniformen und nächtlichen Fechtveranstaltungen dominiert. Aber viele Villen am Lorettoberg und im vornehmen Herdern sind mit den Wappen und Flaggen von Verbindungen geschmückt. Das ist mit dem Alter der hiesigen Universität zu erklären und mit der Nähe zum Hambacher Schloss. Dort in der Pfalz hatten sich die Burschenschaften 1832, als diese im Gegensatz zu heute liberale und aufklärerische Verbindungen waren, zum Hambacher Fest versammelt, um Freiheit, Bürgerrechte und die nationale Einheit einzufordern.

Vom Münsterturm hat man einen schönen, beeindruckenden und baugeschichtlich relevanten Blick auf die Stadt und auf das Münster von oben. Außerdem kann man *in* die Turmspitze hineinsehen. Ursprünglich sollte der Turm ganz anders aussehen. Man kann es an seiner rechteckigen Basis erkennen. Doch der 1280 zuständige Baumeister änderte die Pläne seines Vorgängers und entwarf den 47 Meter langen Turmhelm, den wir heute kennen. Knappe fünfzig Jahre später war der Turm fertig. So etwas Steiles, Leichtes, Filigranes und vielfach Durchbrochenes hatte die Welt noch nicht gesehen. Und das Ganze auch noch ohne Gewölbe und Innenverstrebung! Der Kunsthistoriker Jacob Burckhardt nannte ihn den »schönsten Turm der Christenheit«. Es hat noch nie jemand widersprochen.

Wer schwindelfrei ist, sollte die 329 engen Wendeltreppenstufen auf jeden Fall auf sich nehmen. Steigt man nach oben, kann man durch die Sichtluken und Fenster viele Engel, Heilige und Wasserspeier aus allernächster Nähe bestaunen, allerdings nur von hinten. (Wer sie von vorn sehen will, sollte ins Augustinermuseum gehen, wo einige Originalfiguren ausgestellt sind. Das ist nach der Generalsanierung sowieso einen Besuch wert.) Nach 205 Stufen erreicht man die Türmerstube. Früher musste der Türmer keine Post- und Eintrittskarten verkaufen, sondern aufpassen, ob nicht gerade irgendwo in der Stadt ein Feuer ausbricht. Das war ein 24-Stunden-Job, den sich zwei Kollegen teilten. Damit ihre Frauen nicht jedes Mal, wenn sie die Brotzeit brachten, 205 Stufen hoch- und wieder runtersteigen mussten, wurde ein Korb mit einer Seilwinde heruntergelassen.

Wenn in den Wintern Wind und Schnee durch die Ritzen pfiffen, durfte der Raum nicht geheizt werden. Die Gefahr, dass das hölzerne Gestühl Feuer fängt, war zu groß. (Obwohl der ganze Innenturm augenscheinlich aus Holz gebaut ist, muss heute ein Schild ausdrücklich darauf hinweisen, dass hier strengstes Rauchverbot herrscht.) Dann trugen die Türmer dicke Felljacken und Pelzmützen. Auf einem alten Foto, das in der Türmerstube hängt, ist ein winterlicher Türmer zu sehen. Er ist so eingemummt, dass man eigentlich gar nichts erkennen kann außer einem Fellknäuel, das an einen Yeti erinnert.

Links und rechts gelangt man zu den Glocken, insgesamt 16 Stück mit einem Gesamtgewicht von 27 240 Kilogramm. Die Christusglocke, die den Ton *g* hat, ist mit 7000 Kilo die schwerste, das Magnifikatglöckchen, ein *es*, mit achtzig Kilo die leichteste. Mit 3400 Kilo liegt Hosanna ungefähr dazwischen. Dafür ist sie rund 700 Jahre älter als die anderen. Während die 15 Glocken aus dem Jahr 1959 stammen, wurde Hosanna bereits im Jahre 1258 gegossen! Man kann sich schon bei den ersten 15 nicht vorstellen, wie sie hier hochgebracht wurden, aber wie um alles in der Welt hat man das im Mittelalter geschafft? Bei meinem vergeblichen Versuch, eine Antwort auf diese Frage zu finden, stieß ich auf dem Flohmarkt auf eine Singleschallplatte, die ihrem farbstichigen Cover nach mindestens vierzig Jahre alt ist. Auf ihr ist nichts zu hören als minutenlanges Vollgeläut der Freiburger Münsterglocken. Wunderschön.

Eine physische Erfahrung der besonderen Art ist es, zur Mittagszeit hier oben zu sein, wenn die Glocken sechzehn Mal – erst die volle Stunde und dann die Uhrzeit – anschlagen. Die Vibrationen können Sie noch Stunden später am ganzen Körper spüren.

Nur wenige Tages- oder Wochenmärkte können es an Schönheit und Qualität mit dem Freiburger Münstermarkt aufnehmen. Damit ist die Nordseite gemeint. Es herrscht strenge Trennung. Die Selbsterzeuger stehen auf der Nord- und die ganz normalen Händler auf der Südseite des Münsters. Sprechen Freiburger vom Münstermarkt, meinen sie den Norden. Irgendwer muss aber auf der Südseite kaufen, sonst gäbe es diese Stände schließlich gar nicht. Aber wer?

Viele Anbieter auf der Nordseite sind betagte Bäuerinnen und Bauern, die ihre Waren mit dem ihrem Alter angemessenen Tempo verkaufen. Etwa achtzig sind es insgesamt, die regelmäßig erscheinen. Zwei- bis dreimal pro Woche ist jeder von ihnen da. Manche bieten an einem großen Stand neben saisonalen Obst- und Gemüseständen auch Brot, Wurst, Käse und Wein an. Andere haben nicht viel mehr dabei als ein paar Kisten mit Äpfeln, Eiern und Gartenkräutern. Handgemalte Schilder weisen mit krummen Buchstaben darauf hin, dass die Ware »Bio« ist. Immer sieht es ein bisschen so aus, als hätten sich die Bauern damit keinem Trend angeschlossen, sondern ihre Ware schon immer ohne künstliche Zusätze angebaut und irgendwann gemerkt, dass den Kunden das nun mal wichtig ist. *Wenn se sell welle, no solle se's ha.*

Ein besonderer Stand auf der Südseite ist der von Ludwig Hämmerle. Er verkauft seit Jahren Schwarzwälder Wurstspezialitäten aus eigener Metzgerei. Wer nicht um das riesige Münster herumlaufen will, nimmt einfach die Abkürzung durch die Seitentüren. Seit über vierzig Jahren ist Herr Hämmerle da. Schon als Kind hat er seine Großeltern auf den Münsterplatz begleitet. Die hatten ein Motorrad, an dem hing ein Anhänger mit Butter und Speck drin. Bei meinem letzten Besuch stand nicht Ludwig Hämmerle im Wagen, sondern ein junger Mann mit kräftigem Körper und bubenhaftem Gesicht. Ich kaufte Hartwürste und Leberwurst in der Dose zum Mitnehmen. Der Mann sah Ludwig Hämmerle nicht ähnlich, bediente mich aber genauso freundlich. Als ich mich nach dem Wohlergehen des Seniors erkundigte, erklärte der Junge im freundlichen, weichen Alemannisch der Elztäler, dass es Herrn Hämmerle gut gehe. Aber er werde halt auch nicht jünger, weshalb er sich langsam aus dem Geschäft zurückziehe und nur noch freitags und samstags hier sei. Er wolle sich jetzt mehr um seine Bienen kümmern. Er selbst sei nicht der Sohn, sondern schon der Enkel und wachse langsam ins Geschäft hinein. Die schönen Grüße richte er selbstverständlich aus. Und während er mir das alles erklärte, griff er nach einem Paar Landjäger, wickelte es in Papier und reichte es mir über den Tresen: »Sell isch für d' Reis.« Genau wie der Alte. Einfach nur, weil ich mich nach seinem Großvater erkundigt hatte. Das ist sie, die badische Freundlichkeit.

Ob Sie morgens um sieben kommen, wenn die Wurstbuden auf-, oder kurz vor halb zwei, wenn sie wieder abgebaut werden, ob es in Strömen regnet, Schneegestöber hat oder Sonnenschein – nie werden Sie es erleben, dass die Freiburger Wurstverkäuferinnen und -verkäufer unfreundlich oder pampig sind. Um in den Genuss der Mischung »gute Wurst und Freundlichkeit« zu kommen, müssen Sie wieder rüber auf die Nordseite. Erfahrene Kunden stellen sich zur Verspeisung zwischen die Buden, bei den Trafos und Mülltonnen ist es weniger betriebsam, und man läuft nicht Gefahr, beim Essen angerempelt zu werden.

Die »Lange Rote«, die auf Wunsch auch geknickt wird, ist eine echte Freiburger Spezialität, die Sie probieren sollten. 2009 feierte sie ihren 60. Geburtstag. Der Bäcker Föhrenbach bot hier Backwaren an und beantragte 1949 den Verkauf von Würsten. Zuerst war die »Lange Rote« eine »Kurze Rote« und wurde gebrüht. 1950 kam sie auf den Grill, 1951 wurde sie verlängert. Fünfzig Pfennig kostete sie damals. Weil die Kunden immer an den ersten Wagen in der Reihe laufen, macht der am meisten Umsatz. Deswegen wird seit 1967 rotiert.

Ihr besonderes Aroma verdankt die Marktwurst dem guten Fleisch, den knackigen Brötchen, vor allem aber den klein geschnittenen Zwiebeln, die im Fett mitgebraten und auf Wunsch mit ins Weckle gelegt werden. Eine Lange Rote »mit«. Wenn es die Kurze Rote noch gäbe, wäre vielen Kunden geholfen, denn eine Lange ist oft zu wenig und zwei sind meist zu viel. Außer für Studenten vielleicht.

Obwohl die Würste fast alle von ein und demselben Metzger stammen, hat jeder Freiburger seinen Stammstand. Die Stände, die erst nachmittags öffnen, sind für die meisten tabu. Mir persönlich ist die vom Meier am liebsten. Als ich vor mehr als zwanzig Jahren zum Studieren in die Stadt kam, hat mich mein großer Bruder, der schon ein paar Semester länger da war, bei ihm eingeführt.

Aber nicht für alle Menschen ist die Lange Rote »mit« ein Segen. Wegen ihr hat mein Freund Dixi immer den Samstag verflucht. Dixi arbeitete als Sportverkäufer beim Sport Bohny in der Kaiser-Joseph-Straße. Samstags kamen nicht nur viel mehr Kunden als sonst, was ohnehin schon immensen Stress bedeutete; die meisten der Kunden hatten vorher auch noch eine Münsterwurst mit Zwiebeln gegessen und ließen ihrem geruchsintensiven Atem freien Lauf: »Henn Sie sell Trikot au e Nummer größer?«

In letzter Zeit wurde die schmackhafte Idylle jedoch ein wenig getrübt. Spricht man die alteingesessenen Standbetreiber darauf an, werden diese sonst so gesprächigen Leute plötzlich sehr wortkarg. Aus ihrer Sicht drängten Fremde in ihr angestammtes Geschäft. Aus Sicht der Fremden wurde lediglich eine EU-Wettbewerbsverordnung umgesetzt. Die schreibt vor, dass das Nutzungsrecht in einem neutralen und transparenten Verfahren regelmäßig neu ausgeschrieben werden muss. Das hat die Stadt getan. »Bekannt und bewährt« als alleiniges Kriterium hat ausgedient. Außerdem wurde die Zahl der Stände aufgestockt. Momentan sind es sieben, fünf auf der Nord- und zwei auf der Südseite. Die Stände rotieren reihum. Auf der Südseite machen sie angeblich siebzig Prozent weniger Umsatz als auf der Nordseite. Das Mitleid der Freiburger hält sich in Grenzen. Denn es wurde auch bekannt, dass zwei Standbetreiber wegen Steuerhinterziehung verurteilt worden sind. Einer von ihnen hat in fünf Jahren mindestens 50 000 Würste am Fiskus vorbei verkauft. Ich habe es ausgerechnet, das macht bei sechs verkaufsoffenen Wochentagen über dreißig Stück pro Tag.

Vegetarier, die schon immer wussten, dass Fleischesser die schlechteren Menschen sind, und die Wurststände weiträumig mieden, haben neuerdings die Möglichkeit, sich an einer Tofuwurst zu laben. Im Zuge der Umstrukturierungen bekam auch der örtliche Hersteller von vegetarischer Kost den Zuschlag für einen Stand. Nach allem, was man hört, läuft und schmeckt die Tofuwurst sehr gut. Das sagen sogar Wurstfans.

Wer bei der Wurst bleiben will, es aber nicht bis nach Freiburg schafft, kann auch in Karlsruhe eine Lange Rote bekommen. Die Metzgerei Brath in der Klauprechtstraße bietet Lange Rote für zu Hause an. Immer wieder haben Kunden zu Heike Brath gesagt, dass sie gern eine richtig gute Bratwurst hätten. So gut wie die Lange Rote aus Freiburg. »Selle will ich au scho lang«, antwortete Frau Brath jedes Mal, »aber mein Mann macht se mir nidde.« Frau Brath stammt aus Oberried bei Freiburg und kannte die Münsterwurst. Besonders ein gebürtiger Emmendinger schwärmte immer wieder von der Langen Roten.

Schließlich bat Frau Brath eine Kundin, die nach Freiburg fuhr, von jedem Freiburger Bratwurststand 15 Stück mitzubringen. Die briet sie nach und nach auf dem heimischen Herd. Bis ihr Mann Heiko erklärte, dass er so was auch könne. »Seitdem hemmer die Lange Rote im Sortiment.« Bei einer Blindverkostung schmeckten sie dem Emmendinger besser als das Original.

Bürgerfest oder Bürgerfestung?

Freiburgs Vorzeige-Stadtteil Vauban

Der französische Baumeister Sebastian Vauban versah im 17. Jahrhundert ganz Frankreich mit einem eisernen Gürtel. Von Arras bis Metz, von Dünkirchen bis Verdun ließ er Festungen errichten, um- und ausbauen. Das berühmteste Werk des *Ingénieur de France* ist Neuf-Brisach, diese gigantische Wehranlage, deren schöne Innenstadt wie ein Schachbrett angelegt ist. Vauban entwarf sie, nachdem Breisach endgültig an Österreich gefallen war.

Wenn Sie sich im Kaiserstuhl umsehen oder das Breisacher Münster besichtigen, sollten Sie einen kleinen Abstecher über die Grenze tun. Es ist jedes Mal wieder erstaunlich, wie wenig weit man fahren muss, um in einer anderen Welt zu sein. Gleich hinter dem Rhein beginnt Frankreich, und nichts ist mehr wie daheim. Die Häuser und die Menschen, die Brasserien und die Cafés, die Supermärkte und die Gendarmerien, alles sieht hier anders aus. Französisch eben.

Aber auch die Burg auf Freiburgs Schlossberg, die Ludwig XV. schleifen ließ, ging auf Vaubans Konto.

Warum erzähle ich das alles? Weil Vaubans Name seit ein paar Jahren die Gemüter Freiburgs aufs Heftigste erregt. Ein

Stadtteil kurz vor Merzhausen trägt seinen Namen und ist eines der sichtbarsten Manifeste des bürgerlichen Gestaltungswillens der Stadt. Bis Anfang der Neunzigerjahre stand an dieser Stelle eine Kaserne gleichen Namens, in der französische Soldaten mit ihren Familien lebten. (Die ranghohen Offiziere lebten in der Stadt, rund ums Zähringer Tor.) Frankreich war seit dem Zweiten Weltkrieg Besatzungsmacht, das Gelände somit französisches Hoheitsgebiet. Mit der deutschen Wiedervereinigung zogen sie ab, und das Gelände fiel an die Stadt zurück.

Einige Freiburger sahen die einmalige Chance, sich einzubringen und auszuleben. Sie konnten die Stadt davon überzeugen, bei der Planung des neuen Stadtteils mit einbezogen zu werden. Klar gibt es heute überall Baugenossenschaften und Hausgemeinschaften. Aber in dieser Größe und dieser Selbstbestimmtheit war und ist es deutschlandweit einmalig. Die ersten Häuser bekam die SUSI zugesprochen, die »Selbstorganisierte unabhängige Siedlungsinitiative«. Das ist eine gemischte Gruppe aus »Studierenden, Einkommensschwachen und Alleinerziehenden«, wie es in der Geschichte der Vauban heißt. Zwischenzeitlich waren Teile des Geländes besetzt, und eine Wagenburg stand hier auch mal. Dann bekam das *Forum Vauban* die Koordination für das Areal übertragen.

Baubeginn war 1998. Mit Zuschüssen des Bundes, des Landes und der EU wurde ein Stadtteil erbaut, der im Besitz privater Baugruppen und genossenschaftlicher Selbsthilfemodelle und an ökologischer Effizienz unerreicht ist. Er ist verkehrsarm und hat kurze Wege, alle Gebäude sind Niedrigenergiehäuser oder produzieren mit ihren Solarkollektoren eigenen Strom, den sie sogar ins allgemeine Netz einspeisen. Seit Jahren drücken sich Presseteams aus dem In- und Ausland die Klinke in die Hand, um über dieses ökologische Vorzeige-Dorf zu berichten. Besonders, wenn mal wieder irgendwo ein Energiegipfel stattfindet, ist die Vauban gefragt. Über 5000 Menschen leben inzwischen hier, fast die Hälfte davon sind Kinder. Wegen denen wirkt Vauban manchmal wie eine überdimensionierte Ferienanlage, besonders nachmittags, wenn die Schulen und Kindergärten vorbei sind. Dazu kommen die vielen Ökotouristen, die seit Jahren herpilgern, um sich das Vorzeige-Dorf anzusehen.

Manche Bewohner berichten, dass es schon vorkam, dass plötzlich Japaner in ihrer Küche standen. Wenn Sie nicht mit der Tür ins Haus fallen wollen: Es gibt in der Vauban neuerdings ein Green City Hotel. Der lichtdurchflutete Bau mit 48 Zimmern ist ein Inklusionsbetrieb. Das heißt, dass die Hälfte der Belegschaft Behinderte sind.

Geplant war ein Stadtteil der sozialen Durchmischung. Lehrer sollten hier neben Arbeitern wohnen, Künstler neben kleinen Handwerkern. Doch es stellte sich bald heraus, dass die ganze Sache für die letzten drei Berufsgruppen ein wenig zu teuer werden würde. Menschen mit Migrationshintergrund zog es auch kaum her. Also machten Lehrer, Professoren, Architekten und ein paar andere, die genug verdienten oder geerbt hatten, die Sache unter sich aus. Die Vauban wurde zu einem Quartier, das vom weißen, deutschen, gut bis besser verdienenden Bildungsbürgertum mit mindestens einem Kind dominiert wird.

Da ist es nicht ohne Ironie, dass das Vauban-Gelände ausgerechnet den Namen eines Festungsbaumeisters trägt. Tatsächlich hat das Areal etwas von einer nach allen Himmelsrichtungen offenen Bürgerfestung. Liberal, aber wertkonservativ, weltoffen, aber undurchlässig, friedliebend, aber stets in Verteidigungsstellung.

Aus der Entwicklung vom schichtenübergreifenden Multikultiprojekt hin zum bildungsbürgerlichen Vereinsheim ist niemandem ein Vorwurf zu machen. Aber auch nicht daraus, dass jene, die nicht dazugehören oder dazugehören wollen, sich dagegen verwahren, dass dieses Gelände neuerdings ständig mit Freiburg gleichgesetzt wird. Mancher empfindet die Selbstgefälligkeit, die von Ökos und jungen Eltern ausgehen kann, als anmaßend. Und fühlt sich von Fahrradhelmen und reflektierenden Regenjacken, auch wenn diese Leben retten können, und anderen schrecklichen Dingen, wie Männerfüßen in Sportsandalen, ästhetisch angegriffen. Man kann tatsächlich den Eindruck gewinnen, dass draußen in der Vauban die Nase besonders hoch getragen wird angesichts eines selbst gestalteten und verwalteten Wohnprojekts, auf das die ganze Welt ihre Augen richtet. Und dass sich die Vaubanler in einer Zeit, in der der Schutz der Umwelt immer wichtiger wird, als ökologische Elite empfinden und dem offiziellen Slogan *Freiburg hat, was alle suchen* am liebsten ein energisches *Noch mehr hat Vauban* hinzufügen würden. Selbst Ansgar Fürst, der ehemalige Chefredakteur der *Badischen Zeitung*, warnte in einem Leitartikel, dass oberlehrerhaftes Gutmenschentum und penible Mülltrennung nicht zu einem Beißschrecken-Fundamentalismus werden dürfe. »Wo hört Ökologismus auf, und wo fängt Sektierertum an?«

Die Geschichte ist eine Geschichte der Wiederkehr, schrieb Nietzsche sinngemäß. Er hatte recht. Die Älteren werden sich erinnern, dass Ende der Achtziger schon einmal eine ähnliche Diskussion stattfand, als ein Artikel eines nicht mehr existierenden Stadtmagazins hohe Wellen schlug, der den Fundamentalismus der Wiehre-Bewohner und ihrer Kinder anklagte, die Autos, die zwei Stundenkilometer zu schnell fuhren, anhielten und ihre Fahrer mit strengen Worten ermahnten. Die Wiehre habe ich bereits im Kapitel »Eine österreichische Hand und ein französischer Mordbrenner« erwähnt. Dieser Stadtteil voller schöner Altbauten war jahrzehntelang der begehrteste Bezirk des akademischen Bürgertums. Bis die Vauban kam.

Was wohl aus den Wiehre-Bewohnern und ihren Kindern geworden ist? Die Eltern von damals müssen längst Rentner und die Kinder erwachsen sein. Vielleicht wohnen sie ja in der Vauban und kommen sonntagnachmittags in die Wiehre, um Oma und Opa zu besuchen. Aber nicht mal da kann man sicher sein. Spaziert man heute am Wochenende durch die Wiehre, kann es einem angst und bange werden, so mucksmäuschenstill ist es hier. Rund um den alten Wiehre-Bahnhof, in dem ein gemütliches Café und das kommunale Kino untergebracht sind, findet man noch ein paar Protagonisten aus alter Zeit. Älter sind sie geworden und ruhiger. Sie spielen Boule, trinken Milchkaffee aus Schalen, und die wenigen Kinder, die es hier noch gibt, ziehen sie auch nicht mehr im Kollektiv groß.

Als auf dem Vauban-Gelände das intensive Planen, Bauen und Einrichten abgeschlossen war, folgte die zweite Phase. Nun musste man mit dem Leben beginnen. Damit verhält es sich aber so wie mit Weihnachten und den Sommerferien: Die Vorbereitungen sind aufregender als der eigentliche Event. Aus der Glücksforschung ist bekannt, dass die Menschen sich dann am wohlsten fühlen, wenn sie an ihrer Zukunft herumwerkeln. Als der nachbarschaftliche Alltag begann, merkte man, dass man im eng bebauten Vauban, in dem die Häuser dicht an dicht stehen, viel mehr voneinander mitbekommt, als erwartet. Man begann, sich zu beschweren. Die einen stören sich an lauter Musik, die anderen am Rasenmäherlärm und schlagen vor, dass immer nur montags gemäht werden darf. Das lehnen wieder andere mit der Begründung ab, keinen Einfluss auf die Arbeitszeiten ihres Gärtners zu haben. Einige halten sich nicht an die Mülltrennung, und viele fühlen sich vom infernalischen Lärm der Bobbycars gestört, von denen es aufgrund der vorherrschenden Altersstruktur *sehr* viele gibt. (Gab es zu Wiehre-Zeiten schon Bobbycars?) Gemeinsam fürchtet man sich schon jetzt vor der Zukunft, denn jeder Bobbycarfahrer von heute ist ein potenzieller Mofa- und Mopedfahrer von morgen.

Ein weiterer Stein des Anstoßes sind Autos. Im Gelände selbst ist Parken nicht erlaubt. Es gibt auch gar keine Stellplätze. Manchmal tut es aber trotzdem jemand, oder er hat Besuch, der es tut. Der wird dann von Kindern, die hier spielen, ermahnt, dass das *verboten* ist. Die Wiehre lässt grüßen. Dann

wird geschimpft und gestritten und sich schon mal vorgewor-
fen, die Methoden, mit denen die Nichtautobesitzer die Auto-
besitzer beobachten und verfolgen, stünden denen von Gestapo
und Stasi in nichts nach. Hintergrund ist die offizielle Regelung, dass das Viertel auto- und stellplatzfrei sein soll und die-
jenigen, die ein Auto haben, sich für viel Geld einen Stellplatz
außerhalb des Geländes kaufen müssen.

Diese Regelung, die gemeinsam getroffen wurde und allen
bekannt ist, ist eine gute Sache, ökologisch gesehen. Aber ein
Auto zerstört ja nicht nur die Ozonschicht, es ist manchmal
auch sehr praktisch. Wenn man Kinder hat zum Beispiel, einen
Großeinkauf tätigen muss oder verreisen will. Offenbar haben
sich ein paar Bewohner, die auf diese Vorteile nicht verzichten
wollen, doch einen Wagen gekauft und ihn auf die Eltern oder
Großeltern angemeldet. Oder stellen ihn auf einen Parkplatz,
der nicht mehr zum Gelände gehört. Dadurch fühlen sich die,
die ihren offiziell anmelden und dafür bezahlen, verständlicherweise verarscht. Und mancher beginnt, verdächtige Fahrzeuge
und ihre Halter zu observieren. Gestapo- und Stasimethoden
weist er natürlich von sich. Er bietet dem Ankläger aber einen
kostenlosen Geschichtsunterricht an, denn er scheint sich überhaupt nicht auszukennen, sonst würde er diesen Vergleich gar
nicht erst wagen. Den Vorwurf mangelnden Geschichtsver-
ständnisses wiederum verbittet sich natürlich der andere, und
so geht es hin und her und immer so weiter, und wenn es nicht
mehr die Autos sind, werden es die Komposthaufen oder die
Energiesparlampen oder ganz was anderes sein. Mittlerweile
gibt es einen Autofrei-Verein, der angeblich die Einhaltung der
Verkehrsregeln überwacht. Angeblich haben die Grünen im
letzten Bundestagswahlkampf auch deshalb so viele Stimmen
verloren, weil sie zur Verbotspartei geworden seien.

Und die Moral von der Geschichte? In der Vauban, einem
der außergewöhnlichsten Wohnprojekte Deutschlands, findet
nicht automatisch ein besseres Leben statt, nur weil es von sei-

nen Besitzern aktiv gestaltet und mitgestaltet wurde, seine Bewohner voll auf Ökologie setzen und auch sonst gebildete und aufgeklärte Menschen sind. Hier wird genauso gestritten und gelitten und geschieden und getrunken wie überall sonst auch. Das hat ja auch etwas sehr Beruhigendes.

Die Wahrheit auf dem Platz wird euch frei machen.

Der Sport-Club Freiburg

Es kommt immer wieder vor, dass man als Freiburger für seine Herkunft belächelt wird. »Ach, aus dem Schwarzwald stammst du?« klingt dann so, als wäre man ein besonders Putziger, einer, den man kraulen kann. Das ändert sich, sobald es um Fußball geht. Gibt man sich als Fan des Sport-Club Freiburg zu erkennen, schlägt einem sofort Wohlwollen und Sympathie entgegen, und die Zuwendung bekommt etwas Anerkennend-Komplizenhaftes. Die ganze Republik mag den südlichsten Verein der Bundesliga, das überträgt sich auch auf seine Fans. Wer diesem eigenwilligen Verein anhängt, kann offenbar kein schlechter Mensch sein. Oder ist es eher umgekehrt, dass es dort, wo so nette Menschen leben, keinen doofen Verein geben kann? Vermutlich stimmt beides. Stadt, Menschen und Verein bedingen sich gegenseitig. Gemütlich und nicht zu hektisch ist man hier, ethisch und ökologisch korrekt. Kein Größenwahn, keine hektischen Kapriolen und keine Exzentrik, das Sein ist immer wichtiger als das Endergebnis. Dem Sport-Club, der *e wengle andersch isch* als andere Vereine, kommen da durchaus identitätsstiftende Eigenschaften zu. Den Sport-Club finden einfach alle gut – die Freiburger und die Hotzenwälder und die Offenbur-

ger und die Villinger, selbst die Schwaben aus dem Nordschwarzwald. Dass die Mannschaft sich meistens bemüht, schönen Fußball zu spielen – umso besser. Dass sie nicht jedes Spiel
gewinnt – hat jemand was anderes erwartet von einem Verein
mit einem der kleinsten Etats der Liga? Ein Sieg gegen die
Platzhirsche Dortmund, Bayern oder Leverkusen ist was Wunderschönes. Wie Ostern und Weihnachten an einem Tag. Wenn
es klappt, liegen sich alle in den Armen. Wenn nicht, ebenfalls.
Nach einer Niederlage klopft man sich tröstend auf die Schul-
ter und gibt sich wieder anderen Dingen hin. Der Sport-Club
ist eine Lebensschule, die einen immer wieder aufs Neue lehrt,
dass es im Leben Wichtigeres gibt als den Tabellenplatz.

Wie schafft es der Sport-Club Freiburg, seit Jahren Kurs zu
halten, nicht zu sinken oder von Piraten gekapert zu werden?
Er steht ja vor den gleichen Problemen wie andere Kleinver-
eine auch – zu wenig Geld, zu wenig Sponsorengelder, zu kleines Stadion, zu wenig TV-Einnahmen, regelmäßiger Abgang
der besten Spieler. Und trotzdem bleibt er sich auf eigentüm-
liche Weise treu und verfällt nie in blinden Aktionismus. Sich
auf Gedeih und Verderb und Pump den Klassenerhalt zu
sichern, kommt nicht infrage. Keine Schulden zu machen ist
oberste Maxime. Ein Abstieg wäre traurig, aber keine Katastrophe. »Es ist zwar großartig, in der Ersten Liga zu spielen«, sagt
Präsident Keller, »aber in der Zweiten Liga wird auch Fußball
gespielt, da trifft man auch tolle Menschen.« Der Trainer
Christian Streich sieht das genauso: »Bundesligafußball ist wie
eine Zwetschgenwaie, die mit Sahne serviert wird. Mit Sahne
schmeckt's besser, aber ohne schmeckt's auch gut. Es kommt
darauf an, was du für Zwetschgen hast. Es kann auch passieren,
dass du Zwetschgenkuchen ohne Sahne bekommst, aber die
Zwetschgen sind besser als die bei dem Kuchen mit Sahne.«

Bis auf den Tumult Ende 2011, als der Verein auf einem
Abstiegsplatz stand und der damalige Trainer und einige Spieler gehen mussten, sind keine Skandale bekannt. Keine Affä-

ren, keine größeren Streitereien, nichts. Wie ist es möglich, dass die Fans zwar mal mosern, aber nie gegen die Vereinsspitze und deren -politik rebellieren? Wenn der Verein mal absteigt, folgen die Fans ihm erhobenen Hauptes in die Zweite Liga. Schließlich sind sie nicht die Fans von irgendwem, sondern von *dem* Sport-Club Freiburg. Als gewalttätig sind sie auch noch nie aufgefallen.

Das funktioniert, weil der Verein eine einzige große Familie ist. Die meisten Angestellten arbeiten seit Jahren in der Geschäftsstelle. Bevor Fritz Keller Präsident wurde, war er fast zwanzig Jahre lang Vizepräsident unter Achim Stocker. Trainer Christian Streich war 17 Jahre lang Jugend- und Kotrainer, die Manager Klemens Hartenbach und Jochen Saier sind seit 2002 da. Es kann schon mal passieren, dass man die vier gemeinsam in einer Freiburger Kneipe antrifft. Sie kommen aus Freiburg und Umgebung und sprechen Alemannisch. (Dass das teilweise sehr verschieden klingt, zeigt, wie vielfältig diese Sprache ist.)

Die gute Stimmung im Verein überträgt sich natürlich auf die Fans. Jeder fühlt sich irgendwie zu dieser Familie dazugehörig. Klar freut man sich über Erfolge. Aber viel wichtiger sind Kontinuität, Nachhaltigkeit und Ruhe. Wie in einer Familie eben. Da mögen es die Kinder auch, wenn Papa und Mama mal was Verrücktes tun. Aber im Großen und Ganzen soll immer alles so bleiben, wie es ist.

Die Spieler? Sind wie Pflegekinder, die die Familie irgendwann wieder verlassen. Dass jedes Jahr aufs Neue der Ausverkauf der besten Spieler verkraftet werden muss, ist ärgerlich, aber Teil des Geschäfts. Beziehungsweise des Lebens. »Abschied gehört zum Leben. Es ist Begegnung, Treffen und Auseinandergehen. In dem Moment, wo wir auf die Welt kommen, wissen wir, dass wir sterben.« Sagt Christian Streich, der Cheftrainer, den bis zur Amtsübernahme kaum einer kannte und bald danach jeder. Er hat die Mannschaft Ende 2011 übernommen und ihr Spielfreude und Konstanz zurückgegeben. Und Ruhe.

Ausgerechnet Streich, der während des Spiels neunzig Minuten lang wie von Sinnen an der Außenbahn hoch und runter rennt und springt und schreit. Abseits des Platzes kann er ruhig, beinahe besinnlich das Spiel und das eigene Tun reflektieren. Pressekonferenzen gleiten gelegentlich in gesellschaftlich-philosophische Betrachtungen ab, die mal Spaß machen und mal nachdenklich. »Der eine holt Kraft aus dem Gebet und der andere aus der Badewanne«, sagt er, und »wenn mir jetzt jemand sagt, wir sollen weniger gut spielen und gewinnen dann, und ich könnte mich drauf verlassen, dann stellen wir um.« Oder: »Ich bin bestimmt anders als andere. Aber jeder der anderen ist auch wieder anders.«

Streich stammt aus Eimeldingen, kurz vor der Schweizer Grenze. Dass die Menschen in der Oberrheinischen Tiefebene gerne reden, haben wir ja bereits festgestellt. Die erklären den anderen einfach gern die Welt, als trügen sie so was wie ein Dozenten-Gen in sich. Streich ist ein besonders ausgeprägtes Exemplar dieser Spezies. Er ist ein Überzeugungsredner, der oft so lange mit den Worten ringt, bis er das richtige gefunden hat. »Kommunizieren«, sagt er, »das hört sich so hochtrabend an. Mir schwätzet einfach.« Streich trägt keine Maske und mag keine Floskeln. Er kann und will nicht lügen, sagen die, die ihn kennen. Man spürt, dass er er selbst bleiben will, so schwer das in seinem Beruf auch ist. Er wirkt manchmal etwas kauzig. Vor allem aber authentisch. Darum mögen die Schwarzwälder ihn auch so. Wenn es nach ihnen ginge, dürfte sich Streich für die nächsten hundert Jahre an den Verein binden.

Kontinuität hat man in Freiburg schon immer geschätzt. Der frühere Präsident Achim Stocker hat dem Sport-Club 37 Jahre lang vorgestanden, so lang wie kein anderer Präsident der Liga. 1991 holte er Volker Finke an die Dreisam. Der blieb 16 Jahre lang, auch das ist einsame Spitze. Damals galt der Verein noch als »Studentenclub«, weil ein paar Spieler an der Uni eingeschrieben waren, und als »Ökoverein«, weil die Südtribüne die erste Solaranlage in einem Bundesligastadion bekam. 1993 gelang erstmals der Aufstieg in die Bundesliga. Der damalige Manager des VfB Stuttgart meinte, dass sie jahrelang alles falsch gemacht hätten, wenn die Freiburger sich im Oberhaus halten würden. Ich weiß nicht, was Dieter Hoeneß zur Zeit macht. Der SC jedenfalls ist immer noch da.

Anfang der Neunziger war Fußball noch nicht das rundumvermarktete Massenphänomen, das sich alle Kreise der Gesellschaft erschlossen hat. Fernsehgelder flossen längst nicht so üppig, der Großteil der Einnahmen kam noch über das Kassenhäuschen rein. Als Achim Stocker 2009 starb, erinnerte sich Uli Hoeneß an einen tollen Präsidenten, »der hemdsärmelig im VIP-Raum die Brötchen geschmiert hat, als es dem Klub noch nicht so gut ging.« Bundestrainer Jogi Löw, der in den Achtzigern beim SC spielte, erzählt, dass man damals immer Angst vor den finanziellen Folgen eines Aufstiegs in die Erste Liga hatte. Das konnte man auch am Stadion ablesen. Stieg der Verein ab, wurden die Ausbauarbeiten unterbrochen, stieg er wieder auf, ging es weiter.

In der Mannschaft standen Typen wie Freiburgs Urgestein Charly Schulz. Schulz spielte schätzungsweise zwei Jahrzehnte beim Freiburger FC, lange Zeit der führende Fußballclub in der Stadt, und wechselte 1982 zum Sport-Club, wo er noch mal gefühlte fünfzig Jahre spielte. Er war ein gestandener Zweitligaspieler, ein Abräumer und Verteiler, der nie in Hektik verfiel und ab und zu den tödlichen Pass spielte. Ein paar Berliner Freizeitkicker mit Schwarzwälder Wurzeln tragen ihn seit Jahren in großen Lettern auf ihren Trikots: *Kommando Charly Schulz*. Ich bin einer von ihnen.

Der Sport-Club war einer der ersten Vereine, die eine eigene Ausbildungsstätte ins Leben riefen. Heute genießt die Freiburger Fußballschule einen sehr guten Ruf. Unter Christian Streich gewann die U19 einmal die Deutsche Meisterschaft und dreimal den DFB-Junioren-Vereinspokal. In den vergangenen acht

Spielzeiten waren immer mindestens neun Spieler aus der Fußballschule im Profi-Kader. Man geht sehr verantwortungsbe-
wusst mit den Schützlingen um. Sie müssen parallel eine Lehre
oder das Abitur machen. Schließlich schaffen es nur die wenigsten, später von ihrem Hobby zu leben. Die Spielergewerkschaft
VdV schätzt, dass 25 Prozent der Spieler am Karriereende pleite
und »von Staatsleistungen oder ihrer Frau abhängig« sind.

Rund ging es unter Finke eigentlich nur einmal. Das war
2006, als die Vereinsführung beschloss, sich von ihm zu tren-
nen. Die Mannschaft spielte damals in der Zweiten Liga und
lag zur Winterpause nur wenige Punkte von einem Abstiegsplatz entfernt. Stocker hatte riesengroße Angst, das finanzielle
Fundament für den Club und das Fußballinternat zu verlieren.
Weil Finkes Verdienste so immens waren, entließ man ihn nicht
fristlos, sondern ließ den Vertrag zum Saisonende auslaufen.
Auch das hatte es in der Bundesliga so wohl noch nicht gegeben. Doch dann passierte, womit niemand gerechnet hatte und
was der ersehnten Ruhe nicht förderlich war. Die Mannschaft
fand zu alter Stärke und ihrem erfolgreichen Kurzpassspiel
zurück und gewann wieder. Und im Stadion ging es drunter
und drüber. Wo seit hundert Jahren Friede, Freude, Eierkuchen
geherrscht hatten, gab es Wortgefechte und Streitereien, Flug-
blattaktionen und Shitstorms (die man damals noch nicht so
nannte). *Wir sind Finke* versus *Finke raus*. Unaufhörlich kletterte
die Mannschaft in der Tabelle nach oben. Sie spielte die beste
Rückrunde, die einer Zweitligamannschaft jemals gelang. Dem
altgedienten Präsidenten ging das alles sichtlich an die Nieren.
Diese Wochen und Monate müssen eine Tortur für Stocker
gewesen sein, der seit Jahren kein Spiel seiner Mannschaft mehr
live gesehen hatte, weil ihn das viel zu sehr aufregte. Am Ende
verpasste Freiburg den Aufstieg um wenige Punkte. Finke ging
2007. Bald darauf verstarb Stocker.

Ein bisschen Veränderung muss aber auch sein. So wird seit
Längerem ein neues Stadion diskutiert. Aktueller Stand ist, dass

es beim Flugplatz gebaut wird. Größer und vor allem praktischer soll es sein. Das alte steht in der Schwarzwaldstraße, inmitten eines Wohngebiets. Jeden zweiten Samstag bricht hier das Verkehrschaos aus. Aber es ist halt auch gemütlich, an der Dreisam *ins Stadion hintere* zu radeln, um den SC in seinem engen Schmuckkästchen spielen zu sehen, für manche das schönste der Liga. Eng und kompakt ist es und ohne Laufbahn, man sieht alles und kann die Spieler rufen und schnaufen hören. Hinter der Nordtribüne sieht man die dicht bewachsenen Hügel des Stadtwalds, man hört die Dreisam rauschen und im Sommer die Kinder im benachbarten Schwimmbad herumtoben. Na ja, zumindest in früheren Bauabschnitten war das so. Deswegen sind auch nicht alle mit einem Wechsel einverstanden. Sie fürchten einen seelenlosen Bau auf freier Fläche.

Aber der Platz ist auch fast fünf Meter kürzer als andere, weswegen er nur mit Sondergenehmigungen von DFL und UEFA bespielt werden darf. Und er hat ein Süd-Nord-Gefälle von einem Meter, auch das gibt's nirgendwo sonst. Als Zuschauer bemerkt man davon aber nichts. Manchmal mosern gegnerische Spieler, vor allem nach einer Niederlage. Zu Unrecht, meint Christian Streich. »Wenn Sie am Mittelkreis stehen und nicht auf die Bande schauen und es nicht vorher wissen, können Sie nicht sagen, wo es hoch und wo es runter geht. Das ist wie mit dem Weiß- und dem Grauburgunder bei einer Blindverkostung. Da trinken die Leute blind und sagen, das ist ganz klar Pepsi, dabei war es Coca-Cola.« Alles klar?

Christian Streich hat mehrmals gesagt, dass er nicht länger als zehn Jahre lang Cheftrainer sein will. Spätestens 2022 wird er die Familie also verlassen. Anzunehmen, dass sein Nachfolger jetzt schon irgendwo beim Sport-Club arbeitet. Als B-Jugend-Trainer oder bei den Alten Herren. Vielleicht ist es ja auch eine Frau. Zuzutrauen wäre es diesem Verein, der immer alles gleich macht und immer alles ein bisschen anders.

Lange Anfahrtswege zur Kunst.

Schwarzwaldmaler und Lebenskünstler

Als Kunstfreaks sind die Schwarzwälder bisher nicht in Erscheinung getreten. Dabei befindet sich in Oberried am Schauinsland ein stillgelegter Bergwerkstollen, dem nichts und niemand das Wasser reichen kann, rein kunstmäßig. Dort, im tiefsten Innern des Bergs, befindet sich das gesamte Kulturgut unseres Landes. Beziehungsweise Kopien davon. In 1400 luftdichten Edelstahlbehältern lagern rund 1,5 Milliarden Mikrofilme, auf denen alles aufgenommen ist, was in Deutschland jemals geschaffen wurde. Fast alles, denn in einem guten Jahr schaffen die Sicherungsverfilmungsstellen des Bundes und der Länder rund 15 Millionen Einzelaufnahmen, und da wir alle immer weiter produzieren, werden sie niemals fertig werden. Diese Art der Einlagerung ist eine ziemlich einmalige Sache, die sich sonst nur noch die Schweiz leistet. Bei dem Material handelt es sich um »Archivalien der Dringlichkeitsstufe 1«, das heißt um »nationales Archivgut mit besonderer Aussagekraft über die Geschichte und die Kultur unseres Landes und Volkes«. Gefahr droht von allen Seiten, das kann ein Krieg sein, Hochwasser oder ein atomarer Unfall. Entsprechend streng wird der Stollen bewacht. Als der Bund Anfang der Siebziger anfing, ihn auszubauen und die heiße Ware einzulagern, geschah das noch unter Ausschluss der Öffentlichkeit. Auch die Gemeinde Oberried wurde nie informiert, wenn mal wieder Einlagerungen vorgenommen wurden. Mittlerweile geht man relativ offen damit um. Trotzdem ist der Stollen für die Öffentlichkeit nicht zugänglich. (In einen anderen Stollen übrigens sollte sich bis vor ein paar Jahren die baden-württembergische Landesregierung im Fall eines Atomschlags oder eines anderen Großunglücks zurückziehen. Heutzutage nutzt eine Firma den Bunker bei Oberreichenbach im Nordschwarzwald, die Daten-Backups privater Großunternehmen für den Fall eines Atomschlags oder eines anderen Großunglücks herstellt und schützt.)

Freiburg tritt auf der großen Landkarte der Kunst eher als weißer Fleck in Erscheinung. Es gibt das Münster und das Augustinermuseum. Das Museum für Neue Kunst in der Marienstraße fristet eher ein Schattendasein. Obwohl man es in wenigen Minuten erreichen kann, verirren sich nur wenige Menschen hierher. Daran ändern auch abstrakte Kunst der Fünfzigerjahre und Werke von Dix, Feininger und Kirchner nichts. Einmal hat eine Kuratorin aus der Not eine Tugend gemacht und die Ausstellung »Kunst von hinten« organisiert, in der nur Rückseiten von Bildern zu sehen waren. Das war mal was anderes. Aber es wurde nach dem vierten Bild auch ein wenig langweilig.

Freiburg befindet sich in einer Zwickmühle. Man muss den Menschen etwas bieten, hat aber kein Geld. Was man hat, ist Raum. Den füllt man mit dem, was da ist, und das ist mangels Geld nicht viel. Als Besucher schleicht man verwirrt die wenigen Exponate ab und traut sich nicht, früher zu gehen, weil der Bilderbewacher so traurig guckt. Aber die Toiletten sind immer blitzsauber und kostenfrei, und das ist bei einem Städtebesuch ja auch nicht unwichtig.

Aber dieses Kapitel wäre nicht Teil einer *Gebrauchsanweisung*, wenn es im Schwarzwald nicht doch den ein oder anderen

Kunst-Farbtupfer gäbe, der eine Reise wert ist. Die Rede ist von der Achse Baden-Baden–Weil–St. Georgen–Karlsruhe. In diesen vier sehr verschiedenen Städten wird auf ganz unterschiedliche Art und Weise moderne und zeitgenössische Kunst präsentiert.

Machen wir uns also wieder auf die Reise, setzen wir uns ins Auto oder den Zug und klappern die Kunstoasen des Schwarzwalds ab. Machen Sie es sich bequem, wir werden ein Weilchen unterwegs sein. Sie brauchen nicht zu rasen, man schafft sowieso nicht alle an einem Tag.

Museum Frieder Burda, Baden-Baden

In einer Stadt wie Baden-Baden überrascht es am wenigsten, ein Museum von Weltruhm anzutreffen. Die beiden entscheidenden Faktoren sind hier vertreten: Geld und ein internationales Publikum.

Als »Juwel im Park« bezeichnete der New Yorker Richard Meier das Museum Frieder Burda. Meier ist der Architekt, der das Gebäude entworfen hat. Er erhielt dafür den *Honor Award* des *American Institute of Architects* und den *European Award* des *Royal Institute of British Architects*. Weißer Solitär und viel Glas dominieren den Bau auf der Lichtentaler Allee (die ja selbst schon von musealer Schönheit ist) direkt neben der Staatlichen Kunsthalle.

Zu Beginn konnte man die Gemälde nicht richtig betrachten, wenn die Sonne mittags hineinschien. Durch große verstellbare Jalousien, die an den Glasfronten angebracht wurden, hat man das Problem in den Griff bekommen. Innen bewegt man sich auf einer Rampe durch drei offene Etagen. Die Wände sind groß genug, um großformatige Gemälde zur Wirkung kommen zu lassen. Das Einzige, was einen hier von den Kunstwerken ablenkt, sind das Museum selbst und der schöne Park, den man ständig vor Augen hat.

Ausgestellt wird, was die Sammlung des Bauherrn hergibt. Frieder Burda, der Sohn des berühmten Verlegers (nicht der, der die Schauspielerin geheiratet hat, sondern dessen Bruder), sammelt moderne und zeitgenössische Künstler wie Mark Rothko, Jackson Pollock, Willem de Kooning, Sigmar Polke, Georg Baselitz, Markus Lüpertz und Gerhard Richter.

Immer, wenn ich das Museum besuche, gehe ich anschließend durch die gläserne Brücke hinüber zur neoklassizistischen Staatlichen Kunsthalle, die direkt danebensteht. Dort öffnet sich automatisch eine Glastür, und jedes Mal denke ich kurz, sie tue das exklusiv für mich. Das ist das Baden-Badener Gefühl. Jeder Gast ist etwas Besonderes. Die Kunsthalle bietet Kandinsky, Picasso und andere moderne Klassiker. Vor allem aber ein Café mit wohlschmeckenden Kuchen und einer sagenhaft schönen Terrasse.

Vitra Design Museum, Weil am Rhein

Liegt Weil am Rhein überhaupt noch im Schwarzwald? Eigentlich nicht. Sei's drum, das Städtchen kurz vor der Schweizer Grenze muss man auch nicht unbedingt gesehen haben. Das Vitra Design Museum dagegen schon. Das *Museum*, wie gesagt, nicht unbedingt das, was in ihm ausgestellt wird. Vitra ist ein in der Schweiz ansässiges Unternehmen, das Designmöbel herstellt und hier Exponate seiner umfangreichen Sammlung moderner Möbelklassiker präsentiert. Ein bisschen ist das wie der Besuch eines Möbelhauses an einem Besichtigungssonntag, wenn man nichts kaufen darf.

So viel hochklassige Architektur auf so engem Raum findet man nirgendwo sonst. 1981 hatte ein Brand große Teile der Werkshallen vernichtet. Für den Wiederaufbau und die weiteren Gebäude wurden Architekten engagiert, deren Entwürfe dem Areal einen unverwechselbaren Stil geben sollten. Hier ist alles vertreten, was Rang und Namen hat. Die Fabrik stammt von Nicholas Grimshaw, die mit Ziegeln verkleidete Montagehalle von Álvaro Siza, das benachbarte Feuerwehrhaus von Zaha Hadid (das erste realisierte Werk der Londoner Stararchitektin!), das runde Zelt ist von Richard Buckminster Fuller, und das schmale Tankstellenhäuschen hat Jean Prouvé entworfen. Architektonisches Herzstück aber sind der dekonstruktivistische Konferenzpavillon von Tadao Ando und das spielerische, schillernde, verschrobene Museum selbst, das von niemand Geringerem stammt als Frank O. Gehry. Es sieht ein bisschen aus wie der kleine Bruder des weltberühmten Kunstmuseums in Bilbao. Wer sich eine Reise ins Baskenland nicht leisten kann, sollte nach Weil am Rhein kommen. Architekturführungen werden täglich angeboten.

Sammlung Grässlin, St. Georgen

Schön ist schon die Anfahrt, denn St. Georgen liegt mittendrin im Schwarzwald zwischen Triberg, Schramberg und Villingen-Schwenningen und ist nur über ebenso kurven- wie aussichtsreiche Pass- und Tälerstraßen erreichbar. Früher wurden hier Schallplattenspieler und Tonbandgeräte hergestellt, aber seit diese Betriebe dichtgemacht haben, ist nicht mehr viel los. 3000 Menschen arbeiteten ehemals bei Dual. Heute niemand mehr. In den letzten Jahren mussten zahlreiche Geschäfte in der gemütlichen Innenstadt schließen. Das führte zu einem der eigenwilligsten Kunstprojekte der letzten Zeit. Die Familie Grässlin, die ihr Geld mit Zeitschaltuhren verdient hat, stellt in vielen leer stehenden Läden und Einzelhandelsgeschäften Kunst aus. Gezeigt werden Werner Büttner, Albert Oehlen, Mike Kelley, Cosima von Bonin, Tom Burr und andere Vertreter des Informel und der Arte Povera. Und immer wieder Martin Kippenberger. Der Frühverstorbene war so etwas wie ein Ziehsohn der Familie und kam regelmäßig zur Erholung in den Schwarzwald. Auch wenn er heute längst anerkannt ist und in den großen Museen der Welt ausgestellt wird – im beschaulichen St. Georgen wirkt er immer noch wie ein Fremdkörper. Die Titel seiner Werke sind legendär. *Berlin bei Nacht, Große Wohnung nie zu Hause* oder der *Entwurf Verwaltungsgebäude für Müttergenesungswerk Paderborn.* Berühmt ist auch der riesige *Transportable Lüftungsschacht,* der auf einer Wiese am Rand des Ortskerns steht, gegenüber einer Tankstelle. Wenn man nicht wüsste, dass er ist, was er ist, würde man ihn glatt übersehen. So, wie man auch bei manchem Schaufenster nicht immer mit Sicherheit sagen kann, ob es sich nun um einen Kunstraum handelt oder nicht vielleicht doch eher um das offene Lager eines ortsansässigen Handwerksbetriebs. Und damit ist man schon in einen Dialog mit den Werken getreten.

Seit 2007 gibt es ein eigenes Museum. Der *Kunstraum Grässlin* ist ein schlichter Kubus aus Beton, in dem in wechselnden Ausstellungen Exponate aus der familieneigenen Sammlung gezeigt werden. Im angeschlossenen Restaurant *Kippys* gibt es schöne, sonnenbeschienene Tische und täglich wechselnde Gerichte. Vom Feinsten. Sabine Grässlin, die der Küche vorsteht, hat bei Witzigmann gelernt.

Karlsruhe

Karlsruhe genießt eher den Ruf einer biederen Beamtenstadt als den einer Kunstmetropole. Die Generalbundesanwaltschaft hat hier ihren Sitz, das Bundesverfassungsgericht und der Bundesgerichtshof. So etwas prägt. Die populären langen Nächte der Museen hat Karlsruhe um die lange Nacht des Rechts erweitert, in der Veranstaltungen zur Freiheit der Kunst, zu Menschenrechten, zur Rechtsgeschichte angeboten werden und in der Bundesrichter rechtshistorische Spaziergänge durch die Stadt leiten.

Die Staatliche Kunsthalle, die direkt an die wunderschöne Orangerie und die Gewächshäuser des Botanischen Gartens an schließt, nennt eine bedeutende Gemäldesammlung ihr Eigen. Hier merkt man die Vergangenheit als ehemalige Hauptstadt Badens. Grünwald, Grien, Dürer, Rembrandt, Poussin, Friedrich, Corinth, Renoir, Gaugin, Cézanne, Macke, Ernst, Kandinsky und Dix in den oberen Stockwerken in allen Ehren – aber was sind sie gegen die Bilder von Hans Thoma? Thoma war der König der Schwarzwaldmaler. Er wurde 1839 in Bernau geboren, ging bei einem Uhrmacher in die Lehre, um sich schließlich an der Kunsthochschule einzuschreiben. Er lebte lange in Frankfurt am Main, ehe er Direktor der Kunsthalle und Professor an der Staatlichen Kunstakademie in Karlsruhe wurde. Der badische Großherzog Friedrich I., der größte Fan und Förderer des Meisters, regte 1904 ein eigenes Thoma-Museum an. Dieses wurde nach einigem Hin und Her in die Kunsthalle integriert und ist heute im Untergeschoss zu finden. Im Zentrum steht die große Thoma-Kapelle mit dem Gemäldezyklus *Das Leben Christi*. Dieser eigenwillige Mix aus Jugendstil und christlicher Erweckung vermag nicht jeden zu begeistern, aber die Schwarzwaldbilder, die an den Wänden links und rechts davon hängen, sind immer noch wunderschön anzuschauen. Man sieht, dass sich Thoma von einer Reise nach Paris und den dort lebenden Malern inspirieren ließ.

In den Anfängen seiner Karriere noch verlacht und ausgebuht, stieg seine Reputation im Lauf der Jahre immer mehr an. Er wurde einer der wichtigsten lebenden deutschen Maler überhaupt. Der eigensinnige Künstler schimpfte über den Kunstmarkt und malte alles, was dieser verlangte: neben den Landschaften und Porträts auch Postkartenbücher, Gebrauchsgrafik und Kinderfibeln. »Lieblingsmaler des Deutschen Volkes« nannte ihn *Meyers Großes Konversations-Lexikon*. Auch die Nationalsozialisten mochten ihn. Für die NS-Kulturgemeinde im Frankfurter Städel war Thoma »ein urdeutscher Künstler, der das Sinnen und Denken, das Träumen und Ahnen der Deutschen und die Schönheit der Natur darstellte.« Hitler gefielen seine Bilder so gut, dass er viele davon für sein Führermuseum in Linz zusammentragen ließ. Das machte Thomas Werk in der Nachkriegszeit natürlich sehr verdächtig. Jahrzehntelang galt er als zu deutscher Maler und wurde rechts liegen gelassen. Mittlerweile findet eine Neubewertung seines Werkes statt. Seine religiösen und mythologischen und mystischen Szenerien, die er sich bei Böcklin angeschaut hat, vermögen immer noch nicht zu beeindrucken. Aber seine Landschaften brauchen sich nicht vor seinen europäischen Zeitgenossen zu verstecken. Ihnen wohnt ein Zauber inne, der uns heute wieder anspricht.

Andere Schwarzwaldmaler hießen Felix Faller, Wilhelm Hasemann, Fritz Reiß, Curt Liebich oder Hermann Dischler. Letzterer nannte sich selbst »Schneemaler.« Meist nach fotografischen Vorlagen gemalt, sehen seine Winterlandschaften oft aus wie mit Himbeerjoghurt gemalt.

Viele Schwarzwaldmaler fanden sich in der Gutacher Künstlerkolonie zusammen. Ihren Erfolg erklärte der Tübinger Philosoph Friedrich Theodor Vischer damit, dass Landschaftsmalerei heute bedeutsamer als früher sei. Früher, schrieb er 1842, habe man sich noch nicht »nach dem Frieden der Natur als nach einem verlorenen Gute gesehnt.«

Die Schwarzwaldmaler haben vielleicht nicht gerade die Kunstgeschichte revolutioniert. Aber mit ihren Landschaften, Häusern und Menschen sind sie mit für das Schwarzwald-Bild verantwortlich, das heute noch in unseren Köpfen herrscht. Auf ihnen sind die Täler lieblich und schön, die Menschen gesund und erdverbunden und das Leben manchmal rau, aber immer authentisch. Nur wenige dieser Künstler waren übrigens gebürtige Schwarzwälder. Sie sind fast alle irgendwann hierhergezogen.

Unterstützt wurden sie in ihrem Wirken von einem Einheimischen. Ludwig Auerbach war ein Kaufmann aus Pforzheim, dem im Leben nicht allzu viel Glück widerfahren war. Er wollte

Dichter werden, musste aber die Schmuckfabrik des Vaters übernehmen. Den Erzählungen, die er trotzdem schrieb, war kein großer Erfolg beschieden. Die Fabrik führte er in den Konkurs, danach heuerte er in einer Papierfabrik an, die ebenfalls den Bach runterging. Als er 1881, im Alter von 41 Jahren, einem Herzinfarkt erlag, hinterließ er eine mittellose Frau und zwei kleine Kinder. Dennoch hat Ludwig Auerbach sich mit einem einzigen Gedicht unsterblich gemacht. Er ist der Verfasser des Klassikers der Schwarzwald-Lyrik schlechthin: *O Schwarzwald, o Heimat, wie bist du so schön.* Darin wimmelt es von rauschenden Wäldern und lauschigen Tälern, traulichen Mühlen und schwarzdunklen Höhn, es wird getanzt und gesungen, gewandert und getrunken. Das Gedicht wurde unzählige Male gedruckt, zitiert und vertont und prägt ebenfalls bis heute das Bild, das wir vom Schwarzwald haben. Wenn Sie den ganzen Text lesen wollen, gehen Sie einfach ins nächstbeste Souvenirgeschäft. Es steht auf vielen Postkarten. Womöglich ahnte Auerbach sein frühes Ende, als er das Gedicht mit folgenden Zeilen enden ließ: *Und kommt einst mein Stündlein, bei dir nur allein, von dir überwölkt, will begraben ich sein.* Sein Wunsch ging in Erfüllung. Er liegt auf dem Hauptfriedhof in Pforzheim begraben.

In Karlsruhe öffnete 1825 die erste Technische Hochschule Deutschlands ihre Pforten, die auf ein Ereignis der besonderen Art zurückblicken kann. Von hier wurde Deutschlands allererste echte E-Mail verschickt! 1984 schrieb Werner Zorn, der am Rechenzentrum der Universität arbeitete, eine offizielle Nachricht an das US-amerikanische CSNet. Ob er ahnte, dass dieser für einen Menschen kleine Knopfdruck zu einem riesengroßen für die Menschheit werden würde?

Von E-Mail und Internet ist es nur noch ein kleiner Schritt hin zu einem Museum, das schon wieder seinesgleichen sucht: das Zentrum für Kunst und Medien, kurz ZKM. Ursprünglich sollte es mal einen eigenständigen Bau bekommen. Den Architekturwettbewerb gewann damals niemand Geringerer als Rem

Kohlhaas. Doch dann ging der Stadt das Geld aus, und die Pläne verschwanden in der Schublade. Man zog sie nur wieder raus, um sie endgültig ad acta zu legen und das ZKM in einer ehemaligen Munitionsfabrik unterzubringen. Schließlich wurde es in direkter Nachbarschaft zur hermetisch abgeriegelten Generalbundesanwaltschaft eröffnet. Was wie eine Notlösung klingt, hat sich als Glücksgriff erwiesen. Das 312 Meter lange Gebäude mit seinen drei Stockwerken und zehn riesigen Lichthöfen ist wahrlich ein Kulturpalast geworden. Außer dem ZKM befinden sich hier noch die Hochschule für Gestaltung sowie die Städtische Galerie, die Lüpertz, Baselitz, Kirkeby, Förg, Höfer, Polke, Immendorff, Trockel und Penck ausstellt. Am anderen Ende des Baus befindet sich das Museum für Neue Kunst, auch »Sammlermuseum« genannt. Dieses zeigt neben städtischen Besitzungen auch die hochkarätigen privaten Sammlungen Fröhlich, Grässlin und Weishaupt.

Ziel des ZKM war es, wie Gründungsdirektor Heinrich Klotz formulierte, »künstlerische und medientechnologische Resultate für die Zukunft fruchtbar zu machen und unter Beteiligung der besten schöpferischen Kräfte eine Synthese der Künste und Medientechnologie anzustreben«. Heutzutage, da im Netz alles mit allem verschmolzen ist, jeder seinen eigenen Film drehen und zeigen kann und Smartphones Abertausende von Funktionen haben, wirkt der Begriff »Medienkunst« eigentümlich antiquiert. Kreative Innovationen kommen längst nicht mehr aus der Kunst, sondern aus den elektronischen Unterhaltungskonzernen.

Nichtsdestotrotz ist das Haus einzigartig. Neue Exponate stehen neben Klassikern von Nam June Paik und Bruce Nauman, und so manches fossile Relikt erinnert an eine nicht allzu ferne Vergangenheit, in der Teletennis die Avantgarde des Videospiels war. Viele Werke setzen bewusst auf Interaktion mit dem Besucher, man darf also anfassen, Knöpfchen drücken und durchgucken.

Am beeindruckendsten finde ich den *Zuse Z22* aus dem Jahr 1957, den ältesten noch voll funktionsfähigen Röhrenrechner der Welt. Dieser »Computer«, der rund tausend Kilogramm wiegt und mit Lochstreifen funktioniert, wurde bis in die Siebzigerjahre von der Fachhochschule Karlsruhe benutzt. Jedes Mal, wenn ich vor diesem Dinosaurier stehe, der tatsächlich mal das Nonplusultra der digitalen Datenverarbeitung war, muss ich an all die technischen Erfindungen der letzten fünfzig Jahren denken und frage mich, welche Überraschungen die Zukunft wohl noch für uns bereithält. Meine Einbildungskraft reicht nicht mal bis zur nächsten Tablet-Generation. Wenn Sie den *Z22* in Aktion erleben wollen, müssen Sie sonntags herkommen. Immer Punkt 14 Uhr wird er für das Publikum angeworfen.

Wem das zu technisch ist, der komme am ersten Freitag in jedem zweiten Monat. Da leiten abwechselnd katholische und evangelische Theologen die Führung und regen zu gedanklichen Überschreitungen an. So was gibt es auch nicht überall.

Ein letzter Tipp: Familien treffen sich hier gern zum sonntäglichen Kaffee und Kuchen. Der erste Lichthof, in dem sich Kasse und Museumsshop befinden, ist so hell und so weitläufig, dass kleine Kinder unbeobachtet herumspringen und -krabbeln, während die Erwachsenen im Café sitzen und sich unterhalten können. Sie wissen: Schon ein paar Minuten können Gold wert sein.

Das Kunstinteresse der Karlsruher in allen Ehren – aber die 200 000 Zuschauer pro Jahr, die das ZKM angeblich braucht, waren vielleicht doch etwas hoch gegriffen. Ohne die Schulklassen, die regelmäßig kommen, würde man sie bestimmt nicht zusammenkriegen. Dabei geht es dem ZKM immer noch besser als dem Designer Luigi Colani, der in der Nancyhalle einen Ausstellungsraum mit seinen Werken gefüllt hatte. Man kann zu seinen organischen Schuhlöffeln, Computern und LKWs stehen, wie man will – es war ein Erlebnis, wenn der Meister mal wieder persönlich die Tickets verkaufte und ruppig durchs Museum brüllte, wenn ein paar Kinder zu viel Quatsch machten. Als die Stadt die Zuschüsse verweigerte, musste das Museum 2007 seine Pforten wieder schließen. Vielleicht zu Recht. Auf die Frage der *Badischen Neuesten Nachrichten*, wie viele Besucher er pro Tag habe, antwortete Colani, der nach eigenen Angaben in Japan wie eine Gottheit behandelt wird: »Fünf bis sieben.« Die Karlsruher waren wohl noch nicht reif für seine Arbeit. Aber das kommt schon noch, denn schließlich sagte Colani auch: »Ich eile dem Zeitgeist um zehn bis fünfzehn Jahre voraus.«

Nachtrag: Das Holbein-Pferdle

Auch Freiburg hat etwas zu bieten, das nicht unerwähnt bleiben darf. An einem unscheinbaren Platz in der Wiehre steht eines der originellsten und demokratischsten Kunstwerke überhaupt.

Nirgendwo sonst ist die Kunst am öffentlichen Bau so konsequent als Kunst für alle und von allen begriffen worden wie an der Holbein-, Ecke Hans-Thoma-Straße. Auf dem Anselm-Feuerbach-Platz steht das sogenannte Holbein-Pferdle, ein sechzig Jahre altes, knapp zwei Meter hohes Beton-Fohlen des Künstlers Werner Gürtner. Anfang der Achtziger haben zwei Buben das Pferdle erstmals bunt angemalt. Anderen gefiel das so gut (oder so schlecht), dass sie es ihrerseits bemalten. Was wiederum die nächsten animierte, es erneut zu übermalen. So geht das bis heute. Der Umfang des Pferdles wächst jährlich um drei Millimeter. Es bekommt zu allen möglichen privaten und öffentlichen Anlässen einen neuen Anstrich und ist so zur chamäleonhaften Zeittafel der letzten dreißig Jahre geworden. Es wird immer wieder aufs Neue bemalt, verkleidet und versteckt, der Phantasie sind keine Grenzen gesetzt. Je bunter und einfallsreicher, desto besser. Es war der Glückwunsch zu Hochzei-

ten, bestandenen Prüfungen und Aufstiegen in die Erste Fußballbundesliga. Es war Professor, Superman und Lady Di, es
trug Bikini, Strapse und Fußballtrikots, es warb für Milka,
Coca-Cola und die Deutsche Post, es war Zebra, Einhorn und
Tigerente, es trug ein Hirschgeweih, Teufelshörner und Ele-
fantenohren aus Pappmaschee. Als Trojanisches Pferd war es
auch schon unter einer Holzkiste verschwunden. Die musste
allerdings genehmigt werden.

Als ein Freiburger Grafiker das wechselvolle Dasein zu foto-
grafieren und als Postkarten zu verkaufen begann, zogen die
Erben des Bildhauers vor Gericht. Sie wollten wissen, ob der
Grafiker das Werk ihres Vorfahren zu gewerblichen Zwecken
abfotografieren darf. Urteil: Er darf. So lange er es nicht in seinem Erscheinungsbild verändert.

Wie man sich selbst finden kann.

Esoteriker, Spiritualisten und andere Sinnsucher im Schwarzwald

Vor vielen Jahren – ich war Student und lebte in Freiburg – habe ich mich in Tai-Chi versucht. Einmal pro Woche besuchte ich einen Anfängerkurs, der in einer kleinen renovierten Kapelle im Stadtteil St. Georgen stattfand, die eine Bodenheizung hatte und auch sonst sehr gemütlich war. Dem Kursleiter, einem halb blinden Kirchenorganisten, entging nie, wenn ich zu Hause nicht geübt hatte, was eigentlich immer der Fall war. Weil meine damalige Freundin darauf bestand, meldete ich mich auch zum Aufbaukurs an. Der traf sich aber nicht mehr in der stimmungsvollen Kapelle in St. Georgen, sondern in einem kalten, nüchternen Speicher einer Gesamtschule in Haslach. Machte es vorher schon nur bedingt Spaß, ständig im Ablauf der Figuren hinterherzuhinken, war es in diesem kreidestaubgeschwängerten Raum ganz vorbei, und nach drei Sitzungen ging ich nicht mehr hin. Später versuchte ich mich noch in einer fernöstlichen Atemtechnik, an deren Namen ich mich nicht mehr erinnern kann. Ich weiß nur noch, dass der Kurs in einer *sehr* großen und *sehr* schönen Altbauwohnung in der Freiburger Wiehre abgehalten wurde und dass ich auch ihn lange vor seinem offiziellen Ende wieder aufgab.

Ich hätte genauso gut eine Reinkarnation machen können oder NLP, Zen-Buddhismus oder Familienaufstellung, Feldenkrais oder Qigong. Ich hätte einen Vortrag über dauerhaften inneren Frieden besuchen oder mir die Karten legen lassen können. Ich hätte eine existenzialpsychologische, eine ganzheitliche oder eine Delfintherapie machen können.

In keiner anderen Stadt sucht man so gern und so gut nach sich selbst wie in Freiburg. Nirgendwo sonst werden so viele verschiedene Therapieformen in so vielen verschiedenen Einrichtungen und Praxen angeboten. Die Monatszeitschrift *Esotera* erschien jahrelang im Freiburger Hermann Bauer Verlag. Als der Dalai-Lama das letzte Mal in Deutschland war, kam er selbstverständlich auch nach Freiburg. Tagelang standen Hunderte vor dem Tibet-Kailash-Haus in der Wallstraße, um eine der raren Karten zu ergattern.

Die vielen Institute und Akademien sind dem universitären Charakter der Stadt geschuldet. Es gibt eine Zen-, eine Universale, eine Multiversale Akademie und eine für Vedische Wissenschaft, ein Institut für Humanistische Astrologie und eins für Grenzgebiete der Psychologie und Psychohygiene. Letzeres legt Wert darauf, weder Anschriften von Hellsehern, Rutengängern und anderen Medien noch Kontakte zu Menschen mit paranormalen Erfahrungen herzustellen. Journalisten, die eine publikumswirksame Story wittern – Uri Geller lässt grüßen –, haben keine Chance.

Deutschlands einzige parapsychologische Beratungsstelle bietet hier ihre Dienste an. Man versteht sich als wissenschaftlicher Dienstleister, der umstrittene Phänomene auf ihren Tatsachengehalt hin testet und Angebote des Psycho-Marktes auf Wirksamkeit, Preis-Leistungs-Verhältnis, Risiken und Nebenwirkungen untersucht. Wer durch parapsychologische Praktiken oder Anbieter in Schwierigkeiten geraten ist, findet hier ebenso Rat und Hilfe wie Mitglieder von Psychosekten, die den Ausstieg suchen.

Man kann all dieser Spiritualität auch nicht durch einen Ausflug auf die Schwarzwald-Höhen entfliehen. Auch dort haben sich zahlreiche Sekten, Sinnsucher, Heilbeter, Schamanen, Esoteriker, Hellseher, Magier und Satanisten niedergelassen. In den entlegensten Dörfern stößt man auf esoterische, hinduistische, buddhistische, keltische, urchristliche und okkulte Zirkel. Der Fiat-Lux-Orden hat sich in Ibach nahe der Schweizer Grenze niedergelassen, Uriella, das »Sprachrohr Gottes«, sagte hier schon mehrfach den Untergang der Welt voraus. Graf Dürckheim hatte einen Lehrstuhl für Psychologie in Berlin inne, arbeitete für Ribbentrops Außenministerium, kannte Hitler und fand in Japan Gefallen an der »soldatischen Orientierung« des Zen-Buddhismus, bis er in Todtmoos eine »existenzialpsychologische Bildungs- und Begegnungsstätte« gründete. In Buchenbach bei Freiburg steht eine anthroposophische psychiatrische Klinik und Rudolf Steiners *Goetheanum*, die Zentrale der internationalen Anthroposophie, findet sich im nahen Dornach bei Basel. Angeblich glaubte Steiner zu wissen, dass sich der Startplatz der Arche Noah in der Nähe von Freiburg befand.

Esoterik-Messen und Internet-Versandhandel sind längst feste Bestandteile eines Marktes, der von Angebot und Nachfrage geregelt wird. Wenn niemand zu Schaden kommt oder in ein emotionales oder ökonomisches Abhängigkeitsverhältnis gerät, ist das in Ordnung. Und solange es einem nicht so geht wie meinen Bekannten, denen auf ihrer Suche nach Erleuchtung irgendwann ein Licht aufging: Ein indianischer Schamane, bei dem sie meditierten, erzählte ihnen von Südamerika. Er wollte seinem Stamm, der in großer Armut lebte, unbedingt eine Schule und einen Brunnen bauen. Dafür hatten die Freunde Verständnis. Und gaben ihm Geld. Nach allem, was später durchsickerte, nicht ganz wenig. Bis sie irgendwann durch Zufall herausfanden, dass er das Geld nicht nach Südamerika geschickt, sondern in ein gebrauchtes Auto, ein Surfbrett und einen Besuch im Spielkasino Baden-Baden investiert hatte. Heute können sie darüber lachen, aber damals war der Ärger groß. Der Indianer verschwand genauso plötzlich, wie er aufgetaucht war. Sie haben ihn nie mehr wiedergesehen.

Warum siedeln sich ausgerechnet im Schwarzwald so viele Sinnsucher an? Atmet hier wirklich jeder Winkel Geschichte, wie ein Wanderführer zu magischen Orten schreibt? Verschlägt es die, die auf der Suche sind, in den Schwarzwald? In der Romantik enstanden Geschichten voller Elfen, Geister, Hexen und Gespenster. Viele Ortsnamen deuten darauf hin, dass die Menschen hier schon immer an Geister glaubten: Himmelreich, Siehdichfür, Notschrei, Finsterbach, Teufelswald, Teufelsstein, Schreckenstein, Bösenwald, Grusenloch, Höllental, Teufelsmühle, Gottesaue, Hexenloch, In der Höll, Höllgraben. Der Wald wurde mythisch aufgeladen, er wurde zum Zufluchtsort vor dem stressigen Großstadtleben. Genau wie heute.

Oder ist es der Schwarzwald selbst, der spirituelle Fragen auslöst? Es ist bekannt, dass der Südschwarzwald die höchste natürliche Radonstrahlung in Deutschland hat. Radon ist ein Zerfallsprodukt von Uran. In Menzenschwand bei St. Blasien im südlichen Hochschwarzwald gibt es sehr viel Uran. Gefährlich sind die Zerfallsprodukte, die sich in der Lunge ablagern und sie quasi von innen bestrahlen. Es ist eben nicht alles, was aus Mutter Natur stammt, gut für den Menschen. Selbst Nichtraucher haben hier ein erhöhtes Lungenkrebsrisiko. In Baden-Württemberg sterben jährlich 170 Menschen an durch Radon verursachten Lungenkrebs. Weil das geruchs- und geschmacklose Edelgas durch das Mauerwerk in Keller und Wohnungen eindringt, rät die Landesanstalt für Umweltschutz zur regelmäßigen Lüftung. Radon soll aber auch entzündungshemmend und schmerzlindernd wirken, weshalb es bei Rheumaerkrankungen oder Schuppenflechte eingesetzt wird. Aber »das Risiko der Strahlenexposition ist gegen den therapeutischen Nutzen der Radon-Balneotherapie individuell abzuwägen«, wie das Landesamt schreibt. Kindern, Jugendlichen und Schwangeren wird ganz von einer Radonkur abgeraten. Ein Edelgas mit so vielen Eigenschaften muss doch Einfluss auf uns Menschen haben!

Es gibt noch andere Kraftquellen. Der Belchen zum Beispiel, einer der höchsten Berge des Schwarzwalds. *Belchen* ist keltisch und meint einen Berg mit Kuppe. Esoteriker schätzen ihn, weil auf ihm schon die Kelten zur Tagundnachtgleiche zum Sonnengott Belenus gebetet haben. In der Schweiz und im Elsass gibt es weitere Belchen. Vom Gipfel des Schwarzwälder Belchen aus geht die Sonne am kürzesten Tag des Jahres exakt über dem in der Schweiz auf und zur Tagundnachtgleiche exakt über dem in den Vogesen unter. Kann das spurlos an den Menschen vorübergehen?

Obwohl oder gerade weil es hier so viele Esoteriker und Sinnsucher gibt, hat sich eine katholisch-konservative Privathochschule im Südschwarzwald eingerichtet. In Weilheim-Bierbronnen, wenige Kilometer von Waldshut entfernt, wurde 1988 die Gustav-Siewerth-Akademie gegründet, die sich um »die Erarbeitung einer Anthropologie und Gesellschaftslehre bemüht, die grundlegenden Überzeugungen des Christentums gerecht wird.« Außerdem sollen »eine konstruktive Kritik an nihilistischen Zügen des Zeitgeistes geübt« sowie »marxistische und neomarxistische Gesellschaftsbilder hinterfragt« werden. Weil der Hochschulbetrieb nicht die Kriterien einer staatlichen Hochschule erfüllt – unter anderem schwankt die Zahl der Studenten zwischen neun und dreißig (während das Ministerium mindestens tausend verlangt) –, wurde im Jahr 2013 die Zulassung entzogen.

Auch Karlsruhe wird gerne in einen spirituell-esoterisch-illuminatischen Zusammenhang gestellt. Weil 33 (Illuminatenzahl!) Straßen fächerförmig vom Schloss abgehen und auf die Kraftzentren im Schwarzwald gerichtet sind (in Wahrheit sind es nur 32, aber bei Verschwörungstheorien darf man nicht kleinlich sein), weil sich in der oberen Kreishälfte 13 (es sind

16, aber: Illuminatenzahl!) Straßen-Strahlen befinden und auf dem Marktplatz eine Pyramide (Illuminatensymbol!) steht, die zwei der wichtigsten Verfassungsorgane unserer Republik – das Bundesverfassungsgericht und den Bundesgerichtshof – direkt beeinflusst. Weil Thomas Jefferson, der Freimaurer und spätere Präsident der Vereinigten Staaten von Amerika, hier war. Und weil der Name Karlsruhe darauf hinweist, dass hier Karl der Große ruht, ein Mitglied der Bruderschaft der Schlange (Illuminatenbruderschaft!).

Spätestens jetzt sollten wir aus dieser geheimbündlerischen Kausalkette wieder aussteigen. Nicht Karl der Große, sondern Markgraf Karl Wilhelm ist unter der Sandsteinpyramide begraben. Auch nicht aus Glaubens-, sondern aus finanziellen Gründen. Als der Baumeister Friedrich Weinbrenner im Zuge der Neugestaltung der Stadt die Konkordienkirche abreißen ließ, beschloss man, dem Leichnam Karl Wilhelms, der darin aufgebahrt war, ein prunkvolles Grabmal zu errichten. Man stellte erst mal eine provisorische Pyramide aus Holz über den Sarkophag, die, als nach 16 Jahren absehbar war, dass die Finanzierung nicht klappte, durch Sandstein ersetzt wurde.

Hermann Hesse, einer der berühmtesten Sinnsucher der westlichen Welt, wurde 1877 in Calw geboren. 1946 erhielt er den Literaturnobelpreis, er ist der meistübersetzte deutsche Autor seit den Gebrüdern Grimm, seine Bücher wurden weltweit mehrere Hundert Millionen Mal verkauft, und es ist noch gar nicht so lange her, da waren der *Steppenwolf* und *Narziss und Goldmund* Pflichtlektüre jedes heranwachsenden Menschen. Hesse suchte sein ganzes Leben lang nach sich selbst. Allerdings nicht im Schwarzwald. Er bereiste Italien, Ostasien, Ceylon, Sumatra und Singapur. Er beschäftigte sich mit Buddha, indischer Literatur und Laotse und suchte das kosmische Ganze. Er träumte jahrelang von Indien, und als er dann endlich hinfuhr, fand er nur Dreck, Armut und Hitze und keine Spur von innerer Befreiung. Enttäuscht kehrte er nach Europa zurück. »Zwischen Bremen und Neapel«, schrieb er später im ersten Teil der *Gerbersauer Erzählungen*, »zwischen Wien und Singapur habe ich manche schöne Stadt gesehen, Städte am Meer und Städte hoch oben auf den Bergen, und aus manchem Brunnen habe ich als Pilger einen Trunk getan, aus dem mir später das süße Gift des Heimwehs wurde. Die schönste Stadt von allen aber, die ich kenne, ist Calw an der Nagold, ein kleines, altes, schwäbisches Schwarzwaldstädtchen.«

Trotzdem wollte er mit seiner Heimat nichts mehr zu tun haben. Als eine Delegation aus Calw im Tessin, wo er seinen Lebensabend verbrachte, vorstellig wurde, um anzufragen, ob das heimische Gymnasium seinen Namen tragen dürfe, hat er sie angeblich nicht eingelassen. Die Schule ist heute trotzdem nach ihm benannt. Man hat sich auf postalischem Wege verständigt.

Auch Martin Heidegger suchte im Schwarzwald. »Meine ganze Arbeit«, schrieb der weltberühmte Philosoph, »ist von der Welt dieser Berge und Bauern getragen und geführt.« Vorlesungen hielt er gern in Kniebundhose, im Loden- und auch schon mal im Skianzug. Auf Fotos sieht Heidegger oft aus wie ein Schwarzwälder Ortsvorsteher oder Großbauer. Sein ernster Gesichtsausdruck verleiht ihm stets etwas Unnahbares, Geistesabwesendes (oder Geistes*an*wesendes).

1889 in Meßkirch geboren, studierte er Theologie und Philosophie und wurde 1928 in Freiburg Professor. In *Sein und Zeit* zeigte er, dass kein Ding nur einfach so ist, sondern sein Sein immer im zeitlichen Bezug zu sich und anderen steht. Es ist eines der bedeutendsten philosophischen Bücher des 20. Jahrhunderts, ohne das die Arbeiten von Jean-Paul Sartre, Jacques Lacan und Michel Foucault nicht denkbar gewesen wären.

Heidegger konstatierte eine zunehmende Heimatlosigkeit der Menschen und Entpersönlichungs- und Entfremdungserscheinungen der modernen Gesellschaft. Der drohende Kommunismus, die Weltwirtschaftskrise und ein anfälliges politisches System verlangten für ihn nach einem »Neubeginn des deutschen Schicksals«. Den traute er der NSDAP zu. Im März 1933 sagte er in seiner Antrittsrede als Rektor der Freiburger Universität: »Diese Herrlichkeit aber und die Größe des Aufbruchs verstehen wir erst ganz, wenn wir in uns jene weite Besonnenheit tragen, aus der die alte griechische Weisheit das Wort gesprochen: Alles Große steht im Sturm«, und seinen Studenten erklärte er: »Der Führer selbst und allein *ist* die heutige und künftige Wirklichkeit und ihr Gesetz.«

Der Ökonom Walter Eucken beschwerte sich, »Heidegger fühlt sich offenbar als der (…) geistige Führer der neuen Bewegung, als der einzig große und überragende Denker seit Heraklit«.

Sooft es ging, zog der Philosoph sich in ein Häuschen zurück, das seine Frau nach eigenen Plänen hatte errichten lassen. Die Hütte in Todtnauberg ist heute noch in Familienbesitz und steht für Besichtigungen nicht zur Verfügung. Die Gemeinde hat aber den *Martin-Heidegger-Rundweg* eingerichtet, der Ausblicke auf die Hütte aus verschiedenen Blickwinkeln bietet. Auf Tafeln wird Auskunft über sein Leben in Todtnauberg gegeben, es finden sich Anekdoten über Begegnungen mit den hiesigen Bauern und eine Liste berühmter Gäste.

Die Nazis hatten keine Verwendung für ihn. Einzelne Stimmen aus Berlin bezeichneten sein Denken sogar als »schizophrenes Gefasel«. 1934 trat Heidegger vom Rektorenposten zurück. Weil er die von ihm geforderte Entlassung zweier Dekane nicht tragen wollte. Oder weil er erkannt hatte, dass er von der Partei instrumentalisiert worden war.

Nach 1945 bekam Heidegger Lehrverbot. Für Jürgen Habermas hat *Sein und Zeit* einen so eminenten Stellenwert im philosophischen Denken unseres Jahrhunderts, »dass die Vermutung abwegig ist, die Substanz dieses Werkes könne durch politische Bewertungen von Heideggers faschistischem Engagement mehr als fünf Jahrzehnte danach diskreditiert werden«.

An der Rezeptionsgeschichte Heideggers kann man gut sehen, wie ein großer Geist im Volk ankommt. Galt die Aufmerksamkeit zu Beginn seinem Werk, interessierte man sich später für seine politischen Verstrickungen, um sich schließlich seinen Affären zuzuwenden. Nach seinem Tod kam raus, dass er davon in seiner knapp 60-jährigen Ehe zahlreiche hatte. Mit der 17 Jahre jüngeren Hannah Arendt etwa. Die jüdische Studentin bewohnte ein Zimmer in Universitätsnähe, in dem er sie nach einem ausgeklügelten Zeichensystem von ein- und ausgeschaltetem Licht und halb und ganz zugezogenen Vorhängen besuchte.

Sein Werk ist sehr anspruchsvoll, »jeder Versuch, Heidegger ohne die Berücksichtigung der klassischen griechischen Philosophie verstehen zu wollen, ist aussichtslos«, schreibt der Philosoph Günter Figal. Rudolf Augstein fand drastischere Worte: »Es gibt höchstens hundert Leute, die mit Heideggers skurrilem Sprach- und Denksystem umgehen können und wollen.« Augstein zählte wohl dazu, sonst hätte er nicht das berühmte Interview auf dem Schauinsland führen können, das erst nach Heideggers Tod veröffentlicht wurde.

Wenn Sie sich mit Heidegger auseinandersetzen möchten, sollten Sie in die Buchhandlung *Zum Wetzstein* in der Salzstraße in Freiburg gehen. In den Schaufenstern liegen handgeschriebene Gedichte und Aphorismen, in den Regalen stehen die gesammelten Werke, kleine Schriften wie der *Feldweg* und Tonaufnahmen des großen Denkers. Nach einer kompakten »Best of«-Ausgabe – bei einer umfangreichen Gesamtausgabe von über hundert Bänden naheliegend – sollten Sie hier allerdings nicht fragen. Erstens gibt es so was nicht. Und zweitens machte mir der strenge Blick, den ich dafür erntete, unmissverständlich klar, was man hier von derartigen Büchern hält.

Fassen wir zusammen: Wer von hier stammt, sucht nicht. Und wenn doch, dann geht er weg. Wer hier sucht, ist extra deswegen hergekommen. Viele Menschen, sagte ein Sektenbeauftragter der katholischen Kirche, kommen deshalb zum Meditieren in den Schwarzwald, weil er so schön ist und so verkehrsgünstig liegt.

Klienten und therapeutisches Personal stammen zum größten Teil aus dem bildungsbürgerlichen Milieu. Irgendwie ist es auch nicht vorstellbar, dass sich ein Waldbauer aus Wutöschingen einmal pro Woche in seinen Benz setzt und in die Stadt zum *chanten* fährt.

Ausnahmen bestätigen die Regel. Ein Viehzüchter aus dem Wiesental besuchte mal ein paar überteuerte Kurse eines obskuren Vereins, der später auf der Roten Liste der Bundesregierung landete. Als er mir damals in breitestem Alemannisch erklärte, dass er nun begriffen habe, wie im Leben alles mit allem zusammenhänge und welche Rolle sein inneres Ich dabei spiele, musste ich an Goethes *Faust* denken. Der wollte schließlich auch wissen, was »die Welt im Innersten zusammenhält«, und verkaufte dafür sogar dem Teufel seine Seele. Seine Eigenschaft, eine Sache nicht nur mal so eben zu streifen, sondern ihr richtig auf den Grund zu gehen, sein stets forschender, zu allem bereiter Wille, Antworten auf die letzten Fragen zu finden und das Rätsel des Lebens voll und ganz zu durchdringen, gelten als typisch deutsche Wesenszüge. Ist es wirklich Zufall, dass Faust im Schwarzwald lebte und wirkte?

Der echte Dr. Faust, der Vorlage für die vielen Fausts der Weltliteratur war, wurde als Johann Georg Faust um 1480 in Knittlingen geboren, an der nordwestlichen Grenze des Schwarzwalds nahe Pforzheim. Er studierte Medizin, vermutlich in Heidelberg, und trat als Arzt, Philosoph, Wunderheiler, Astrologe, Wahrsager, Horoskopersteller und Alchemist auf. Die Kirche verurteilte ihn als Gotteslästerer und Freund des Teufels. Dennoch holte Freiherr Anton von Staufen ihn an seine Burg. Das Silberbergwerk im nahen Münstertal, die Haupteinnahmequelle der Stadt, drohte zu versiegen. Anton hoffte, Faust könnte ihm auf alchemistischem Wege Gold beschaffen.

Heute wissen wir natürlich, dass das nicht geht. Faust ging aber wohl davon aus, diese Fähigkeit tatsächlich zu besitzen oder zumindest im Lauf seiner Experimente zu erlangen, sonst hätte er den Job nicht angenommen. Er mietete sich ein Zimmer im *Gasthaus zum Löwen*, das es heute noch gibt, und experimentierte mit Chemikalien herum. Ein Mann mit zerzaustem Haar und wirrem Blick, der dampfende, übelriechende Flüssigkeiten aus Dutzenden von Fläschchen und Tuben zusammenschüttete. Was dann passierte, ließ Spies, Marlowe, Goethe und all die anderen sich seiner Geschichte annehmen. Ein paar seiner Stoffe vertrugen sich nicht miteinander, es kam zu einer gewaltigen Explosion, bei der das Gasthaus massiv beschädigt wurde. Faust fand den Tod. Und mit ihm die Unsterblichkeit.

Babuschkas und Millionäre.

Die Welt zu Gast in Baden-Baden

Was haben Helmut Kohl, François Mitterrand, Yitzhak Rabin, Nelson Mandela, Boris Jelzin, Bill und Hillary Clinton, Jassir Arafat, Helmut Thoma, George Clooney, Kofi Annan, Andre Agassi, Steffi Graf, Bono, Gerhard Schröder, Rudolph Giuliani, der Dalai-Lama sowie die Königinnen von Schweden und Jordanien gemeinsam? Sie alle waren schon mal im Schwarzwald. Denn sie haben in einem Jahr »die Gesellschaft oder die Politik prägend beeinflusst« und dafür den Deutschen Medienpreis erhalten. Dieser wird jährlich von Media Control verliehen, einem Marktforschungsunternehmen aus Baden-Baden. Karlheinz Kögel, der in Waldshut-Tiengen geboren wurde und Honorargeneralkonsul von Indonesien für Baden-Württemberg und das Saarland ist, arbeitete beim Jugendsender SWR3. Dort erkannte er, wie wichtig Charts für die Musikindustrie sind und gründete 1976 seine eigene Firma. Der Freund eines Freundes eines Freundes hat mal erzählt, dass Kögel in den Anfangsjahren Studenten vors Radio setzte und mit Strichlisten ermitteln ließ, welches Lied wie oft gespielt wurde. 1992 rief er den Medienpreis ins Leben und lockt seitdem einen A-Promi nach dem anderen in den Schwarzwald.

Auch ohne Medienpreis strömen Menschen aus aller Herren Länder her. In Baden-Baden stößt man überall auf fremdartige Zeichen, die es im übrigen Schwarzwald nicht gibt. Sie stehen auf dem Tresen der Touristeninformation und auf den Prospekten der Stadt, die Speisekarten der vornehmen Restaurants sind mit ihnen bedruckt, auf den Hinweisschildern des Kasinos und der Thermalbäder sieht man sie und auf handgeschriebenen Zetteln in den Schaufenstern der Edelboutiquen: kyrillische Buchstaben. Russen spielen in der Tourismus- und Geschäftswelt Baden-Badens eine wichtige Rolle. Sie haben Baden-Baden vor mehr als fünfzehn Jahren entdeckt und stellen mittlerweile über ein Viertel aller Gäste. Sie bleiben länger als die anderen (wenn sie schon mal da sind) und geben auch wesentlich mehr Geld aus. Noch mehr als die Chinesen. Das *Brenners Park-Hotel*, das vornehmste Haus am Platze, unterhält längst eine eigene Repräsentanz in Moskau. Vor ein paar Jahren haben die Russen sogar damit angefangen, Villen, Hotels und Wohnungen zu kaufen. Die Deals werden meist anonym über Anwälte aus Luxemburg abgewickelt.

Baden-Baden ist für Russen das, was für uns Deutsche der Schwarzwald ist. Eine heile Welt. Um das zu verstehen, müssen wir einige Seiten im Buch der Geschichte zurückblättern. Im Jahr 1814 besuchte Prinzessin Elisabeth Alexejewna von Russland die Stadt. »Ich bin seit vier Wochen an einem der schönsten Orte der Welt«, schrieb sie begeistert nach Hause. Die Gegend war ihr nicht fremd. Elisabeth Alexejewna war 1779 im nahen Karlsruhe als dritte Tochter von Karl Ludwig von Baden geboren worden. Dort verbrachte sie als Luise Maria Auguste die ersten 14 Jahre ihres Lebens, ehe sie aus politischen Gründen mit dem späteren Zaren Alexander I. verheiratet wurde, dem Sohn Katharinas II.

Zwanzig lange Jahre hatte sie den Schwarzwald nicht gesehen, der ihr einen königlichen Empfang bereitete. Ihrer Gefolgschaft gefiel es ebenfalls sehr gut. Damals wie heute konnten sich nur wohlhabende Russen die Reise leisten. Sie mieteten sich mit ihrer Entourage in den Villen der Stadt ein und genossen die Luft, die Natur und das milde Klima. Und das Glücksspiel, das im fernen Petersburg verboten war (hier war es den Baden-Badenern nicht gestattet). Die Stadt zog nicht nur den Adel an, sondern auch die sich immer in seiner Nähe aufhaltenden Künstler. Gogol und Gontscharow, Dostojewski und Turgenjew, Rachmaninow und Rubinstein – alle kamen sie nach Baden-Baden. Dostojewski verspielte im Kasino sein Vermögen, und als ihm seine Frau den Familienschmuck gab, verspielte er auch den. Auch Tolstoi verlor alles. Turgenjew löste ihn aus. Wenn sie nicht spielten, schrieben sie. Dostojewski *Der Spieler*, Turgenjew *Väter und Söhne* und Gogol, dass niemand hier ernsthaft krank sei, sondern alle nur zum Amüsement herkämen. Das lasen die literaturbegeisterten Russen in der fernen Heimat. Und es setzte sich in ihren Köpfen fest. Selige Zeiten, glückliche Welt. Das Zarenreich war groß und mächtig, seine Schriftsteller weltbekannt. Baden-Baden verkörpert dieses Goldene Zeitalter. Als der Eiserne Vorhang fiel, konnten die Russen sich endlich ein eigenes Bild machen. Wir wandern in Weimar nach Goethes auf Schillers Spuren, Russen in Baden-Baden auf denen ihrer Helden.

Baden-Baden enttäuscht sie nicht. Die Stadt ist Gegenwart und Vergangenheit zugleich, die Belle Époque umweht einen an jeder Ecke. Baden-Baden ist eine eigene kleine Welt in der Welt; je tiefer man in sie eindringt, desto weiter entfernt man sich von der Wirklichkeit. Die Bäderstadt ist, um im Bilde zu bleiben, wie eine russische Babuschka, in der in jeder die nächstkleinere steckt. Jede Puppe ist was Besonderes, zusammen ergeben sie ein Ganzes, und das Innerste der innersten bleibt für immer unsichtbar.

Besucht man die Stadt mit dem Zug, empfängt einen zunächst einmal gähnende Langeweile. Der Bahnhof liegt an der ICE-Strecke Frankfurt–Basel und nennt sich Baden-Baden, obwohl er eigentlich der von Baden-Oos ist. Der alte, wesentlich schönere, im Neorenaissancestil erbaute Bahnhof steht in der Innenstadt. Er wurde zum Entree des Festspielhauses umfunktioniert. Das wurde 1998 eingeweiht und ist eines der größten Opernhäuser Europas. Darunter macht man es hier nicht. Die Akustik ist einzigartig. Anne-Sophie Mutter, Nigel Kennedy und Max Raabe geben sich die Klinke in die Hand. Ein paar Hundert Meter weiter beginnt die Kaiserallee. Sie wird dominiert von der neunzig Meter langen und mit vierzehn Fresken aus der badischen Sagenwelt verzierten Trinkhalle.

Links und rechts der Fußgängerzone schlängeln sich kleine Gassen den Berg hinauf, als sei er der Montmartre persönlich. Auf dem alten Marktplatz hier oben sind Stiftskirche, römische Badruinen und die Quellen rund um das Friedrichsbad zu einer verwinkelt-verwunschenen, harmonischen Einheit arrangiert. Von hier hat man einen schönen Blick über die Dächer der Stadt. Man sieht, dass sie im Zweiten Weltkrieg von Zerstörungen verschont blieb.

»Die Lichtentaler Allee gilt als die schönste Straße der Welt.« Welche Erhebung solch einem Satz wohl zugrunde liegt? Die Vermutung, dass er nur zu Werbezwecken geschrieben worden ist, weckt eher Skepsis denn Neugierde. Die Allee beginnt am Goetheplatz, sie ist 2,3 Kilometer lang und über 350 Jahre alt. Man fragt sich unweigerlich, wieso eine Stadt, die mitten im Schwarzwald liegt und umgeben ist von Wäldern, Wiesen und Hügeln, sich eine künstliche Parkanlage leistet. Die Stadt ist im Besitz der größten Waldfläche Deutschlands – wollen die Baden-Badener nicht die dunkle und urwüchsige Natur vor ihrer Haustür, sondern eine, die so ist, wie sie sie gerne hätten, nämlich harmonisch, elegant und wohltemperiert?

Schon nach wenigen Metern stellt man fest, dass die Allee in der Tat etwas Besonderes ist. Man entdeckt die großzügigen Rasenflächen, das Schattenspiel der Bäume und dass das Flussbett der sanft dahinplätschernden Oos mit Pflastersteinen ausgelegt ist. Man hat immer die schönen Gartencafés der internationalen Hotels mit ihren französischen Balkonen im Blick. Überall spritzen kleine Fontänen, von fern klappern die Pferdedroschken, die pittoresken Eisenstege verbinden die Allee mit der Innenstadt, aus deren Silhouette barocke Kirchtürme und Palazzi im italienischen Stil herausragen. Unwillkürlich verlangsamt man das Tempo. Ganz freiwillig wird man zum Flaneur, um nichts von all der Schönheit zu verpassen. Hier ist nichts urban, aber alles mondän. Es ist auf seine Art auch unfassbar harmlos – aber schlicht und ergreifend wunderschön. Baden-Baden bringt das Kunststück fertig, nicht nur die Vergangenheit, sondern schon die Gegenwart mit Nostalgie zu versehen.

Alle Welt halte es für seine angenehme Pflicht, hier gewesen zu sein, schrieb Turgenjew. Nachdem er hergezogen war, betrachtete er sich auch nicht mehr als Russen, sondern als Deutschen. Er bewunderte uns als naturverbundenes und nachdenkliches Volk. Sind wir das?

Schon damals lebten in Baden-Baden nur wenig echte Schwarzwälder. Noch heute meiden die Menschen aus der Umgebung die Stadt. Wer im Bühlertal lebt oder in Rastatt, in Achern oder in Gaggenau, geht zum Einkaufen nach Karlsruhe. Dort ist es nicht so teuer. Als 1838 die Kasinos in Paris geschlossen wurden, zog der Spielbankpächter Jacques Bénazet in den Schwarzwald. Baden-Baden war vom Spielverbot, das seit 1767 im Deutschen Reich herrschte, ausgenommen. Roulette verdrängte langsam das Kartenspiel. Bénazets Sohn Edouard, ein gewiefter Marketingstratege, wusste die Anziehungskraft der Stadt zu steigern. Er lotste berühmte Musiker und Schauspieler her, ließ die Pferderennbahn erbauen und machte Baden-Baden nach und nach zur *cité d'été* – die Winterhauptstadt blieb Paris. Wer Rang und Namen hatte, kam. Die Rennbahn in Iffezheim wird bis heute einmal jährlich zur Bühne für die Schönen und Reichen der ganzen Welt. Während der Rennwoche im August entstehen die Fotos, die in keinem Reiseführrer fehlen dürfen: Herren in Frack und Tweed und Frauen unter überdimensionierten Hüten, die an der englischen Queen immer so lustig aussehen. Zuletzt lief es für die Rennbahn nicht ganz so gut. Der Betreiber, der Internationale Club, musste unter seinem Präsidenten Prinz Bernhard von Baden Insolvenz anmelden. Man spricht von 14 Millionen Euro Schulden. Nun hat Andreas Jacobs von der bekannten Kaffeerösterei die Rennbahn übernommen. Zusammen mit Partnern will er die Rennbahn wieder in die Gewinnzone führen.

Es sagt viel über Baden-Baden aus, was nach dem Sturm Lothar geschah. Der fegte, wie im Kapitel »Der Wald hat's gegeben, der Wald hat's genommen« erwähnt, im Winter 1999 über Süddeutschland hinweg und hinterließ Millionenschäden. Auch auf der Lichtentaler Allee wurden hundert Bäume entwurzelt. In kürzester Zeit sammelten die »Freunde der Allee« 200 000 Mark, um 200 neue Bäume anpflanzen zu lassen.

Schwarzwälder, die hier leben, aber trotzdem keine Millionäre sind, werden früher oder später vom Baden-Badener Virus befallen, der von einem gewissen Hang zum Höheren gekennzeichnet ist. 18-jährige junge Frauen lassen im Restaurant das Essen zurückgehen und beschweren sich lauthals, wie man es wagen könne, ihnen so etwas vorzusetzen. Damen, die in den Boutiquen in der Fußgängerzone arbeiten, kopieren in ihrem Gebaren die eleganteren Französinnen. Junge Eltern bitten um eine vorzeitige Auszahlung des Erbes, um sich eine kleine Villa zu kaufen. Die habe den Vorteil, erklären sie, dass sie mit dem Wagen bis vor die Kellertür fahren und die Einkaufstüten ausladen könnten, während die Kinder schon mit den Nachbarskindern spielten. Die hätten natürlich auch ein *ganz anderes Niveau* als andere Kinder. All diese Beispiele sind verbürgt. Dabei befällt der Virus nur die, denen man ansieht, dass sie von ihm befallen wurden. Also die, die keine Millionäre sind. Die, die nur so tun, als gehörten sie dazu, was man ihnen ebenfalls ansieht.

In der *cité* will man ebenfalls dazugehören. In den Wohnsiedlungen links und rechts des Autobahnzubringers lebten, als Baden-Baden noch die Hauptstadt der französischen Besatzungszone war, bis zu 40 000 französische Soldaten mit ihren Familien. Nach der Wiedervereinigung zogen sie ab, und die Stadt suchte nach neuen Mietern. Sie fand sie, na wo wohl, in Russland. Das Ende des Kalten Krieges gestattete es nicht nur den Russen, reich zu werden und nach Baden-Baden zu reisen, sondern auch den Russlanddeutschen und Spätaussiedlern, ihre Heimat zu verlassen. Etwa 2000 kamen. Die Integration ist nicht so einfach. Vor allem die Jüngeren tun sich schwer und fallen immer wieder durch verschiedene Delikte auf. Hinter vorgehaltener Hand wird gemunkelt, darüber dürfe aus politischen Gründen nicht berichtet werden. Manche Familie hat aus Sorge, diese kriminellen Missstände könnten auf sie abfärben, alles Russische abgelegt. Deren Kinder heißen dann irgendwann nicht mehr Ivan und Alexa, sondern Egon und Annette.

Marlene Dietrich sagte, es gebe kein schöneres Kasino als das in Baden-Baden. Man ahnt, dass sie recht hat, wenn man durch die Kolonnaden zum großen Kurhaus hinaufsteigt. Hinter den riesigen Holztüren erwartet einen eine gediegene Stille, die sich mit Vorfreude und Spannung mischt. Jeans sind mittlerweile erlaubt, aber an Sakko und Krawatte führt kein Weg vorbei. Bei meinem letzten Besuch hatte ich keines dabei und lieh mir einfach etwas Passendes. Der Kartenabreißer, ein kleiner Herr in Uniform, öffnete formvollendet die Türen eines Holzschrankes auf der linken Seite und bot mir eine große Auswahl, als wollte ich beides nicht für elf Euro leihen, sondern für das x-fache kaufen. Dafür übersah ich gern, dass die angebotenen Modelle nicht sehr passgenau und auch ein wenig abgetragen waren. Die Krawatte band er an seinem eigenen Hals, um sie dann um meinen zu werfen.

Im Innern warten ein imposanter Wintergarten und vier Prunksäle in Neobarock und im Renaissancestil. Die Spielbank bietet 2800 Menschen Platz und ist damit die größte Europas. Ein Besuch soll Spaß machen, und der ist in einem Kasino eng an Geld geknüpft. An den meisten Tischen ist der Mindesteinsatz zwei Euro. Wer nicht Gefahr laufen will, alles zu verspielen, sollte sich eine Obergrenze setzen. Wahrscheinlich wiesen zu Dostojewskis Zeiten noch keine Hinweisschilder darauf hin, dass das Spielverhalten den finanziellen Möglichkeiten entsprechen solle, und Spielsüchtigen wurde auf Wunsch auch noch kein Kontakt zur Hotline für Spielsüchtige vermittelt, die die Evangelische Gesellschaft unterhält.

Hier, in diesem pompösen Haus mitten im Schwarzwald, kommt die ganze Welt zusammen: arabische Potentaten und französische Lebemänner, schweigsame Afrikaner und russische Geschäftsleute. Unfassbar hässliche Männer haben unfassbar schöne Frauen im Arm, und unfassbar hässliche Frauen unfassbar viele 500er-Jetons. Eine hanseatische Maggie-Thatcher-Kopie erklärt, dass die 2 in den vergangenen vier Tagen schon drei Mal nach der 14 gefallen ist, wenn auch an drei unterschiedlichen Tischen. Eine geheimnisvolle junge Frau stellt beiläufig fünf 100er-Jetons neben einen einsamen Zwei-Euro-Jeton, den man selbst auf Rot platziert hat. Selbstverständlich fehlen die schrulligen Männer mit bleichem Gesicht und abgewetzten Ärmeln nicht, die mit abgekauten Bleistiften endlos lange Zahlenkolonnen auf kleine Schmierzettel notieren. Stundenlang tun sie nichts anderes, als von Tisch zu Tisch zu laufen und die Kugeln zu beobachten, um dann plötzlich einen alten Ledergeldbeutel aus der Hosentasche zu ziehen und zwanzig Euro auf das *Null Spiel* zu setzen. Wie viele andere Süchte scheint auch das Glücksspiel eher männlicher Natur zu sein.

Anfänger erkennt man daran, dass sie nervös sind und nur auf Schwarz und Rot setzen. Nach und nach werden sie mutiger und legen eine Reihe, später auch mal eine Zahl. Fällt diese, nehmen sie den 35-fachen Gewinn mit einer Mischung aus unterdrückter Nervosität und generöser Selbstverständlichkeit an sich. Frauen tauschen ihre Jetons um und erfreuen sich für den Rest des Abends an den Eiswürfeln, die in ihrem Cocktail, und an den Münzen, die in ihrer Tasche klimpern. Männer werden oft größenwahnsinnig. Natürlich wissen sie, dass ihr Sieg nur auf Dusel zurückzuführen ist. Etwas in ihnen flüstert aber, dass sie ihn mit Können, Spielwitz und Raffinesse errungen haben. Ihr Blick verrät, dass sie die Bank sprengen wollen. In Gedanken formulieren sie schon die Kündigung, die sie ihrem Chef morgen früh auf dem Tisch knallen werden. Dafür dauert ein Abend im Kasino aber meist zu lang, und am Ende sind sie wieder bei null.

Hinter all diesen Gesichtern steckt eine Geschichte, und dass man sie immer nur in Bruchstücken kennt, macht ihren Reiz aus. Das hier ist das Leben in all seinen Facetten. Abend für Abend treten alle zusammen den lebenden Beweis dafür an, dass das echte Spiel jederzeit dem virtuellen am Computerbildschirm vorzuziehen ist.

Wer am Ende des Abends sein Geld verspielt, aber noch Durst hat, dem sei ein Gang zur Toilette empfohlen. Das frische, klare Wasser aus den Wasserhähnen stammt aus einer der unterirdischen Quellen und kostet nichts. Die Gläser, die auf dem marmornen Waschbecken stehen, werden nach jeder Benutzung von der Putzfrau gereinigt, die hinter einem Tresen sitzt.

Nachdenklich tritt man am Ende des Abends hinaus in die laue Schwarzwaldnacht. Hat man gewonnen, ändert sich vielleicht das ganze Leben. Hat man verloren, bleibt alles, wie es ist. Oder auch nicht.

Brägele und Schäufele.

Die Speisekarte des Schwarzwalds

Ich bin nicht der einzige Schwarzwälder in der Hauptstadt, der regelmäßig verzweifelt, wenn er einen Tagesausflug ins brandenburgische Umland mit der Einkehr in einem Gasthaus abschließt und auch 25 Jahre nach der Wiedervereinigung immer noch mit Dosengemüse, Fertigsoßen und verkochten Kartoffeln abgespeist wird. Dann werde ich wehmütig und manchmal auch ein wenig *jomerig* und hoffe, nicht aufstoßen zu müssen, damit der schlechte Geschmack mir nicht auch noch die Heimfahrt versaut. In diesen Momenten wird auch der stolzeste Schwarzwald-Berliner schwach und sehnt sich zurück in die Heimat. Dann denkt er an die vielen Lokale, in die er schon völlig bedenkenlos eingekehrt ist, weil er wusste, dass man dort gut essen kann.

Bin ich im Schwarzwald unterwegs, erstaunt es mich immer wieder, wie viele Einkehrmöglichkeiten es hier gibt. Selbst kleinste Ortschaften mit ein paar Hundert Einwohnern haben oft zwei, drei, vier Wirtshäuser, und wenn man reinschaut, sind sie alle voll. Ein Dorf ohne Gasthaus scheint es im Schwarzwald gar nicht zu geben. Auch in seinen touristenschwachen Ecken gibt es eine verhältnismäßig hohe Dichte an soliden Gasthäusern. Dabei nutzen der freundlichste Wirt und der beste Koch nichts, wenn die Gäste nicht mitspielen. Aber das tun die Schwarzwälder auch. Oder wie ein Wirt es mal ausdrückte: »Die Leute sind einfach gesellig. Am Sonntag geht man ins Gasthaus.« Die Nürnberger Gesellschaft für Konsumforschung hat herausgefunden, dass jeder zweite Schwarzwälder ein- bis zweimal pro Monat essen geht.

Mehr als 370 Lokale des Schwarzwalds wurden mit Feinschmecker-Punkten, Aral-Kochlöffeln, Varta-Diamanten, Gault-Millau-Hauben und Michelin-Sternen ausgezeichnet. 22 Restaurants haben einen Stern oder mehr. Das Dorado nicht nur der Schwarzwälder, sondern auch der deutschen Küche ist Baiersbronn. Hier arbeiten die meisten Sterneköche pro Einwohner in Deutschland. Harald Wohlfahrt im *Hotel Traube* und Claus-Peter Lumpp im *Hotel Bareiss* haben jeweils drei, Jörg Sackmann im *Hotel Sackmann* einen. Ausgerechnet in einem kleinen Schwarzwaldstädtchen mit gerade mal 16 000 Einwohnern, das noch dazu im eher genussfeindlichen, protestantischen Nordschwarzwald liegt, haben sie sich durchgesetzt. Jahr für Jahr reisen Gourmets aus aller Welt nach Baiersbronn, um sich den Gaumen verwöhnen zu lassen. Die Wartezeit in der *Traube* beträgt ein halbes Jahr, Minimum.

Gut möglich, dass in den Sternelokalen bald Trüffel aus dem Schwarzwald serviert werden. Die Freiburger Forstbotaniker Ulrich Stobbe und Ludger Sproll sind felsenfest davon überzeugt, dass es hier in der Vergangenheit Trüffel gegeben hat. Der kalkhaltige Boden mit Eichen, Buchen und Haselnussbäumen biete ideale Bedingungen für die Edelknolle. Außerdem fanden sie alte Kochbücher aus der Region, in denen ganz selbstverständlich Trüffel-Rezepte aufgelistet wurden. Für ein Forschungsprojekt im Stadtwald bekamen Stobbe und Sproll die Erlaubnis, Trüffel zu ernten. Das ist nach dem deutschen Naturschutzgesetz eigentlich verboten, da die Pilze vom Aussterben bedroht sind. Viele Forscher prognostizieren, dass wegen der Erderwärmung die traditionellen Böden in Italien und Frankreich bald zu trocken für Trüffel sein werden. Das könnte die Chance für Freiburg sein. Auf einer Plantage am Bodensee setzen sie Sporen des unterirdischen Edelpilzes an die Wurzeln junger Bäumchen. Wenn sich an den Baumwurzeln nach sechs Monaten Pilz-Pflanzenwurzelgeflecht gebildet hat, werden sie verkauft und ausgesetzt. Der Käufer erfährt allerdings erst nach ein paar Jahren, ob tatsächlich Trüffel angebissen haben.

Im Nordschwarzwald herrschte der pietistische Calvinismus, im Mittel- und Südschwarzwald der sinnesfreudigere Katholizismus und in allen dreien jahrhundertelang bitterste Armut. Man könnte meinen, dass eine solche Gegend der Ausprägung einer guten und anspruchsvollen Küche eher abträglich gewesen sein müsste.

Dabei war es genau diese Armut, die die Schwarzwälder zu so guten Köchen machte. Sie kochten mit dem, was sie hatten. Auf engstem Raum liegt hier alles dicht beieinander. In den Wäldern gibt es Wild, Pilze und Kräuter. In der Ebene wachsen Obstbäume und an den Hängen des Kaiserstuhls Wein, Spargel, Pfirsiche und sogar Kiwis. Ein armer Schwarzwaldbauer hatte davon natürlich nur wenig. Aber die Not machte auch ihn erfinderisch.

Eine Spezialität wie der berühmte Schwarzwälder Schinken entstand, weil das Pökeln und Räuchern eine der wenigen Möglichkeiten war, das Fleisch haltbar zu machen. Dazu wird ein Hinterschinken vom Knochen gelöst, gepökelt und anschließend über Tannenzweigen geräuchert. Daraufhin muss er in einem kühlen, trockenen Raum reifen. Im Lauf der Zeit verliert er immer mehr Wasser und Gewicht und wird härter, aber man kann ihn auch nach zwei Jahren noch problemlos essen. Dieser Reifungsprozess ist heute weitgehend industrialisiert, was sich auf den Geschmack auswirkt, aber mit ein bisschen Glück kriegen Sie auf einem Bauernmarkt oder in einem Hofladen einen echten Schinken oder eine Seite Speck. Ein guter

Speck hat natürlich einen schönen Fettrand. Der lässt sich manchmal schwer schneiden. In einem Lokal im Südschwarzwald hatten Kurgäste mal allergrößte Probleme, den Speck in kleine, mundgerechte Stücke zu teilen. Der Wirt sah sich eine Weile lang an, wie sie sich abmühten, dann ging er hin und nahm ihnen das Speckbrett wieder weg. »Wenner kein Speck schniiede könne, mien er halt Suppe fresse.«

Neuerdings gibt es sogar ein Schinkenmuseum. Das befindet sich im zweiten Stock des Feldbergturms. Wobei Museum ein bisschen hochgestochen ist. Der kreisrunde Raum erinnert eher an ein größeres Wohnzimmer. Ein paar Videos und Schautafeln erklären, dass Schwarzwälder Schinken europaweit geschützt ist und nach Norm RAL-RG 0102 einen Austrocknungsgrad von mindestens 25 Prozent und ein Wasser-Eiweiß-Verhältnis von 2,2:1 vorweisen muss. Dazwischen gibt es ein paar Gewürzgeruchsproben und Fotos idyllischer Schwarzwaldhöfe und lieblicher Gemüsegärten, die einem Wohlfühlprospekt der Tourismusindustrie entnommen sein könnten. Kein Wunder, das Stockwerk wird vom Schutzverband der Schwarzwälder Schinkenhersteller unterhalten und dient wohl vor allem Marketingzwecken. So schöne Höfe und Gärten werden die allerwenigsten Schweine in ihrem kurzen Leben jemals zu sehen bekommen. Die Schweinekeulen kommen nicht zwingend aus dem Schwarzwald, heißt es im Schinkenmuseum, sondern werden von Herstellern aus Baden-Württemberg, Deutschland und angrenzenden EU-Ländern bezogen. Als die Verbraucherorganisation *foodwatch* Regional-Schwindel beklagte und behauptete, das Fleisch des Schwarzwälder Schinkens könne auch aus Timbuktu stammen, sah der Schutzverband seinen Ruf geschädigt und erließ eine sofortige Unterlassungsaufforderung. *Sell wär jo no schöner.* Zur Einordnung: Allein in Deutschland werden mehr als 50 Millionen Schweine pro Jahr geschlachtet.

Dazu passt, was ein befreundeter Grafikdesigner mal erzählt hat. Eine Großmetzgerei heuerte seine Firma an, um ein neues

Corporate Design zu entwerfen. Jahrzehntelang hatte sie den Namen des Firmengründers getragen (der Name tut nichts zur Sache). Fortan sollte sie, sagen wir, *Schwarzwald-Wurst* heißen. Im neuen Logo sollten natürlich das Wort Schwarzwald, ein paar Tannenbäume und ein Bollenhut auftauchen. Die Firma legte also ihren traditionellen Namen ab, um sich einen neuen mit einer künstlichen Tradition zuzulegen. Im Zuge der Arbeit wurden mein Freund und seine Kollegen zu einer Betriebsbesichtigung eingeladen. Schließlich sollten die Designer wissen, wie es in so einer Fleischfabrik überhaupt aussieht. Anschließend sollte es einen kleinen Imbiss geben. Das war der Plan. Sie sahen, wie Schweine zerteilt und auseinandergenommen und in die verschiedenen Abteilungen gebracht wurden, wo man sie zu Schinken, Wurst und Schnitzel verarbeitete. Irgendwann wurde meinem Freund ein bisschen schlecht, wegen all dem Fleisch und Blut, und auf einen Imbiss hatte er auch keine Lust mehr. Seinen Kollegen ging es genauso. Keiner wollte mehr eine Wurst- oder Schinkensemmel anfassen, geschweige denn essen. Und dann gab es zur Überraschung aller: Kaffee und Schwarzwälder Kirschtorte!

Führende Küchenchefs der Region betonen, die Schwarzwälder seien nicht nur dem Genuss zugetan, sondern auch sehr aufgeschlossen und experimentierfreudig. Diese Eigenschaften haben sie sich im Lauf der Jahrhunderte angeeignet. Die vielen Händler und Reisenden, die hier durchzogen, ließen immer etwas zurück, was von den Schwarzwäldern in ihre Küche integriert wurde.

Von den Römern stammt der Wein, der an den Westhängen des Schwarzwalds und am Kaiserstuhl gedeiht. Der Einfluss der elsässischen, schweizerischen, schwäbischen und, historisch bedingt, der österreichischen Küche ist nicht zu übersehen oder, besser, zu überschmecken. Aus dem Elsass kommen Schlachtplatte, Sauerkraut und Flammkuchen, aus der Schweiz der Käse und geriebene Kartoffeln, aus Schwaben Spätzle und

Knöpfle und aus Österreich das Schnitzel und die Kratzete, eine Art ungesüßter Pfannkuchen, der zu Spargeln gereicht und wie der Kaiserschmarrn in der Pfanne zerrissen wird.

Auf den Höhenlagen, wo sich manchmal wochen- und monatelang kein Fremder hin verirrte, wurde das Dorfgasthaus meist nur von einem Bauern im Nebenerwerb betrieben. Später, als die Touristen den Schwarzwald für sich entdeckten und die Landwirtschaft sich nicht mehr lohnte, kehrte sich das um. Gastwirt wurde zum richtigen und Bauer zum Nebenerwerbsberuf.

Früher fand im Dorfgasthaus die Gemeinderatssitzung und vielleicht mal eine Bühnenaufführung statt. Ansonsten trafen sich hier nur die Landwirte an den langen Winterabenden zum Cego-Spielen. Dieses Kartenspiel, dem Skat und Tarock nicht unähnlich, wird im Schwarzwald und am Bodensee gespielt, allerdings mit einem eigenen Blatt. Beim Cego hat schon so mancher Hof den Besitzer gewechselt. Der Schwarzwälder war nie ein Mensch der großen Worte. Wahrscheinlich ist der Verlierer nach der letzten Karte aufgestanden und grußlos nach Hause gegangen, um den Seinigen knapp mitzuteilen, dass man sich eine neue Unterkunft suchen müsse.

Noch heute können Sie Gasthäuser betreten, an deren Stammtischen Männer vor ihrem Bier sitzen und aufs Gemütlichste miteinander schweigen. Tun sie es, weil am Stammtisch nie viel geredet wird, oder müssen sie womöglich daran denken, welche Besitztümer zwischen ihren Vorfahren schon hin- und hergegangen sind?

Ein Buch über eine Gegend zu schreiben, in der es so unermesslich viele gute Speisegaststätten gibt, stellt mich vor ein Dilemma. Welche soll ich erwähnen außer dem *Adler* in Lahr, der *Post* in Emmendingen und dem *Ochsen* in Eichstetten? Tue ich der *Krone* in Neuenburg und dem *Rebstock* in Scherzingen nicht unrecht, wenn ich sie nicht nenne? Kann ich den sagenhaften Rehrücken in den *Drei Schneeballen* in Hofstetten im Kinzigtal übergehen? Den Wurstsalat im *Ochsen* in Herrischried? Das Schnitzel im *Pflug* in Biederbach? Sollte ein Kleinod wie die *Blume* in Lenzkirch-Kappel nicht besser verschwiegen werden, damit es seinen unentdeckten Charme behält? Kann ich das *Obere Wirtshaus* und das *Untere Wirtshaus* in Langenordnach bei Neustadt miteinander vergleichen, obwohl sie beide auf ihre Art einzigartig sind? Was ist mit dem *Rößle* in Gschwend? Das ist ein Ortsteil von Todtnau im schönen Wiesental, das den Feldberg mit Lörrach und Basel verbindet. Wie die Bollschweiler und die St. Märgener haben auch die Gschwender eine Genossenschaft gegründet, um das stillgelegte Dorfgasthaus wieder zu eröffnen. In einem Fernsehbeitrag erklärte der Unternehmensberater Ewald Deißlein das Projekt noch mal ganz genau, und zwar in breitem Alemannisch: »Es isch au im Prinzip so en high-risky-Projekt, also es isch kein einfaches. Es isch au en Challenge, dass mer jetzt mal näher zusammenrücke.« Zum Niederknien. Deißlein ist mittlerweile Vorsitzender der Genossenschaft. Bestimmt macht er seine Sache gut.

Im *Rößle* in Gschwend werden die Gäste gebeten, ihr Auto an der Kirche abzustellen, Fußweg zwei Minuten. Geben Sie noch ein paar Minuten obendrauf und spazieren Sie durchs ganze Dorf. Das lohnt sich, weil es hier 14 alte und wunderschöne Schwarzwaldbauernhöfe gibt, die noch bewirtschaftet werden.

Das *Rößle* hat drei Gasträume, niedrige Holzdecken, Fischgrätenparkett, holzvertäfelte Wände, einen grünen Kachelofen und schlichte Holztische mit Stoffservietten. Man kann sich gar nicht entscheiden, wo man sitzen soll, in der Stube oder draußen im sonnenbeschienenen Garten mit Blick auf die umliegenden Berge. Vorneweg gibt es für jeden Gast ein Glas Wasser und hausgemachten Kräuterquark mit Bauernbrot. Das Fleisch und die anderen Zutaten stammen aus der Region. Auf der Karte stehen Klassiker wie Schnitzel mit Soße und Wurstsalat. Es gibt aber auch traditionelle Gerichte wie Kutteln und

Surri Leberli, also saure Leber. Die freundliche Bedienung steht am Tresen und putzt das Besteck, am Stammtisch sitzen zwei Männer, die sich über die Fehlentwicklungen im Sport unterhalten. »Des hätt sich usgwachse zu nem Gigantismus, es isch zum Kotze. Es rede alli imme nu über d' Sieger. Dabei leischde die andere viel mee. Wenn de am Schwanz hindenoch rennsch, des isch e psychologisches Problem. Der wo vornenus rennt, der wird leichtfüßig.« Das Telefon klingelt, die Bedienung hebt ab. Sie grüßt, *schwätzt e wengle* und lacht dann auf: »Hesch ned ins *Rößle* welle?« Der Anrufer hat sich offenbar verwählt. Hier kann man gar nichts anderes tun, als sich wohlzufühlen!

Begegnungen dieser Art würden ein eigenes Buch ergeben. Ich habe mich deshalb entschieden, an dieser Stelle auf einen schreibenden Kollegen zu verweisen. Wolfgang Abel hat seine Leidenschaft fürs Essen zum Beruf gemacht. Er bringt in seinem *Oase Verlag* kulinarische Regionalführer heraus. Ich kenne Genießer, die nicht ohne eines seiner Bücher aus dem Haus gehen, und andere, die es sich zum Ziel gesetzt haben, den kompletten Schwarzwald nach Abels Tipps abzufahren. (Den meisten von ihnen täte es gut, vor dem Einkehren zu wandern oder wenigstens eine Runde um den Gasthof zu laufen.) Auf Abels Tipps kann man sich verlassen. Abel kennt sich aus. Aber passen Sie auf. Manchmal kann einem die Lektüre die Lust aufs Weiterlesen oder sogar den Appetit verderben. Abel schreibt nicht nur über gutes Essen in guten Gasthöfen. Nein, er schreibt auch ausführlich über *schlechtes* Essen in *schlechten* Gasthöfen und lässt sich in aller Ausführlichkeit darüber aus, was an der Welt im Allgemeinen und mit den Menschen im Besonderen nicht stimmt, wenn sie sich mit so etwas zufriedengeben.

Natürlich gibt es auch im Schwarzwald schwarze Schafe. (Leider begegnet man gerade als Tourist, der sich nicht auskennt und nur einen begrenzten Aktionsradius hat, immer wieder Vertretern dieser Spezies.) Auch hier schmecken die Spätzle schon mal nach Fabrik. Auch hier wird der Wein in viel zu kleinen Gläsern ausgeschenkt. Auch hier lässt das Preis-Leistungs-Verhältnis zu wünschen übrig. Und auch hier ist mir auf der Herrentoilette, die ich mit einem großen Fliegenschwarm teilte, schon eine alte Frau in Kittelschürze begegnet, die ein verstopftes Pissoir energisch mit einem Pümpel bearbeitete, um wenige Minuten später in den Gastraum geschlurft zu kommen und mir das Schnitzel zu bringen, das ich zuvor bei ihrer jungen Kollegin bestellt hatte. Da es nicht den Eindruck machte, als habe sie sich zwischenzeitlich die Hände gewaschen, verschwieg ich meiner weiblichen Begleitung diese Begegnung lieber.

Aber das gibt es eben auch im Schwarzwald: dass die Winzer und Bauern für ein paar Wochen im Frühjahr und im Herbst einen großen Strauß ans Dach hängen. Damit sind sie Straußenwirtschaften und bieten all das an, was die eigenen Gärten und Äcker hergeben. Hier kann man sich nach einer Wanderung in uriger Umgebung an einfachen, wohlschmeckenden Gerichten wie Flammkuchen, Kartoffelsuppe, Wurstsalat, *Schäufele* oder Bauernbratwürsten laben. Es gibt einen eigenen Straußenführer für Freiburg und Umgebung. Dieses dünne Heftchen, das in Kiosken und Buchläden ausliegt, können Sie wegen seiner knallbunten Farben nicht übersehen.

Und das gibt es eben auch im Schwarzwald: dass man in den *Drei Schneeballen* in Hofstetten nicht eine, sondern zwei frische Forellen serviert bekommt, die sagenhaft schmecken. Sie werden in einem kleinen Bach hinter dem imposanten Gasthof gezüchtet, der sich seit mehr als 500 Jahren im Familienbesitz befindet. Heute kocht hier Werner Neumaier, und er legt allergrößten Wert auf Frische und Qualität. Auf meine Frage, wieso er nicht, wie andernorts üblich, nur *eine* Forelle serviere, erklärte er, weil sie eben etwas kleiner seien. Und wieso sind sie kleiner?, fragte ich. Weil er sie schlachte, ehe sie ausgewachsen seien. Und wieso das? Er sah mich verdutzt an. »Ganz eifach«, antwortete er schließlich, »weil se dann besser schmecke.«

Welch eleganter Übergang zu den kulinarischen Spezialitäten des Schwarzwalds. Frische Forellen gehören dazu. Sie werden blau serviert oder gebraten. Für Letzteres lohnt es sich, ein gutes Lokal zu kennen, damit der Geruch von gebratenem Fisch nicht tagelang in der Wohnung hängt.

Eine andere Spezialität sind Kutteln. Ich habe sie noch nie probiert. Kutteln sind der Magen der Kuh, und das ist mir immer zu unappetitlich gewesen. Das Gleiche gilt für die Hirnsuppe, die eigentlich nur an Fasnet serviert wird. Als Kind aß ich gern Leberle, gebratene Schweins- oder Rinderleber. Seit jeder Arzt dringend von Innereien abrät, weil sie wie ein Schwamm all die Schadstoffe aufsaugen, die dem Tier in seinem mehr oder weniger langen Leben zugeführt werden, habe ich Abstand davon genommen. Aber kann es sein, dass Leberle sowieso von den Speisekarten weitgehend verschwunden ist?

Was hier auf jeder Vesperkarte steht, ist der Wurstsalat. Lyoner Wurst wird in sehr feine Streifen geschnitten, mit Gürkchen, Zwiebeln und eventuell Radieschen verfeinert und mit einer einfachen Vinaigrette aus Essig, Öl, Salz und Pfeffer angemacht. Wird Käse dazu geschnitten, heißt er Schweizer oder Elsässer Wurstsalat (wie wohl die Schweizer und die Elsässer dazu sagen?). Elsässer Wurstsalat mit Bauernbrot (und keinesfalls Weißbrotscheiben!) schmeckt nicht überall gleich gut. Folgende Gasthäuser werden von führenden Elsässer Wurstsalat-Fans empfohlen: die *Kellerstrauße* in Schallstadt. Der *Adler* in Buchenbach. Der *Filou* in Reute. Die *Ziegelhofstraußi* in Ballrechten-Dottingen. *Felsenstüble* in St. Märgen. *Rieggers Weinstube* in Villingen. *Zur Küferei* in Oberrotweil. Das *Eichbergstüble* im Glottertal. *Gasthaus Kranz* in Griesheim bei Offenburg. Die *Prinzenstube* in Baiersbronn-Tonbach. Der *Ochsen* in Mühlenbach. Das müsste genügen.

Eine andere Variante ist Wurstsalat mit *Brägele*. Brägele ist alemannisch für Bratkartoffeln. Vermutlich waren die Brägele zu einer Zeit, als die Schwarzwälder es sich nicht leisten konnten, so viel Wurst zu essen, bis sie satt waren, eine gängige Sättigungsbeilage. »Schmecksch de Brägl« wird gefragt, wer es mit einer brenzligen Sache zu tun hat.

Das *Schwarzwaldstübchen* in Berlin hat Wurstsalat mit Brägele mittlerweile auf seiner Speisekarte. Als das Lokal in der Tucholskystraße vor einigen Jahren eröffnete und sich dort regelmäßig ein paar Schwarzwälder trafen, um sich die Spiele des Sport-Club Freiburg anzusehen, war diese Kombination noch unbekannt. Wir ernteten immer verwirrte Blicke der meist studentischen, ganz offensichtlich nicht aus unserer Heimat stammenden Bedienungen. Sie sollten Wurstsalat mit Brägele unbedingt probieren. Die milde Süße der Wurst in ihrer sauren Soße harmoniert perfekt mit dem erdig-rauchigen Aroma der gebratenen Kartoffeln.

Ein anderes Armeleuteessen ist *Bibiliskäs*, ein Quark, der mit frischen Kräutern vermengt und mit Bauernbrot serviert wird. Lecker. Vegetarisch. Nicht unbedingt kalorienarm.

Die Krone aber setzt der Schwarzwälder Küche das Fleisch auf: vor allem Wild und Schäufele. Vegetarier sollten den nächsten Absatz also überspringen. In den Wäldern tummeln sich Rehe, Hirsche und Wildschweine, die Förster sind gute Schützen, und so kann man im ganzen Schwarzwald hervorragende Wildgerichte verspeisen. Rehrücken, Hirschmedaillons oder Wildschweinbraten mit Spätzle oder Kroketten und viel guter Soße, dazu Wirsinggemüse, Rot- oder Rosenkohl. Herrlich. Jeder Schwarzwälder kennt seine zwei, drei Lokale, in die er geht, wenn Saison ist. Wenn Sie unsicher sind, wo Sie einkehren sollen, fragen Sie einfach einen Einheimischen. Was man hat, teilt man gern, und was man weiß, teilt man gern mit. Es ist überhaupt auffällig, dass Schwarzwälder gern übers Essen und übers Essengehen reden, und das nicht erst, seit das Kochen zum Dauerbrenner auf allen Fernsehkanälen wurde.

Schäufele ist ein Stück Heimat. Noch heute gibt es bei meinen Eltern an Weihnachten Schäufele mit Kartoffelsalat. Dabei sind sie gar keine gebürtigen Schwarzwälder und leben seit über zwanzig Jahren im Allgäu. Sie lassen sich jedes Jahr eins schicken. Bei ihnen ist es wieder so wie vor hundert Jahren, als das Schäufele nur an sehr hohen Festtagen kredenzt wurde.

Das Schäufele ist ein Stück der Schweineschulter, das den Schulterblattknochen umschließt, der einer Schaufel ähnelt. Heutzutage bekommt man es meistens schon entbeint. (Womit ein Festtagsknochen für den Haushund flöten gegangen ist.) Im Fränkischen wird Schäufele wie ein Schweinebraten zubereitet, im Schwarzwald gepökelt und geräuchert und dann zwei Stunden in einem Sud aus Wasser, Wein, Essig, Zwiebeln, Nelken und Lorbeer gegart. Sein Fleisch ist von einem schönen, intensiven Rot, es schmeckt würzig und ein wenig rauchig und hat einen feinen Stich ins Säuerliche. Es muss bissfest, aber weich sein, sodass man es fast mit der Gabel zerteilen kann, zumindest entlang der Faser. Es ist eines meiner absoluten Lieblingsgerichte, und ich bin froh, dass ich nicht mehr jedes Jahr bis Weihnachten warten muss, bis ich es essen darf, weil es mittlerweile das ganze Jahr über angeboten wird.

Das führt zum nächsten Dilemma. Ich kann Ihnen zwar sagen, dass Sie diese typische Spezialität unbedingt probieren müssen. Aber nicht, wo. Normalerweise tritt man als Gast vor ein Gasthaus, studiert die Speisekarte, und wenn man etwas Ansprechendes entdeckt und die Preise stimmen, tritt man ein, bestellt und isst. Nun muss das Schäufele, je nach Größe und ob es eins mit oder ohne Knochen ist, eineinhalb oder zwei Stunden in siedendem Wasser ziehen. So punktgenau kann es aber kein Koch aus dem Wasser holen. Woher soll er wissen, ob überhaupt Gäste kommen, und wenn ja, wann und wie viele? Also stellt er das Schäufele warm oder lässt es im Sud liegen. Dadurch beginnt es, trocken und ein wenig zäh zu werden und seine schöne rote Farbe zu verlieren und irgendwann nach Rippchen zu schmecken und nicht mehr nach Schäufele, was ja nicht der Sinn der Sache ist, denn wenn man Rippchen will, bestellt man eines oder geht gleich nach Hessen, wo sie sehr gute Rippchen zubereiten, aber man bestellt kein Schäufele im Schwarzwald. Ich habe diese Erfahrung immer wieder gemacht und es irgendwann einfach nicht mehr bestellt.

Was machen wir denn nun? Sie könnten versuchen, während Ihres Aufenthalts einen Schwarzwälder kennenzulernen, der Sie zu sich nach Hause einlädt und Ihnen dort diese Köstlichkeit kredenzt. So wie zwei Japanerinnen, die mich einst am Freiburger Hauptbahnhof nach dem Weg fragten und mich dann mühsam in ein Gespräch zu verwickeln versuchten. Ich war in Eile, es war der 20. Dezember kurz vor Ladenschluss, und ich musste dringend noch ein paar Weihnachtsgeschenke besorgen. Aber natürlich fühlte ich mich auch geschmeichelt. Bis rauskam, dass sie unbedingt eine typisch deutsche Weihnacht erleben wollten und jemanden suchten, der sie mit zu sich nach Hause nahm.

Es wird Ihnen wohl nichts anderes übrig bleiben, als doch in ein Gasthaus zu gehen und eins zu bestellen. Dort schmeckt Schäufele ja nicht schlecht. Nur anders. Oder aber Sie greifen zu etwas, das eigentlich gar nicht in den frischen, fröhlichen, naturbelassenen Schwarzwald passt, einem Schäufele im Plastiksack. Seit ein paar Jahren wird es nämlich auch vorgegart angeboten. Das legt man dann *im* Plastikschlauch ins Wasser und lässt es zwei Stunden ziehen. Oder waren es eineinhalb? Mein Bruder, der in Karlsruhe lebt, hat mir mal eins geschickt, und ich musste zu meiner Überraschung feststellen, dass es ziemlich gut schmeckte.

Seit einigen Jahren geht alles zurück zur Natur und da im Besonderen zurück zum Regionalen. Auf der ganzen Welt besinnen sich Köche auf die Produkte ihrer Heimat. Dieser Trend ist auch am Schwarzwald nicht spurlos vorübergegangen. Obwohl das hier viele Gastwirte schon immer getan haben, ohne viel Tamtam. Aber weil heutzutage nichts mehr ohne Label geht, gibt es jetzt die »Naturparkwirte«. So darf sich nur nennen, wer in seiner Küche hauptsächlich Produkte von Schwarzwälder Wiesen, Weiden und Wäldern verwendet – egal ob es sich um Früchte, Gemüse, Kräuter, Milchprodukte, Fisch oder Fleisch handelt. Schließlich wollen immer mehr Feinschmecker wissen, wo die Sachen herkommen, die sie essen. Wenn man schon mal im Schwarzwald is(s)t, soll der auch auf dem Teller sein. *In dubio pro regio.*

Ein weiterer Trend geht dazu, sich vor dem Essen zu bewegen und zu bilden. Im ganzen Schwarzwald kann man mittlerweile an Kräuterkursen und -wanderungen teilnehmen, auf denen in die Geheimnisse der Wildkräuter eingeführt wird. Man lernt, welche Gräser und Kräuter man essen oder als Heilmittel verwenden kann. Diese Kurse werden meist von sogenannten Kräuterpädagoginnen angeboten. *Wem des z' bled isch*, der kann auch mit einem Koch spazieren gehen. Wanderköche bieten Schlemmerwanderungen an, bei denen in die Würzkraft heimischer Pflanzen eingeführt wird. Aber auch ganz normale Küchenchefs nehmen einen schon mal mit in den Wald, ohne Label und Motto. Was man findet und pflückt, wird anschließend zu einem Menü verarbeitet.

Zu meinem Geburtstag sandte mir mein Internetprovider eine Glückwunsch-Mail. Das beigefügte Bild enthielt eine Luftschlange, Konfetti, eine Rakete und – eine Schwarzwälder Kirschtorte! Natürlich fragte ich mich, woher der Provider weiß, wo ich geboren bin. Aber wahrscheinlich bekommen alle Kunden die gleiche Mail.

Im Gegensatz zu mir stammt die Torte nicht eindeutig aus dem Schwarzwald. Wer diese Kalorienbombe tatsächlich erfunden hat, ist nicht ganz klar. Manche sagen, Bäuerinnen hätten die Kirschen aus ihrem Garten eingekocht und mit frischem Rahm vermischt. Ihre Männer hätten das Ganze dann mit einigen Spritzern Kirschwasser abgerundet.

Der Konditor Josef Keller behauptete, er habe die Schwarzwälder Kirschtorte erstmals 1915 in Bad Godesberg serviert, indem er die Kirschen mit Sahne, die dort auf der Karte standen, auf einem braunen Biskuitboden angerichtet habe. Er habe etwas für die Studenten aus Bonn gesucht, die manchmal scharenweise in sein Café eingefallen und immer sehr hungrig gewesen seien. Studenten sind doch überall gleich.

Das *Café Schäfer* (nicht verwandt) in Triberg will im Besitz des handschriftlichen Originalrezepts von Josef Keller sein, nach dem es die Torte bis heute bäckt. August Schäfer habe von 1924 bis 1927 bei Keller gelernt und zum Abschied dessen Rezeptbuch überreicht bekommen.

In Radolfzell aber, wohin Keller nach dem Krieg zog, beansprucht ein Café, die original Schwarzwälder Kirschtorte nach seinem Rezept zu backen.

Der Stadtarchivar von Tübingen jedoch behauptet steif und fest, ein gewisser Erwin Hildenbrand habe sich die Schwarzwälder Kirschtorte 1930 in Tübingen ausgedacht. Beweis sei ein Foto aus dem Jahr 1936, das im Besitz eines Neffen Hildenbrands ist, auf dem der Onkel neben einer entsprechenden Torte zu sehen ist.

Und ein paar freche Engländer meinen sogar, die Schwarzwälder Kirschtorte sei im Berlin der Dreißigerjahre erfunden worden.

Genauso uneins ist man sich über die Bedeutung der weiß-rot-braunen Farbe der Torte. Mal steht sie für die Tracht aus dem Gutachtal (schwarz das Kleid, weiß die Bluse und rot die Bollen), mal für die Gastfreundschaft und die dunklen Tannen des Schwarzwalds, mal für seine geheimnisvolle, ganz der Romantik verschriebene Dunkelheit.

Ich denke, die Farben stehen für nichts anderes als für sich selbst. Eine Schwarzwälder Kirschtorte besteht aus roten Kirschen, weißer Sahne und braunem Biskuitboden, basta. Sie ist ja keine Pizza Margherita, deren Belag extra für den Besuch der italienischen Königin in den Farben der italienischen Flagge zusammengestellt wurde.

Serviert wird die Torte heute auf der ganzen Welt. Manchmal begegnet sie einem in derart verändertem Zustand, dass man sie gar nicht wiedererkennt. Dann ist sie eine Biskuitrolle, ein Petit-Fours-Törtchen oder ein Stück Trockenkuchen. Aber heißen tut sie immer gleich, nämlich Schwarzwälder Kirschtorte. Oder *Black Forest Cherry Cake, Gâteau Forêt Noire, Karaorman Pastasi* oder シュヴァルツヴェルダー・キルシュトルテ.

Ein Berliner Freund lädt an seinem Geburtstag immer zum Schwarzwälder-Kirschtorten-Essen. Die stammt aus der Tiefkühltruhe im Supermarkt und kostet so viel wie in einem guten Café ein einziges Stück. Eine tiefgekühlte, aber aufgetaute Schwarzwälder Kirschtorte war es auch, die eine 24-jährige Studentin in einer Pappschachtel versteckt zu einer öffentlichen Rede von Günther Oettinger mitbrachte. Als der noch Ministerpräsident war, hielt er mal im Haus der Wirtschaft in Stuttgart eine Rede. Plötzlich trat die junge Frau mit den Worten »Arbeit für alle!« an ihn heran und warf das gute Stück auf den Ministerpräsidenten. Oettinger passierte nichts, nur sein Anzug bekam etwas ab. Die Frau stammte übrigens nicht aus Baden, sondern war eine Schwäbin aus Stuttgart.

Die beste Schwarzwälder Kirschtorte, die ich kenne, backt meine Tante Renate. Sie ist angenehm sahnig, der Teig schön fest, die Kirschen sind aromatisch und die Streusel gut verteilt. Vor allem aber kommt bei ihr das Kirschwasser voll zur Geltung. Das Geheimnis ist, dass Onkel Heinz jedes Stück kurz vorm Servieren noch mal mit einem Kirschwässerle einsprüht, das er vorher in einen Wasserzerstäuber gefüllt hat. *Sunscht schmeckt sie doch gar idde!*

Biergit, Ferdinand und andere Hochprozenter.

Die Getränkekarte des Schwarzwalds

Biergit lebte lange Jahre in der kleinen Gemeinde Grafenhausen, ohne die Grenzen des Hochschwarzwalds auch nur ein Mal zu verlassen. Warum auch? Hier gefiel es ihr, hier kannte und achtete man sie, und es störte sich auch niemand daran, dass sie seit fünfzig Jahren in denselben altbackenen Kleidern herumlief. Irgendwann muss sie es sich anders überlegt haben, denn seit ein paar Jahren begegnet man ihr nicht mehr nur in Grafenhausen, Häusern und Menzenschwand, sondern auch in Berlin, Hamburg und Leipzig. In München ist sie genauso Gast wie in Dresden, Würzburg und Hannover. Biergit ist das grinsende Mädchen, das das Etikett auf dem *Tannenzäpfle* ziert, der kleinen Pilsflasche der In-Brauerei Rothaus. Ihr vollständiger Name lautet *Biergit Kraft*. Denn Bier gibt Kraft. Als Kind habe ich Biergit lange für einen Mann gehalten, der dichten Augenbrauen wegen.

Jahrhundertelang wurde im Schwarzwald nur regionales Bier getrunken. Kunststück, es war ja kein anderes da. In den Siebzigerjahren fingen die nationalen und internationalen Großbrauereien an, mit ihren Produkten in die regionalen Märkte einzudringen, und seit den Achtzigern bieten die Kneipen in

Freiburg und im Schwarzwald ganz selbstverständlich bayerisches Weizenbier, tschechisches Pils und andere Exoten an. Bis auf belgisches Erdbeerbier haben sich alle etabliert. Nur die ganz Großen, hieß es, würden überleben. Dass die Menschen sich immer gesundheitsbewusster ernähren und immer weniger Bier trinken, tat sein Übriges. Die großen Brauereien kauften dazu und erhöhten jährlich ihren Ausstoß, viele kleinere Brauereien, oft noch im Familienbesitz, gingen ein. Allen anderen sagte man den nahen Untergang voraus. Das war traurig. Aber machen wir uns nichts vor, als die kleinen, grünen Flaschen aufkamen, fanden wir sie auch cooler als die braunen, bauchigen, die die alten Männer an den Stammtischen tranken. Eine Kneipe, die kein Beck's im Angebot hatte, hatte einen schweren Stand. Wir waren Freunde der Globalisierung, die Biere aus aller Welt an unseren Tresen brachte. Nach ein paar Jahren aber wurde es langweilig, überall Bitburger, Warsteiner und Köpi kredenzt zu bekommen, die bei Blindtests schon längst niemand mehr unterscheiden konnte. Und wir begannen uns nach einem Bier zu sehnen, das noch Ecken und Kanten hat und seine regionalen Wurzeln nicht verleugnet.

Es war nur eine Frage der Zeit, bis Biergit und das Tannenzäpfle von einem größeren Publikum entdeckt wurden. Das Etikett, das seit fünfzig Jahren nicht verändert worden war, sah plötzlich nicht mehr rückständig und provinziell aus, sondern ehrlich und authentisch. Dass das, was hinter Biergit am Baum hängt, keine Tannen-, sondern Fichtenzapfen sind, störte auch nicht weiter, sondern wurde als weiteres Indiz ihrer sympathischen Eigenwilligkeit gedeutet. Das Tannenzäpfle ist geschmacklich nicht mit den großen »Fernsehbieren« zu vergleichen, wie der Brauereimeister von Rothaus diese mal abschätzig nannte. Es schmeckt würzig und süffig und hat einen süßlichen Ton, wegen dem es auch gern von Schwarzwälderinnen getrunken wird. (Allerdings genießen manche Schwarzwälder es mit Vorsicht, weil es ein Kopfwehbier sein soll.)

Jahrelang haben wir diskutiert, ob die 0,33-Liter-Tannen-zäpfle-Flaschen das gleiche Bier enthalten wie die 0,5-Liter-Pils-Flaschen. Heute weiß ich, dass es identisch ist. Biergit hat es mir verraten. Vorausgesetzt, es war Biergit, die das Telefon abnahm, als ich in der Brauerei angerufen habe.

Den Benediktinermönchen, die die Brauerei 1791 gegründet hatten, blieb nur wenig Zeit, sich daran zu laben. Im Zuge der napoleonischen Reformen und Säkularisierungen ging sie 1806 in den Besitz des Großherzogtums Baden über. Heute heißt sie offiziell »Badische Staatsbrauerei Rothaus AG« und gehört zu hundert Prozent dem Land Baden-Württemberg. Auch die beste Brauerei kann sich nicht auf ihrem Namen ausruhen, sondern muss mit der Zeit gehen: Für die vielen Fans, die sehen wollen, wie und wo ihr Lieblingsbier entsteht, hat man ein Besucherzentrum eingerichtet.

Zuletzt sind Austoß und Umsatz allerdings leicht gesunken. Die Brauerei erklärt das mit erschwerten Wettbewerbsbedingungen. Die Konkurrenz arbeite mit Preisnachlässen, was Rothaus nicht tue. Das dürfte nicht der einzige Grund sein. Die Zahl der kleinen Brauereien ist in den letzten Jahren um ein Viertel gestiegen. In Deutschland gibt es über 650 Stätten der Braukunst. Die graben sich bei sinkendem Bierkonsum natürlich gegenseitig das Wasser ab. Vor ein paar Jahren war Rothaus oft das einzige regionale Bier, das angeboten wurde. Mittlerweile tummeln sich zwanzig und mehr Sorten in den Regalen, viele aus dem Bierland Bayern. Dazu kommen Biere aus Polen, Tschechien, Holland oder Belgien, deren Namen keiner richtig aussprechen kann, und neuerdings Mikro-Brauereien, die Gewürze, Chili oder Kürbis in den Hopfentrunk mischen. Diese Getränke dürfen sich wegen des Reinheitsgebots zwar nicht Bier nennen, nehmen den Platzhirschen allerdings trotzdem Kunden weg.

Aber auch diesen Gegenwind wird Rothaus überstehen. Der jährliche Ausstoß ist sowieso auf 900 000 Hektoliter begrenzt.

Die sieben eigenen Quellen geben nicht mehr Wasser her, und anderes könnte den Geschmack beeinträchtigen. Die Landesregierung, die jährlich viele Millionen Dividende mit dem Bier verdient, will außerdem nicht, dass ein Staatsbetrieb in Konkurrenz zu den kleinen und mittelständischen Brauereien der Umgebung tritt, von denen es Gott sei Dank immer noch einige gibt. Manche haben nicht mal einen Ausstoß von 10 000 Hektolitern pro Jahr. Eine eigene, unverwechselbare Note haben sie alle.

Ich trinke am liebsten Fürstenberg und Alpirsbacher. Empfehlenswert sind auch Lenzkircher, Hoepfner aus Karlsruhe, Hirschenbräu aus Waldkirch, Löwen aus Elzach, Ganter aus Freiburg und Waldhaus. Das wird keine fünfzehn Kilometer von Rothaus entfernt gebraut. Fährt man vom Schluchsee hinunter nach Waldshut, kommt man nach Waldhaus. Wenn man nicht weiß, dass sich in dem winzig kleinen Weiler, in dem nur ein Haus, ein Gasthaus und ein Stall stehen, eine Brauerei befindet, übersieht man sie glatt. Das liegt aber auch an dem unverschämt schönen Panorama aus Schwarzwald, Rheinebene und Alpen, das einen ablenkt. Selbst die riesigen Wasserdampfsäulen, die aus den Kühltürmen der schweizerischen Atomkraftwerke aufsteigen, fügen sich aufs Malerischste ins Gesamtbild ein.

Ein anderes wichtiges Getränk der Schwarzwälder ist der Schnaps. Er wird im gesamten Schwarzwald, vor allem aber in Oberkirch und den umliegenden, sonnenreichen Hängen und Tälern des Mittelschwarzwalds gebrannt. In Offenburg werden alle zwei Jahre die besten Brände prämiert. An drei Tagen werden über 3000 Brände, Liköre und Brände mit Fruchtauszug getestet und knapp 2000 Gold-, Silber- und Bronzemedaillen vergeben. Allein die Zahlen machen betrunken.

Das Brennen von Obst war schon immer eine gute Möglichkeit, es haltbar zu machen. Das war auch bitter nötig, denn die Winter konnten damals so lang und hart sein, dass man sie ohne den Trost von Hochprozentigem kaum überstand. Im Sommer wurden Äpfel, Birnen, Zwetschgen und Mirabellen gesammelt und eingemaischt. Im Winter, wenn die Arbeit auf den Feldern erledigt war, wurde das vergorene Obst in den Kellern gebrannt. Daran hat sich im Großen und Ganzen bis heute nichts geändert. Schon 1726 hat der Bischof von Straßburg das Brennen von Kirschen zum Eigengebrauch gestattet.

Heute gibt es im Schwarzwald 15 000 Kleinbrenner. Diese Dichte ist, auf die Bevölkerung umgerechnet, weltweit einmalig. Gut die Hälfte davon brennt im Ortenaukreis. Das Brennrecht wird von Generation zu Generation weitervererbt und erlischt erst, wenn zehn Jahre lang nicht gebrannt wurde. Die Schwarzwälder, die nicht selbst brennen, haben alle einen Bauern oder Obstbauern ihres Vertrauens, von dem sie ihr Lebenswasser beziehen.

Es sollte jedem Konsumenten klar sein, dass es im Schwarzwald nicht so viel Obst gibt, dass die großen Brennereien, die Supermärkte im In- und Ausland beliefern, ihre Mengen produzieren könnten, ohne im Ausland dazuzukaufen. Die Preise für Brennobst werden vom Weltmarkt bestimmt, und ein Kleinbrenner, der nicht genannt werden möchte, behauptet sogar, dass sich die Großen längst komplett in Osteuropa eindecken.

Chriese oder *Chriesi* heißt die Kirsche im Alemannischen, und der Schnaps *Chriesewässerli*. Auch wenn es so klingt: Es ist kein Krisenwasser, das hilft, wenn es einem schlecht geht. Man sollte nie aus Kummer trinken. Der Name »Schwarzwälder Kirschwasser« ist gesetzlich geschützt. So darf nur der Schnaps heißen, dessen Kirschen tatsächlich von hier und nicht aus Nachbars Garten stammen. Gezuckert werden darf er auch nicht. Hüten Sie sich also vor Formulierungen wie »Kirschwasser aus dem Schwarzwald« und ähnlichen.

In den Weinbaugebieten werden auch die Trauben gebrannt. Obacht: Traubenwasser ist nicht das Gleiche wie Trester. Ein Schnapsbrenner aus Jechtingen im Kaiserstuhl erklärte mir, dass

Traubenwasser erste Liga sei, Trester nur zweite. Für Traubenwasser wird nämlich die ganze Traubenbeere gebrannt. Manche Brenner verwenden sogar nur Edelsorten wie Gewürztraminer oder Muskateller und lassen diese nach dem Brennen im Eichenfass reifen. Beim Trester hingegen werden die beim Keltern abgepressten Stiele und Schalen eingemaischt und gebrannt. »Sie sehen also, das ist die 2. Liga.«

Viele Bauern und Kleinbrenner verkaufen ihren Schnaps auf Bauern- und Wochenmärkten oder im eigenen Hofladen. Beim Verband Badischer Klein- und Obstbrenner mit Sitz in Oppenau können Sie die Adressen beziehen. Besuchen Sie einen Kleinbrenner, und kaufen Sie sich ein Fläschchen Himbeere oder Williams. Es lohnt sich. Aber passen Sie auf. Die Obstbauern sind gesellige und freundliche Menschen, und ehe man sich's versieht, haben sie schon das Glas vollgeschenkt. *Sie müsse doch probiere, was Sie kaufe.* So ging es uns bei unserem letzten Besuch beim Springbauern in Durbach. In dem ehemaligen Geräteschuppen, in dem sich ein kleiner Ausschank und ein paar Tische befinden, saßen ein Dutzend Frauen, die schon sicht- und hörbar guter Laune waren. »Des sin die Landfraue vu Gengebach«, erklärte die Springbäuerin, als sie zu uns vor die Tür trat. Im Schwarzwald ist Schnaps keine reine Männerangelegenheit.

Auch auf dem Freiburger Erzeugermarkt kann man sich mit hervorragenden Destillaten eindecken. Sie sind preisgünstig, auf aufwendiges Design wird kein Wert gelegt. Abgefüllt wird in Flaschen, die wir Normalsterblichen normalerweise ins Altglas schmeißen; mal sind sie weiß, mal braun, mal haben sie einen Korken, mal einen Schraubverschluss, das Etikett ist selbst beschriftet und am Fotokopierer vervielfältigt. Größere Mengen werden direkt ab Hof in Fünf-Liter-Plastikkanistern angeboten. Außerdem fallen die Händlermargen weg. Das heißt nicht, dass Schwarzgebranntes angeboten wird. Der Zoll achtet penibel darauf, dass die Öfen außerhalb der Brennsaison verplombt sind. Hat ein Stand mehrere Sorten im Angebot, können Sie den Erzeuger in die Kaufentscheidung einbeziehen. Einmal hat mich ein Bauer aufgefordert, die Hände aufzuhalten. Er schüttete ein wenig Schnaps hinein, dann sollte ich ihn verreiben und daran riechen. Ein andermal konnte ich mich nicht entscheiden, ob ich Birne, Pflaume oder Obstler nehmen sollte. Die Bäuerin, die mein Zögern sah, erklärte *uff guet Badisch*, der Sohn habe letztens seinen 40. gefeiert und nach dem Essen Schnaps gereicht, und als es ans zweite Glas ging, hätten alle Gäste vom Pflaumenschnaps gewollt. *Also muen seller der beschte sii.* Ich kaufte eine Flasche, die in eine *Guggel* gepackt wurde, eine Tüte. Die Bäuerin hatte recht. Der Brand war ausgesprochen wohlschmeckend und bekömmlich und mit 40 Prozent Alkohol auch nicht übermäßig stark.

Nicht alle Brände sind so sanft. Die Schwarzwälder mögen es lieber schärfer, und gebrannt wird, was der Kunde will. Der Vater meines Freundes V. hat Schnaps unter 48 Prozent gar nie angerührt. V. gefällt es vielleicht nicht, dass ich an dieser Stelle seinen Vater erwähne, weswegen beide namenlos bleiben müssen. V. senior ist vierfacher Vater, achtfacher Großvater, pensionierter Gemeindearbeiter, Ehrenkommandant der freiwilligen Feuerwehr und Ehrenvorsitzender der Musikkapelle. Ein verdienter alter Mann, dem das Leben immer noch gefällt. Am liebsten sitzt er auf der Bank vor dem Bauernhof in Z., in dem er vor achtzig Jahren geboren wurde, und schaut den jungen Frauen hinterher, die auf dem Weg ins Schwimmbad an ihm vorbeiradeln. V. senior hat in seinem ganzen Leben noch keinen Urlaub gemacht und sein Dorf nur verlassen, wenn der Musikverein einen Auftritt hatte oder die freiwillige Feuerwehr ihren Jahresausflug machte. Auf diese Reisen hat er keine Zahnbürste mitgenommen, sondern nur selbst gebrannten Obstschnaps. Am Morgen nach dem Aufstehen nahm er einen Schluck, spülte sich den Mund damit aus und war frisch für den ganzen Tag.

Wenn Sie es V. senior gleichtun wollen oder Ihre Zahnbürste vergessen haben: Der Trick ist, das Mundwasser nicht herunterzuschlucken.

Die verbreitetsten Brände sind Kirsch, Trester, Birne, Zwetschge und Obstler, also Apfel und Birne zusammen. Die stehen in jedem Supermarktregal, bei Trester greifen die meisten allerdings lieber zu italienischem Grappa. Wenden wir uns also ein paar selteneren Sorten zu, die es fast nur im Schwarzwald gibt und die Sie unbedingt probieren sollten: Zibärtle und Topinambur.

Meinen ersten Zibärtle habe ich bei Thomas Daibler in der Herrenstraße erworben. In einem winzigen Weinladen verkauft er Weine und Schnaps vorwiegend aus hiesiger Produktion. Herr Daibler ist ein typischer Freiburger, immer für ein Schwätzle zu haben. Dieses geht oft über die reine Verkaufsberatung hinaus. Denn Schwätzle heißt, dass man erklärt, aber auch zuhört. Für einen weltoffenen Badener sind andere Menschen und Meinungen grundsätzlich was Interessantes.

Zibärtle wird aus kleinen dunkelvioletten Wildpflaumen gemacht, den Zibarten. Ihr Schnaps besticht durch sein besonderes Aroma. Ein guter Zibärtle schmeckt so fruchtig und intensiv, dass man beim Trinken meint, noch die Pflaume schreien zu hören. Dazu kommt eine feine Marzipannote. In jedem Fall läuft einem etwas ganz Authentisches die Kehle hinunter. Früher war Zibärtle ein einfacher Bauernschnaps. Dass er keinen Siegeszug angetreten hat, liegt daran, dass die Sträucher der Zibarte nicht sehr ergiebig sind und nur in seltenen, mittelhohen Lagen des Schwarzwalds wachsen. Und auch da hatten sie es schwer, sich zu behaupten. Die meisten Sträucher fielen der Landwirtschaft zum Opfer. Ihre Rettung war, dass das ehemalige Armeleutegetränk Schnaps in den letzten zwanzig Jahren eine so immense Aufwertung erfahren hat und dass mit Raritäten wie dem Zibärtle mittlerweile gutes Geld zu verdienen ist.

Topinambur ist eine kartoffelähnliche Pflanze, die im 17. Jahrhundert aus Nordamerika eingeführt wurde. Weil sie aber nur begrenzt lagerbar und bei Weitem nicht so ertragreich ist wie die Kartoffel, hat sie sich nicht durchgesetzt. Nur wenige Brenner bieten Topinambur an. Schwarzwälder nennen das Destillat auch Rossler. Topinamburen wurden als Rossäpfel an die Pferde verfüttert. Auch ihn sollten Sie unbedingt probieren. Aber während sich beim Zibärtle der Kauf einer ganzen Flasche lohnt, auch weil er ein schönes Souvenir ist, empfiehlt es sich, beim Rossler Vorsicht walten zu lassen. Er ist zwar sehr authentisch, hat aber auch etwas Galliges, Derbes, beinahe Ordinäres. Kann gut sein, dass die Rosskur vom Rossler kommt.

Schwarzwälder wandern gern. Und sie trinken gern mal einen Schnaps. Richtig glücklich sind sie, wenn beides zusammenkommt. Man läuft den ganzen Tag, kehrt abends in einem gemütlichen Dorfgasthof ein, isst und trinkt gut, sitzt noch ein bisschen mit den Freunden zusammen und lässt den lieben Gott einen guten Mann sein. Zur Abrundung des Tages gönnt man sich ein Gläschen. Vielleicht auch zwei. Will man am nächsten Tag weiterlaufen, sollte man es bei dreien belassen.

Bis vor Kurzem war auf dem Querweg Lahr–Rottweil–Hansjakobweg der Schnaps nicht der Tagesabschluss, sondern Teil der Wegzehrung. Auf dem Schießacker, einer Anhöhe bei Oberbiederbach im Elztal, von der man einen wundervollen Blick in die umliegenden Täler hat, konnte man sich Schnaps zapfen. Mitten auf der Wiese, bewacht von grasenden Vorderwälder Kühen, steht ein drei mal vier Meter großer Quader aus Stein und Beton, an dem sich wie an einer Zapfanlage zwei Röhrchen und ein schmaler Tresen befinden. Warf man einen Euro in das weiße Metallkästchen daneben, kam aus dem linken Röhrchen Schnaps und aus dem rechten Most. Gläser standen selbstverständlich zur Verfügung. Dieser eigenwillige, etwas grobschlächtige Brunnen geht auf einen regionalen Bankdirektor zurück, der sich damit einen langjährigen Traum erfüllte.

Leider sind seine Quellen versiegt, auf Anordnung der örtlichen Behörden. Der Brunnen war im Zeitalter des Komasaufens nicht länger mit den Regeln des Jugendschutzes vereinbar.

In den letzten Jahren sind Olivenöl, Essig, Schokolade und in Reis eingewickelter roher Fisch zu *den* Markenzeichen guten Geschmacks geworden. Eine Weile lang spielten auch Zigarren eine Rolle, aber die scheinen wieder in der Versenkung verschwunden zu sein. Dafür rückt gerade Senf nach. Man kann *Cohibas* nicht unbedingt mit Kräuter- oder Orangensenf vergleichen, aber wer hätte denn vor ein paar Jahren zehn Euro für ein Töpfchen davon ausgegeben?

Aber mit nichts kann man *Savoire-vivre*, Geschmackssicherheit und Lifestyle so gut zum Ausdruck bringen wie mit Wein und der beiläufig zur Schau gestellten Kenntnis desselben. »Rot oder Weiß?« gilt nur noch im Zusammenhang mit Pommes frites. Wer was auf sich hält, hat seinen Keller gut bestückt. Auch wenn es renommierte Weinkritikerinnen, weibliche Sommelières und viele andere Frauen gibt, die sich auskennen – es sind doch mal wieder vor allem die Männer, die einen unglaublichen Affenzirkus um den Rebensaft veranstalten. Ist man zum Abendessen eingeladen und bringt eine Flasche mit (und sei es eine günstige, die von der letzten Fete übrig geblieben ist), ist es immer der Mann, der diese annimmt und gleich wieder von sich hält, um mit Kennerblick das Etikett zu mustern und die Rückseite zu studieren, als stünde dort die Weltformel.

Vielleicht mögen Männer Wein deshalb so gern, weil man ihn wie Armbanduhren, Briefmarken und Fantasy-Spielkarten sammeln (und dadurch unter Umständen sogar seinen Wert steigern) kann. Und weil man sich stundenlang darüber unterhalten kann. Im Restaurant geben sich Fachmänner dadurch zu erkennen, dass sie den kredenzten Tropfen erst mal riechen und gurgeln, ehe sie einen vorsichtigen ersten Schluck nehmen. Dabei sind sie sich immer der Blicke der anderen Gäste bewusst, die so höflich sind, zu warten. Erst wenn der Herr durch ein beiläufiges Nicken sein Okay gegeben hat, dürfen auch sie los-legen. Die wahren Profis lassen einen Wein auch schon mal zurückgehen, weil er korkt. Peinlich wird es, wenn die Flasche gar keinen Naturkorken hatte, sondern einen aus Kunststoff oder, eine ernst zu nehmende Alternative, aus Glas. Alles schon erlebt.

Hinuntergestürzt wird Wein nicht. Dafür ist er im Lokal auch meist viel zu teuer. Es ist eine Unsitte, dass Weine irgendwann nicht mehr in Viertelegläsern, sondern nur noch in 0,2-Liter- und dann irgendwann nur noch in 0,1-Liter-Gläsern ausge-schenkt wurden, und das bei gleichbleibenden Preisen pro Glas. Eine Frechheit ist auch, dass eine Flasche, die im Supermarkt keine sechs Euro kostet, im Restaurant für dreißig und mehr verkauft wird. Nur weil er teuer ist, schmeckt er ja nicht auto-matisch besser.

Und jetzt halten Sie sich fest: Im Schwarzwald ist das alles anders! Die Schwarzwälder haben sich diese Lebenskunst nicht extra aneignen müssen, sie haben sie immer schon beherrscht. Hier blufft keiner, und alle kennen sich aus. Der Wein wächst hier seit 2000 Jahren und ist den Schwarzwäldern im wahrsten Sinne des Wortes in Leib und Blut übergegangen. Hier trinken alle nur gut bis sehr gut ausgebaute Weine zu moderaten Prei-sen, und zu kleine Gläser akzeptiert hier auch niemand.

Klingt unglaubwürdig? Sie haben recht. Leider. In vielen Lokalen des Schwarzwalds ist es wie überall sonst auch, viel Geschwätz, kleine Gläser, zu teure Flaschen, besonders in den Städten. In den Bergen oben wird sowieso nur Bier ausge-schenkt.

Dennoch: In den Winzerdörfern im Kaiserstuhl und am Tuniberg, bei Oberkirch und im Markgräflerland können Sie viele hervorragende Tropfen zu vernünftigen Preisen finden. Badischem Wein geht es gut, denn er ist von der Sonne ver-wöhnt. Badischen Menschen geht es besser, sie sind von der Sonne *und* vom badischen Wein verwöhnt. Die meisten Win-

zer und Winzergenossenschaften bieten ihre Flaschen ab Hof
an. Die beliebtesten Sorten sind der rubinrote, samtige Spät-
burgunder (36 Prozent aller badischen Weine), dessen Aroma
an Brombeeren und Kirschen erinnert, und Müller-Thurgau
(20 Prozent), dem eine greifbare Fruchtigkeit und eine char-
mante, manchmal herbe Säure zu eigen ist. Er geht auf Prof.
Dr. Müller aus dem schweizerischen Kanton Thurgau zurück,
der Riesling und Madelaine Royale (und nicht, wie lange
geglaubt, Silvaner) kreuzte.

Gutedel wächst in Deutschland fast nur im Markgräflerland,
südlich von Freiburg. Gutedel soll eine der ältesten Kulturre-
ben der Welt sein und aus Palästina stammen. Über Griechen-
land, Frankreich (wo die Traube Chasselas heißt) und die
Schweiz (da heißt sie Fendant) kam sie nach Baden. Markgraf
Friedrich holte sie Ende des 18. Jahrhunderts ins Markgräflerland. Gutedel ist ein leichter, süffiger und bekömmlicher Trink-
wein. Er passt zu Fisch und Fleisch, Käse und Spargel. Irrtümlich glaubte ich, dass es Gutedel *nur* im Markgräflerland gebe.
Und staunte nicht schlecht, als ich bei einer Kanutour durchs
Saale-Unstrut-Tal auf Gutedel-Flaschen stieß. Also sprach ich
bei meinem nächsten Besuch in Staufen den Besitzer eines kleinen Weinladens darauf an. Ich hatte gerade sechs Flaschen
Ehrenstetter gekauft, der bei einem Chasslie-Wettbewerb in
Frankreich den ersten Platz gemacht hatte.

»Ich dachte immer, dass es Gutedel nur hier gibt.«

»Des stimmt ja au«, antwortete der gemütliche Mann, »den
gibt's nur bei uns, in Frankreich un' in de Schweiz.«

»Aber ich war neulich in Thüringen«, erwiderte ich. »Dort
wurde auch Gutedel verkauft.«

»Ha jo, in sellem Freyburg gibt's den au«, sagte der Wein-
händler und ignorierte gekonnt, dass er sich gerade selbst wider-
sprach. »Aber sell isch so wenig, des suufe se dort alles selber.«

Mit der gleichen Selbstsicherheit erklärte er, dass bei ihm
keine Kartenzahlung mehr möglich sei. »Weil die Banke viel z'

viel Geld für so e Maschien wolle. Ich gib ihne 's Geld, mit dem se arbeite könne, und soll noch defür zahle? Ned mit mir!«

Der Silvaner, vor hundert Jahren noch eine der wichtigsten Sorten überhaupt, macht heute keine zwei Prozent des badischen Weins aus. Gerade erlebt diese manchmal etwas erdige, aber immer sehr ausgewogene Rebe ein Comeback und wird als nächster großer Wein aus deutschen Landen gehandelt. Ob er es schafft, so erfolgreich zu werden wie der Riesling, der sich zu einer der edelsten Trauben überhaupt entwickelt hat? Riesling wird auf knapp zehn Prozent des badischen Bodens geerntet und ist besonders in den USA und in England gefragt. Deutsche Rieslinge kriegen regelmäßig Bestnoten und gewinnen Goldmedaillen, und viele Jahrgänge sind schon komplett verkauft, ehe sie überhaupt gekeltert werden. Leider verträgt nicht jedermann diesen »König der Weißweine« mit seiner lebendigen Säure und seinem vollen, nach Pfirsich und Honigmelone schmeckenden Bouquet und leidet noch den ganzen nächsten Tag an einem völlig verzogenen Magen. Auch bei Weißherbst sollten Sie aufpassen. Diesem Roséwein wird unterstellt, ein »Streitwein« zu sein. Er soll aggressiv machen, was ja so gar nicht in diese friedliebende Gegend passt. Vielleicht liegt das daran, dass für den Weißherbst oft die Trauben genommen werden, bei denen es mangels Qualität nicht zum Rotwein gereicht hat.

Dass man die Qualität der Trauben überhaupt messen kann, verdanken wir – wen wundert's – einem Schwarzwälder. Der Goldschmied Ferdinand Öchsle aus Pforzheim erfand 1829 eine Mostwaage, mit der sich der Zuckergehalt von frischem Trauben- und Obstsaft messen ließ. Davon hängt der spätere Alkoholgehalt eines Weins ab. (Seine Qualität freilich hängt noch von vielen anderen Faktoren ab wie der Säure, dem Boden, den Sonnentagen usw.) Zucker ist schwerer als Wasser, also ist der Most umso süßer, je weniger tief das Messgerät eintaucht. So kann man schon beim Traubensaft erkennen, wie viel Alkohol der Wein mal haben wird. Die Öchslegrade geben an, um wie viel schwerer ein Liter Traubenmost als ein Liter Wasser ist. Hat ein durchschnittlicher Traubenmost das spezifische Gewicht von 1,080 Kilo, geben die Zahlen nach dem Komma das spezifische Gewicht des Mostes in Öchslegraden an, er wiegt also 80° Öchsle.

Jetzt verrate ich Ihnen etwas, das Sie lesen und gleich danach wieder vergessen dürfen: Ferdinand Öchsle aus Baden hat diese Waage gar nicht erfunden. Er griff auf die Vorarbeit des Erfinders Philipp Matthäus Hahn (1739–1790) zurück, der aus dem Württembergischen stammte. Aber Öchsle verfeinerte sie entscheidend und gab ihr eine einheitliche Skala.

Etz isch gnueg gschwätzt. Worüber man nicht mehr reden kann, davon sollte man trinken. Nehmen Sie sich Zeit, gehen Sie in Straußenwirtschaften, probieren Sie in Weingeschäften, trinken Sie bei Winzern und Winzergenossenschaften. Man kann überall gute und sehr gute Weine finden, man muss nur ein bisschen Zeit und Lust mitbringen. Wer keinen Wein mag oder verträgt, übernimmt das Steuer. Versprochen, dass er mit viel schöner Landschaft belohnt wird: Das Markgräflerland ist die Toskana Deutschlands, der Kaiserstuhl ist die wärmste Region Deutschlands, und die Ortenau, wo Weinberge direkt neben Obstwiesen, Schwarzwaldtälern, -bergen und -seen liegen, ist eine der abwechslungsreichsten Gegenden Deutschlands. Weinkennerherz, was willst du mehr?

Die Gewalt geht vom Volke aus.

Schwarzwälder in der Politik

Ist Ihnen auch schon aufgefallen, dass sich auf der politischen Bühne in Berlin kaum Politikerinnen und Politiker aus dem Schwarzwald bewegen? Der Einzige, der von hier stammt und die Geschicke der Bundespolitik maßgeblich mitbestimmt, ist Wolfgang Schäuble aus Hornberg. Das ist für sein Schießen bekannt, das auf das Jahr 1564 zurückgeht, als der Herzog von Württemberg das Städtchen im Nordschwarzwald besuchen wollte. Die Hornberger wollten ihren Herrn mit ein paar Kanonenschüssen begrüßen. Als sich eine Staubwolke näherte, ließen sie die Kanonen so lange knallen, bis kein Pulver mehr da war. Doch unter der Staubwolke befanden sich nur eine Postkutsche und ein paar Rindviecher. Als der Herzog endlich kam, war alles Pulver verschossen.

Volker Kauder, Vorsitzender der CDU/CSU-Bundestagsfraktion, ist zwar Badener, aber kein Schwarzwälder. Er lebt in Tuttlingen auf der Baar. Abgesehen davon, dass er in Sinsheim bei Heidelberg geboren wurde und am Bodensee aufgewachsen ist. Volker Kauder hat allerdings einen Bruder, der Siegfried heißt und ebenfalls ein paar Jahre für die CDU im Bundestag saß. Siegfried gelangte zu einer gewissen Popularität, als er sagte, die CDU sei zur Abnickpartei verkommen, in der niemand mehr Eier habe. Der Schwarzwald-Baar-Kreis, der vom Kinzigtal über St. Georgen und Furtwangen bis nach Blumberg reicht, hat ihn für die Bundestagswahl 2013 nicht mehr als Kandidaten nominiert. Siegfried wollte sich als Einzelbewerber um das Mandat bewerben. Das gefiel den anderen Parteimitgliedern nicht. Dem Parteiausschlussverfahren, das auch von Bruder Volker unterstützt wurde, kam Siegfried zuvor, indem er aus der Partei austrat.

Wolfgang Schäuble ist schon lange dabei. Eine Weile wurde er sogar als möglicher Nachfolger Helmut Kohls gehandelt, aber daraus ist aus Gründen, die wir hier nicht noch mal breittreten wollen, nichts geworden. Wahrscheinlich hat Schäuble die Parteispendenaffäre einfach vergessen, als er sagte: »Wir müssen in der Hauptstadt dafür sorgen, dass das Land vorankommt, wir sind nämlich die Besten.« Das war in einem Gespräch mit Wladimir Kaminer, als der Schriftsteller wissen wollte, wieso sich denn gar so viele Südwestdeutsche in Berlin tummeln. Schäuble meinte alle Baden-Württemberger. Er hatte trotzdem recht. Baden-Württemberg ist seit vielen Jahren unbestritten das Musterland Deutschlands. Hier herrscht eine sehr hohe Lebensqualität und -zufriedenheit, das Land hat ausgezeichnete Wirtschaftsdaten und seit Jahren eine konstant niedrige Arbeitslosenquote.

Dennoch: Wer sich aus Baden-Württemberg dazu berufen fühlt, da oben mitzumischen, stammt so gut wie nie aus dem Schwarzwald. Sondern immer aus Schwaben. Herta Däubler-Gmelin kommt aus Tübingen, Klaus Kinkel aus Metzingen, Richard von Weizsäcker aus Stuttgart, Joschka Fischer aus Gerabronn, Rezzo Schlauch auch aus Gerabronn und Fritz Kuhn aus Bad Mergentheim. Theodor Heuss kam aus Brackenheim. Die einzigen beiden Kanzler, die tatsächlich gebürtige Schwarzwälder waren, hießen Joseph Wirth aus Freiburg und Konstantin Fehrenbach aus Wellendingen bei Bonndorf. Das war zur Zeit der Weimarer Republik, der eine ein Jahr, der andere mit einer Unterbrechung eineinhalb. Der Wirth zugeschriebene Satz »Der Feind steht rechts« ist das Einzige, was von den beiden überliefert ist.

Auf Landesebene verhält es sich nicht viel anders. Fast alle Ministerpräsidenten kamen aus Schwaben. Müller aus Füramoos, Kiesinger aus Ebingen, Späth aus Sigmaringen, Oettinger aus Stuttgart und Kretschmann von der Schwäbischen Alb. Mancher hatte ein so strenges Idiom, dass es selbst vielen Schwaben in den Ohren weh tat. Der Schwarzwald ist deswegen apolitisch, weil Berlin so unglaublich weit weg ist. Stuttgart liegt geografisch zwar näher, emotional aber nicht. Aber interessieren sich die Schwarzwälder tatsächlich nicht für Politik, weil sie lange Anfahrtswege scheuen? Können oder wollen die Schwarzwälder nichts mit der Politik zu tun haben?

Schwarzwälder hatten schon immer ein zurückgezogenes Wesen. Sollten die anderen ruhig machen – sie kümmerten sich lieber um sich selbst. »Leben und leben lassen« ist hier oberste Maxime, und die beinhaltet eben auch, dass man sich nicht sonderlich einmischt. Die berühmte badische Liberalität, die auf die Badische Verfassung von 1818 zurückgeht, mit Abstand die liberalste ihrer Zeit, wird von den Schwarzwäldern eben sehr großzügig ausgelegt. Sie wenden sich lieber den schönen Seiten des Lebens zu als denen, die verändert gehören. Aber davon scheint es auch nicht sonderlich viele zu geben. Dass 2011 die CDU ab- und ein Grüner zum Ministerpräsidenten gewählt wurde, ist auch kein Widerspruch, sondern Bestätigung.

Deswegen hat der Schwarzwald auch nie politische oder gesellschaftliche Kabarettisten hervorgebracht, wie wir sie aus anderen Teilen Deutschlands kennen. Das Leiden am eigenen Land ist hier nicht so ausgeprägt wie etwa in Bayern. Politische Komiker schimpfen nicht mit solcher Vehemenz auf ihr Bundesland und seine Regierung, dass man sich fragt, wieso sie nicht weggehen, wenn es denn gar so schlimm ist. In Freiburg und im Schwarzwald lebt man nicht, um zu schimpfen, sondern um sich wohlzufühlen. Wer schimpft, geht weg. Und wer dableibt, schimpft nicht. Die »typisch deutsche« Eigenschaft des Nörgelns hat sich hier nie richtig entwickelt.

Dabei hätte die baden-württembergische CDU, die über fünfzig Jahre die Regierungspartei stellte, mit ihren diversen Finanz-, Kultur- und sonstigen Skandälchen und Skandalen genügend Angriffsfläche geboten. Die neue grün-rote Regierung ist auch nicht ganz fehlerfrei. Aber die geringe emotionale Bindung an Stuttgart verhindert, dass man sich über den dortigen Landtag aufregt. Täte man es, würde man ihm eine Bedeutung zugestehen, die er in den Augen der meisten Schwarzwälder gar nicht hat.

Manch einer äußert sich aber doch. »Diesen Landtag kann man nur mit Humor genießen oder im Suff.« Das hat kein Kabarettist gesagt, sondern der grüne Freiburger Oberbürgermeister Dieter Salomon, als er noch Fraktionsvorsitzender der baden-württembergischen Grünen war.

Dabei sind die Schwarzwälder gar kein apolitisches Volk. Im Gegenteil. Sie sind sogar sehr politisch. Nur eben auf ihre eigene Weise. In Deutschlands Südwesten wurde mehr für die gesellschaftspolitische Entwicklung der BRD getan als in den meisten anderen Gegenden zusammen. Das grüne, linke und ökologische Image ist Freiburg ja nicht einfach so zugefallen, das hat die Stadt sich hart erarbeitet. Die Menschen wissen, was zu leisten sie in der Lage sind, wenn es drauf ankommt.

Der lange Marsch durch die Institutionen war nie Sache der Schwarzwälder – auch wenn mit dem Bundesverfassungsgericht und dem Bundesgerichtshof zwei der wichtigsten Organe der Bundesrepublik in Karlsruhe sitzen. Lieber tut man sich auf der Straße zusammen und versucht so, etwas zu bewegen. Nicht mit oder in den, sondern *gegen* die Institutionen.

Von Deutschlands Südwesten ging eine der wichtigsten politischen Bewegungen der bundesrepublikanischen Geschichte aus: die Anti-Atomkraft-Bewegung. Sie hat unseren Umgang mit Politik nachhaltig verändert. Mit ihr begannen die Menschen sich einzumischen und es nicht länger zuzulassen, dass Politiker in fernen Städten darüber entscheiden, dass vor ihrer Haustür etwas gebaut wird, das ihrer Meinung nach da gar nicht hingehört. Ein Atomkraftwerk zum Beispiel. Genau das sollte damals nämlich im idyllischen Wyhl am Kaiserstuhl passieren. Heute formiert sich der Protest sofort im Internet. Damals muste der noch mühsam organisiert und die Message in die Dörfer hinausgetragen werden. Unterschriftenlisten und Bürgerversammlungen hatten schon den ursprünglichen Plan, das Kraftwerk im zwanzig Kilometer entfernten Breisach zu bauen, verhindert. Als es nach Wyhl verlegt werden sollte, regte sich auch dort Protest, und am 18. Februar 1975 wurde die Baustelle besetzt. Eine Baustellenbesetzung – so etwas hatte es in der Geschichte der BRD noch nicht gegeben. An der ersten Großdemonstration nahmen über 30 000 Menschen teil. Frauen und Männer, Alte und Junge, Bauern und Bürger, Winzer und Lehrer, Studenten und Professoren, alle waren sie dagegen, und alle waren sie da. Unterstützt wurden sie von Atomkraftgegnern aus Frankreich und der Schweiz. »Nai hämmer g'sait« war das Schlagwort, das das Selbstverständnis der Menschen hier ausdrückte und das dreißig Jahre später immer noch als Graffiti an Freiburgs Hauswänden steht. Nein haben wir gesagt. Die Gewalt geht vom Volke aus.

Für den damaligen Ministerpräsidenten Filbinger war klar, dass die Kommunisten die wahren Strippenzieher der Proteste waren. Mit dieser Haltung sorgte er dafür, dass sich im Schwarzwald die erste schwarz-grüne Koalition Deutschlands zusammenfand, wenn auch nur auf außerparlamentarischem Acker. Auch wenn der Schwarzwald strammes CDU-Land war – viele konservativ eingestellte Atomkraftgegner empörte es so ungemein, von ihrem Landesvater im fernen Stuttgart unter roten Generalverdacht gestellt zu werden, dass sie sich noch viel mehr engagierten. Dass die Polizei beim Versuch, das Gelände zu räumen, Wasserwerfer einsetzte und auch sonst ausgesprochen rabiat vorging, tat sein Übriges. Über ein Jahr dauerte die Besetzung, anschließend wurde ein paar Jahre verhandelt und schließlich das ganze Vorhaben von höchster Stelle abgesagt.

Die logische Konsequenz dieser Bewegung war 1980 die Gründung der Grünen. Im Schwarzwald natürlich. In Karlsruhe, um genau zu sein. Rund vier Dekaden später hat eine CDU-geführte Bundesregierung die deutschlandweite Energiewende eingeläutet.

Freiburg wartet heute mit einer Ökostation und einem Ökoinstitut, dem Fraunhofer Institut für Solare Energiesysteme und dem Ökofilmfest auf. Ein Zusammenschluss von internationalen Umweltfilmfestivals und einer von ökologisch ausgerichteten Kommunen, der mit der UN zusammenarbeitet, haben hier ebenso ihren Sitz wie der Weltdachverband Solarenergie. Auf dem Schauinsland, der noch zum Stadtgebiet gehört, betreibt das Bundesamt für Strahlenschutz eine Messstation, die Radioaktivität in der Luft misst. Diese Anlage, die durch ihre bloße Existenz mögliche Atomsünder in der ganzen Welt abschrecken soll, ist so sensibel, dass unterirdische Atombombentests, die in den Fünfzigerjahren in den USA durchgeführt wurden, die Amplituden genauso ausschlagen ließ wie ein angemeldeter Test in Nordkorea.

Wyhl konnte zwar verhindert werden. Nicht aber die Meiler auf Schweizer und auf französischer Seite. Sollte dort jemals etwas passieren, wird es Wyhl nichts nutzen, dass es heute Naturschutzzone ist. Als Tschernobyl implodierte, trieb der Wind die atomverseuchte Staubwolke bis nach Süddeutschland. Tschernobyl ist 2000 Kilometer entfernt. Fessenheim in Frankreich nur 30.

Die Atomkraftwerksgegner befanden sich in guter Tradition. Bauern, Hotzenwälder, Demokraten – im Südwesten ist man schon immer gern auf die Straße und die Barrikaden gegan-

gen. Die Bundschuh-Bewegung, in der der deutsche Bauernkrieg wurzelte, kämpfte gegen Leibeigenschaft, hohe Steuern
und Lehnsherren. Der Bundschuh war der Schnürschuh der
Bauern und symbolisierte ihr gemeinsames Auftreten. Einer
ihrer Anführer war Joß Fritz aus Lehen bei Freiburg. Seine Auf-
stände wurden allesamt verraten, was ihn viele Male zur Flucht
zwang. Joß Fritz' Andenken wird in Freiburg hochgehalten, wo
ein Buchladen, ein Café und ein Antiquariat seinen Namen tragen (allerdings heißen die *Jos Fritz*).

Auch die Salpeterer wollten nicht zulassen, dass willkürlich
über sie verfügt wurde. Salpeterer kratzten in Kuhställen das
Salpeter von den Wänden, das man zur Herstellung von Schieß-
pulver brauchte. Sie lebten im Hotzenwald, der im allerhinters-
ten, alleruntersten Winkel des Schwarzwalds und Deutschlands
liegt. Er ist so sehr vom Rest des Landes abgeschnitten, dass er
im 19. Jahrhundert nicht mal an die Eisenbahn angeschlossen
wurde und jeglichen Anschluss an die technische Entwicklung
verlor. Nach dem Zweiten Weltkrieg wurde ein »Hotzenwald-
programm« aufgelegt, um wenigstens den Fremdenverkehr
anzukurbeln und für Gewerbeneugründungen zu sorgen.

Der vielleicht berühmteste Hotzenwälder heißt Werner
Kirchhof. Die Adlige Maria Ursula von Schönau entflammt in
unsterblicher Liebe zum *Trompeter von Säckingen*. Weil Ursulas
Vater den unstandesgemäßen Kontakt nicht duldet, schickt er
sie nach Wien. Ohne Erlaubnis folgt Werner ihr. Er tut sich
schwer in der Großstadt. Aber dank seiner Trompete schafft er
es bis zum Domkapellmeister. Als er wegen seiner Verdienste
auch noch geadelt wird, kann er endlich seine geliebte Maria
Ursula ehelichen. Was wie die Vorlage für eine herz- und
schmerzvolle Telenovela klingt, ist ein Roman von Victor von
Scheffel. Der Schriftsteller, 1826 in Karlsruhe geboren, hat die
Story in Bad Säckingen angesiedelt, wo er als Gerichtssekretär
tätig war. In diesem Roman taucht zum ersten Mal der Begriff
»Hotzenwälder« auf. Hotzen bezeichnet im Alemannischen

eine grob gewobene Hose. Bis dahin hießen sie einfach nur »Wälder«. Der *Trompeter von Säckingen* ist heute noch Namenspatron vieler Deutscher Gasthäuser.

Im 18. Jahrhundert gehörte der Hotzenwald zur vorderösterreichischen Grafschaft Hauenstein. Weil seine Bewohner sich als Waldarbeiter verdient gemacht hatten, genossen sie besondere Rechte und Freiheiten. Außerdem sollte Hauenstein sich nicht der Schweiz anschließen. Als sich Österreich Anfang des 18. Jahrhunderts neu ordnete, wurden diese jahrhundertealten Sonderrechte aufgehoben. Es kam zum Aufstand, den die Salpeterer verloren. Ihr Anführer Johann Albiez wurde verhaftet und starb im Gefängnis. Seine Nachfahren waren gegen Steuern, Wehrpflicht und das neue, protestantische Haus Baden. Nach der gescheiterten Revolution fanden viele Aufständische im Hotzenwald Unterschlupf. 1851 verließen Hunderte den Hotzenwald Richtung Amerika. Das geschah mit finanzieller Unterstützung der Landesregierung, die diese Querulanten loswerden wollte.

Als die liberalen Beamten in Karlsruhe religiöse Feiertage abschafften, Gottesdienste reformierten und die Schulpflicht einführten, gingen die verbliebenen Salpeterer ein letztes Mal auf die Straße. Die Hotzenwälder müssen eine ganz eigene Spezies gewesen sein. Sie wurden als finstere, trotzige Gesellen vom Wald beschrieben, als ein Stück »fossil gewordener Bauernkrieg«. Ihre markantesten Eigenschaften, schrieb der Volkskundler Elard Meyer, seien »Verschlossenheit, Unabhängigkeitsliebe, jeder Neuerung abholder Starrsinn, religiöse Erregbarkeit und Verschmitztheit«. Lauter Wesenszüge, die Herrscher an ihren Untertanen besonders schätzen. Aufrührerisch sind die heutigen Hotzenwälder nicht mehr, nur etwas eigenwillig. Sie leben an Hängen, die steil zum Rhein hin abfallen, sie sind nicht mehr ganz deutsch, aber auch noch nicht schweizerisch, und dieses Zwischen-den-Ländern-Sein hat sie geprägt. Sie gelten als eigensinnig und eigenständig und auch ein bisschen dickköpfig. Auf jeden Fall sind sie nicht unglücklich, so zu sein, wie sie sind.

Auch mit deutschen Herrschern hat man sich im Schwarzwald immer wieder angelegt. Als es Mitte des 19. Jahrhunderts in vielen Staaten des Deutschen Bundes zu Aufständen kam, gingen die nirgendwo so weit wie hier. In der 48er-Revolution nimmt Baden eine Sonderstellung ein. Friedrich Hecker und Gustav Struve, zwei demokratische Juristen, die im Parlament in Karlsruhe und in der Paulskirche saßen, forderten neben Wohlstand, Bildung, Freiheit für alle einen modernen Rechtsstaat mit einer Verfassung und Gesetzgebung. Beim sogenannten Heckeraufstand planten sie, von Konstanz aus die Hauptstadt einzunehmen. Mit 50 000 Mann wollte Hecker in Karlsruhe einmarschieren. Am Ende waren es 800, und die wurden bei Kandern von Bundestruppen aufgerieben. Hecker floh in die Schweiz und dann über Frankreich nach Amerika, wo er sich in St. Louis niederließ. Es heißt, Tausende hätten Abschied von ihm genommen, als er in Straßburg den Zug bestieg. In Amerika wurden er und die anderen badischen Revolutionäre wie Stars empfangen. Die *Forty-Eighters* nannte man sie dort. Später wirkten sie im Bürgerkrieg mit, natürlich auf der Seite der Guten. Mit Lincoln kämpften sie gegen die Sklaverei und für die Einheit der jungen Nation.

Struve initiierte in Lörrach einen zweiten Aufstand, der aber in Staufen niedergeschlagen wurde. Andere Revolutionäre verbündeten sich 1849 mit den aufständischen Soldaten in den Kasernen, übernahmen die Regierungsgewalt und verschanzten sich in der Festung Rastatt. Herbeigerufene preußische Truppen nahmen diese nach dreiwöchiger Belagerung ein. Aus dieser Zeit stammt das badische Wiegenlied: »Schlaf mein Kind, schlaf leis, da draußen geht der Preuß, deinen Vater hat er umgebracht, deine Mutter hat er arm gemacht ...«

Auch die Bürger Freiburgs waren immer schon streitbare Leute. Sie mischten sich von Beginn an in die gesellschafts- und machtpolitischen Diskussionen ihrer Stadt ein, und wenn es sein musste, griffen sie auch schon mal zu den Waffen. Die Stadt war 1120 von den Zähringern, die ursprünglich auf der Alb ansässig waren und ihren Machtbereich nach Südwesten ausdehnen wollten, gegründet worden. Freiburg prosperierte schnell und machte aus seinen Bewohnern wohlhabende Bürger. Als die Zähringer 1218 ausstarben, übernahmen die Grafen von Urach die Herrschaft. 1299 kam es zum Streit. Die Freiburger waren der Ansicht, die Grafen kämen ihren Aufgaben als Stadtherren nur sehr unzureichend nach und verlangten viel zu hohe Abgaben. Die Grafen rückten mit bewaffneten Soldaten an, die Freiburger mit Messern, Äxten und Sensen. Bei der Schlacht in Lehen stach der Freiburger Metzger Hauri den Straßburger Bischof Lichtenberg, den damaligen Regenten der Stadt, vom Pferd. Seitdem führen die Metzger die Zünfte an, die an Fronleichnam durch die Stadt ziehen.

1366 krachte es erneut. Diesmal beschossen die Bürger die Burg auf dem Schlossberg. Zugute kam ihnen dabei das Schwarzpulver, das der Franziskanermönch Berthold Schwarz, der in einem Kloster in der Stadt lebte, erfunden haben soll. Die meisten Historiker bezweifeln das zwar, ein Brunnen mit Bertholds Statue steht trotzdem vor dem Alten Rathaus. 1368 schossen die Freiburger nicht mehr mit Kanonenkugeln, sondern mit Geld. Sie kauften sich für die damals immens hohe Summe von 15 000 Silbermark frei und stellten sich unter den Schutz der Habsburger. Bis auf ein paar Unterbrechungen sollten sie das für die nächsten 450 Jahre bleiben.

Die Schwarzwaldidylle, wie wir sie heute kennen und lieben, wurde also hart erkämpft. Wenn Sie sich für die kriegerische und blutige Vergangenheit des Schwarzwalds interessieren, sollten Sie das Wehrgeschichtliche Museum im Rastatter Schloss besuchen. Die Daueraustellung zeigt den Einfluss der militärtechnischen Entwicklung des frühen 19. Jahrhunderts auf die Gesellschaft. Neben der Entwicklung neuer Feuerwaffen war es vor allem die allgemeine Wehrpflicht, die sich als integrierende Kraft erwies. Das Museum ist in der Tat einen Besuch wert. Neben Waffen, Fahnen und Orden gibt es eine Totenmaske von Napoleon I. zu sehen. Selbst meinem kleinen Neffen hat das Musem gefallen. Besonders angetan war er von den Ritterrüstungen und dem riesigen Schlachtenpanorama mit Hunderten von Zinnsoldaten.

Ich mochte besonders eine Farblithografie, die die Unterredung von General von Gagern und Hecker auf der Brücke von Kandern am 20. April 1848 zeigt. Der Text darunter lautet:

v. Gagern: Die Republikaner müssen die Waffen niederlegen.

Hecker: Wir legen die Waffen nicht nieder, denn wir kämpfen für unser Recht und die Freiheit Deutschlands.

v. Gagern: Sie sind ein gescheidter Mann, aber ein Fanatiker.

Hecker: Wenn die Hingebung für die Befreiung eines großen Volkes Fanatismsus ist, dann mögen Sie diese Handlungsweise also bezeichnen; dann gibt es aber auch einen Fanatismsus auf der anderen Seite, dem Sie dienen. Übrigens bin ich nicht hier, um hierüber zu streiten, sondern frage, ob Sie mir sonst noch etwas mitzuteilen haben.

v. Gagern: Wenn Sie die Waffen nicht strecken, so werde ich mit aller Strenge gleich einschreiten, polterte Gagern und gab zehn Minuten Frist.

Kurz darauf wurde der General von einer Gewehrsalve getroffen. Er verstarb auf der Stelle.

Die Schwarzwälder sind Bürger im besten Sinne, sie engagieren sich und bringen sich ein. Wenn's sein muss, auch über alle politischen und konfessionellen Unterschiede hinweg. Daran hat sich bis heute nichts geändert.

Bollschweil beispielsweise, eine Gemeinde mit 2000 Einwohnern im Südschwarzwald. In Marie Luise Kaschnitz' Geburtsdorf lässt es sich leben. Das Wetter ist schön, auf dem Kalkboden wächst der Wein, und dank der Nähe zu Freiburg hat hier fast jeder Arbeit. Bollschweil ist interessant für junge Familien und alle anderen, die auf dem Land und dennoch in der

Nähe zur Stadt leben wollen. Den Bollschweilern ging es gut, sie genossen ihr Leben. Bis etwas passierte, das sie umdenken ließ. 2006 schloss das letzte Dorfgasthaus seine Pforten. Nun kann man denken, was soll's, macht halt ein Gasthaus zu, es wird schon woanders wieder ein anderes aufmachen. Aber Bollschweils einzige Einkehrmöglichkeiten blieben das China-Restaurant *Zum Löwen*, ein Sportheim und eine Straußenwirtschaft. Die Bollschweiler hatten nichts gegen Chinesen. Aber sie merkten, dass sich ihr Dorf in eine Richtung entwickelt hatte, die sie nicht gewollt, gegen die sie aber auch nichts unternommen hatten. Sie hatten nicht nur das Gasthaus in der Dorfmitte verloren, sondern auch ihre eigene Mitte. Bollschweil war zur reinen Schlafstadt verkommen. Man setzte sich zusammen und überlegte, was man dagegen tun könnte, und gründete schließlich die Genossenschaft »bolando«. Unter diesem Namen wurde das Gasthaus wieder eröffnet.

Vorbild war St. Märgen, wo jahrelang die *Goldene Krone* leer stand, ehe ein »Förderkeis lebendiges Dorf« gegründet wurde, der ein Zeichen gegen »Identitätsverlust und Banalisierung in den Dörfern« setzen und der Verödung und der prognostizierten Abwanderung aus ländlichen Gebieten etwas entgegensetzen wollte.

Einen anderen Energiespender haben sich die Schönauer angeeignet. Schönau liegt im Südschwarzwald, auf dem Ortsschild steht »Solarhauptstadt in Deutschland«, weil viele Häuser, die Schule und die Kirche mit Solaranlagen bedeckt sind. Die Schönauer wollten nicht länger mit Atomstrom versorgt werden und kauften ihrer Gemeinde kurzerhand das Stromnetz ab. Kurzerhand ist übertrieben, zwischen 1986, als nach Tschernobyl die Bürgerinitiative »Eltern für eine atomfreie Zukunft« ins Leben gerufen wurde, und der endgültigen Gründung der Elektrizitätswerke Schönau lagen elf Jahre. Heute vertreiben die Schönauer zu hundert Prozent Ökostrom und bewerben sich um die Energienetze anderer Gemeinden.

Solarzellen auf Hausdächern ist eine Sache. Aber was ist mit Windrädern? Auch hier zeigt sich, dass die Schwarzwälder Kämpfernaturen sind. Nur diesmal sind viele nicht für, sondern gegen die Errichtung dieser ökologischen Stromproduzenten. Es steht außer Frage, dass Windräder das Landschaftsbild nachhaltig verändern. Viele Hoteliers und Touristiker befürchten, dass die Gäste ausbleiben werden, wenn die Kulisse dauerhaft »verschandelt« sein wird. Manch klamme Kommune wiederum hat großzügig Baugenehmigungen für Windkraftanlagen erteilt, weil sie Einnahmen braucht. Und die grün-rote Regierung in Stuttgart will die Energiewende, da gehören Windräder definitiv dazu. Nur ein Prozent der baden-württembergischen Energie wird bisher von Windanlagen geliefert.

Die Gipfel des Schwarzwalds, über die der Westwind hinwegfegt, schienen natürlich wie prädestiniert für die bis zu 150 Meter hohen Türme. Doch neueste Messergebnisse haben den Belchen, den Blauen und ein paar andere Gipfel wohl vor der Verspargelung gerettet. Denn im Herbst 2013 wurde festgestellt, dass der Wind hier gar nicht, wie prognostiziert, mit 6,5 Metern pro Sekunde weht, sondern nur mit 4,9. Was im ersten Moment nach wenig klingt, sorgt dafür, dass die Windräder nicht einträglich genug sind. Viele Projekte sind gestoppt oder auf Eis gelegt.

Die Windräder sind nichts gegen das, was bald in Rottweil stehen soll. Dort plant die Firma ThyssenKrupp Elevator einen 235 Meter hohen Testturm für Fahrstühle. Auch hier gibt es Gegner und Befürworter. Es ist wie überall: Die einen denken an Arbeitsplätze, die anderen ans Landschaftsbild. An diesem Gegensatz wird noch mal die Welt zerbrechen.

In Freiburg kämpft man eher um Immobilien. Das »Mietshäuser-Syndikat« hat sich zum Ziel gesetzt, Mietshäuser aufzukaufen und diese so »dem Markt und den auf ihm herrschenden Mietspekulationen zu entziehen«. Mittlerweile ist es deutschlandweit an über siebzig Häusern beteiligt.

Als die Stadt mal 9000 stadteigene Wohnungen verkaufen wollte, weil sie angeblich kurz vor der Pleite stand, wurde das per Bürgerentscheid abgewendet. Die Stadt ist handlungsfähig geblieben.

Auch die Kultur überlässt man nicht kampflos den Profis. Das Zelt-Musik-Festival, eines der ersten seiner Art in Europa, hat kein professioneller Konzertveranstalter gegründet, sondern der Arzt Alexander Heisler. Der hatte schon als Student Klassik- und Jazzkonzerte in der Universität organisiert, ehe er 1983 erstmals Zelte in der Innenstadt errichten ließ. Zwei Jahre später zog das ZMF auf eine Wiese beim Mundenhof, einem Naturerlebnispark im Nordwesten Freiburgs.

Was heute bei Konzerten und Sportereignissen gang und gäbe ist, fing hier an: Eine Eintrittskarte galt als Fahrschein für die öffentlichen Verkehrsmittel. Seit mehr als dreißig Jahren kommt her, wer Rang und Namen hat: Chick Corea, Jan Garbarek, Mikis Theodorakis, Juliette Gréco, Helge Schneider, Mothers Finest, Seeed, Madness, Gentleman, Rainald Grebe, Xavier Naidoo, Die Fantastischen Vier und wie sie alle heißen. 2006 musste der Trägerverein Insolvenz anmelden, als während der Fußball-WM so viele Leinwände zum »public viewing« in der Stadt herumstanden, dass kaum noch jemand Tickets für ein Konzert im Zelt lösen wollte. Mittlerweile ist eine neue GmbH gegründet worden, und so, wie es aussieht, werden die Stars auch in den nächsten hundert Jahren auf den Mundenhof kommen.

Die Bereitschaft, politische und eigene Interessen notfalls auch mit Gewalt durchzusetzen, kam zuletzt in den Siebziger- und Achtzigerjahren zum Ausdruck. Damals stand Freiburg im Fokus der Öffentlichkeit, denn in dieser sonst so friedlichen und harmlosen Stadt gab es besonders viele Demonstrationen, Hausbesetzungen, Räumungen, Wasserwerfereinsätze und Straßenkämpfe. Es ging gegen Mietspekulanten, den Abriss alter Wohnstrukturen und die Umgestaltung des Bahnhofsviertels.

Die Straßenkämpfe sind längst Geschichte. Die Fronten weichten auf, die Kämpfer wurden älter und integrierten sich in die Gesellschaft und in die Stadt. Als dann auch noch die Wiedervereinigung kam (und am Horizont schon die Globalisierung drohte), galt die volle Aufmerksamkeit den neuen Bundesländern, und Freiburg wurde wieder zu dem Wahrnehmungsrandgebiet im äußersten Südwesten, das es immer gewesen war.

Radio Dreyeckland, ehemaliger Piratensender und linksalternatives Sprachrohr, kämpft seit Jahren ums finanzielle Überleben. Das Einzige, was heute noch an den erbitterten Kampf gegen die Eröffnung des Konzerthauses erinnert, ist sein damaliger Arbeitstitel. KTS stand für Kultur- und Tagungsstätte. Das Kürzel nutzt heute nur noch der Kulturtreff in Selbstverwaltung, ein autonomes Zentrum in von der Stadt zur Verfügung gestellten Räumen in der Basler Straße.

Ein trauriger Anlass brachte die politische Szene der Stadt noch mal in die Schlagzeilen und markierte gleichzeitig auf sarkastische Weise auch ihr endgültiges Ende: Mitte der Neunzigerjahre wurde eine Schwesternschülerin durch einen Paketbombenanschlag getötet. Weil sie in der linksalternativen Antifa-Bewegung aktiv war, kam schnell das Gerücht auf, sie sei Opfer eines rechtsradikalen Anschlags geworden. Die Wogen kochten hoch. Die einen sahen sich mit einem feigen Mord konfrontiert, für die anderen wurde dieser dankbar angenommen, um der eigenen Bewegung eine längst verlorene Bedeutung zurückzugeben. Die sowieso schon zersplitterte Linke fiel über dieser tragischen Geschichte noch mehr auseinander. Am Ende wurde ein Exfreund der jungen Frau verurteilt, der aufgrund einer paranoid halluzinatorischen Schizophrenie schuldunfähig gesprochen und in ein psychiatrisches Landeskrankenhaus eingewiesen wurde.

In Freiburg gibt es heute nichts mehr, wogegen man noch protestieren könnte (abgesehen von den Mieten, die zu den höchsten in Deutschland gehören. Aber was soll man da machen?). Heuschrecken, Massenentlassungen und andere Phänomene der Globalisierung finden hier nun mal nicht statt. Die Stadt hat sich den Ruf einer linken und linksliberalen Stadt erarbeitet. Was man erreichen wollte, wurde erreicht. Das linke, autonome, sich selbst verwaltende Selbstverständnis hat der Stadt ihren Stempel aufgedrückt, man kann es überall sehen und spüren. In Bahnhofsnähe gibt es den linken *Jos-Fritz-Buchladen* und die angeschlossene Spechtpassage mit Café und Werkstätten. Um die Ecke befindet sich das Grethergelände, in dem die Rosa Hilfe, der Qualitätsverband Umweltfreundliche Latexmatratzen e. V. und das Archiv für Soziale Bewegungen ihren Sitz haben. Dieser ziemlich einmalige Verein sammelt Bücher, Zeitungen, Zeitschriften, Broschüren, Flugblätter, Fotos, Plakate, Transparente, Protokolle und andere Verlautbarungen und Überreste der neuen sozialen Bewegungen. In Herdern steht das Vorderhaus, eine ehemalige Fabrik, in der 150 Menschen in 25 ökologischen und alternativen Betrieben und Einrichtungen arbeiten. Diese Biotope der gemeinnützigen Selbstverwaltung, der Kultur und des Hinterhofhandwerks tragen zur angenehmen Entspanntheit bei, die in Freiburg herrscht. Ihr Ziel ist »die Steigerung von Lebensqualität, nicht die des Profits«. Man ist offen für alles, lässt sich aber nicht hetzen.

Heute stellen die Freiburger ihre politische Leistungsfähigkeit nicht mehr auf der Straße unter Beweis, sondern an den Wahlurnen. Die Linke ist längst in den Institutionen angekommen. Die Grünen sitzen seit Jahrzehnten im Stadtrat. Man kennt sich, unterstützt sich, macht Geschäfte. Selbst grüne Gemeinderäte sprechen offen davon, dass es hier einen grünen Filz gibt. Bei Wahlen erreichen die Grünen im Stadtteil Vauban regelmäßig sechzig Prozent und mehr. 2002 wurde Dieter Salomon zum ersten grünen Oberbürgermeister einer deutschen Großstadt gewählt. Lange vor Boris Palmer in Tübingen und Dieter Kuhn in Stuttgart.

Aber kann man eine Stadt überhaupt noch links nennen, die einen grünen Oberbürgermeister, ein grünes Netzwerk und eine Vielzahl etablierter ökologischer Vorzeigeprojekte hat?

Baden-Württemberg ist das Bundesland mit dem ersten grünen Ministerpräsidenten Deutschlands. Seit 2011 residiert Winfried Kretschmann in der Villa Reitzenstein. Für Meinrad Baumann, den parteilosen Bürgermeister von Bad Peterstal-Griesebach, sind die Grünen längst die »glaubwürdigeren Konservativen«.

Hat der lange Gang durch die Institutionen dazu beigetragen, der Gesellschaft einen Linksruck zu geben, oder ist nicht viel eher die Linke in die gesellschaftliche Mitte gewandert? Was heißt denn überhaupt *links* in einer Stadt, in der es mangels Großindustrie ein historisches Proletariat nie wirklich gegeben hat? »Die Freiburger fühlen sich links, verdienen überdurchschnittlich, sind eigentlich sehr bürgerlich, merken es aber nicht.« Diese Worte stammen von Dieter Salomon, Freiburgs Obergrünem. Er hat den Ruf, kein Blatt vor den Mund zu nehmen.

In den alten Gassen dieser ewig jungen Studentenstadt hat sich eine gewisse Melancholie breitgemacht. Sie hat sich in den Lücken eingenistet, die entstanden sind, nachdem die Stadt aus dem Fokus der öffentlichen Wahrnehmung verschwunden ist. Keine besetzten Häuser mehr, keine Wasserwerfer, keine Straßenbarrieren und kein Wyhl. Freiburg hat gekämpft und in den wesentlichen Punkten gewonnen. Aber um wie viel aufregender ist doch der Kampf als ein profaner Friede, der wie ein Vorgärtchen gehegt und gepflegt werden muss!

Die Stadt hat ihr Gesicht in den letzten zwanzig Jahren stark verändert. Sie ist ruhiger geworden, geordneter und bürgerlicher. Manchmal scheint ihr das unangenehm zu sein. Als habe sie ein Versprechen nicht gehalten. Als werde jetzt deutlich, dass sie gar nicht so groß und aufregend, so jung und wild, so grün und alternativ ist, wie sie immer behauptet hat.

Es passt aber schon ins Bild, dass es die Erzdiözese Freiburg war, die 2013 eine »Handreichung für die Seelsorge zum Begleiten von Menschen in Trennung, Scheidung und nach ziviler Wiederheirat« entworfen hat. Erzbischof Robert Zollitsch erklärte zwar kurz darauf, das Papier sei ohne sein Wissen veröffentlicht worden und nur als Diskussionsgrundlage für die anstehende Bischofskonferenz gedacht. Aber »gerade auch die jüngsten Äußerungen von Papst Franziskus zur Frage der Pastoral mit wiederverheiratet Geschiedenen dürfen uns ermutigen, hier inhaltlich weiter zu denken und neue Schritte zu wagen.« Das ist natürlich revolutionär. Im Schwarzwald weiß man: Steter Tropfen höhlt den Stein.

Zum Schluss noch ein paar Worte über die, die den Absprung in eine Institution oder die Gegenwart nicht geschafft haben. Die an dem Tresen hängen geblieben sind, von dem aus sie schon vor dreißig Jahren die Welt verändern wollten. Friedvolle Zeugen einer vergangenen Zeit, in der es noch klare Feindbilder gab und die Welt sich ganz einfach in Oben und Unten, Links und Rechts, Gut und Böse einteilen ließ. Freiburg wäre nicht Freiburg, wenn es von denen nicht auch noch welche gäbe. Es gibt sie noch, die alten Dinge. Man muss nur ein bisschen nach ihnen suchen. Das akademisch-alkoholisierte Proletariat scheut ja die Öffentlichkeit meist genauso wie große Plätze und manchmal auch das Licht. Man findet sie in Kneipen im Stühlinger oder im *Café Capri*, das immer noch so ist, wie Freiburg früher einmal war. Auf dem Augustinerplatz, direkt neben der Pfandleihanstalt, wird auch Eis verkauft, aber die meisten Gäste kommen doch eher wegen der geistigen Getränke. Und wegen der Schachspiele im ersten Stock. An den Wänden hängt Kitsch neben Kunst, bis 19 Uhr läuft klassische Musik, danach Jazz, und die Speisekarte weist darauf hin, dass die angebotenen Speisen »von unseren türkischen Freunden aus dem Lokal auf der anderen Straßenseite« zubereitet werden. Das *Capri* ist eine Institution, die seit dreißig Jahren von den zwei stets gut gelaunten italienischen Brüdern Umberto und Giorgio Soavi betrieben wird, und man darf nur hoffen, dass sie das noch lange tun.

Im *Capri* habe ich bei meinem letzten Besuch ein Gespräch eines circa 50-jährigen vom Leben und von zu vielen Tagen wie diesem gezeichneten Paares belauscht. Er trank in großen Zügen Weizenbier und starrte ansonsten mit rötlich-wässrigen Augen hinaus auf die Straße, als komme die abgesagte Revolution doch noch um die Ecke. Auf ihrer Nase saß eine schiefe Brille, ihr halb volles Rotweinglas rührte sie nicht an. Hinterm Tresen stand Umberto und spülte Gläser. Es war kurz nach sechs, der Tag war noch nicht wirklich zu Ende, und der Abend hatte noch nicht richtig angefangen. Im *Capri* herrschte eine friedvolle, ja andächtige Stille, als die Frau plötzlich zu sprechen begann.

– Haste jemals was von Goethe gelesen?

– Ja.

– Viel?

– Na, *Faust I* und *II*.

– Interessant?

– Ja, klar.

– Für dich bestimmt.

– Im Fernsehen kommt ein Film, der heißt *Schwiegermonster*, der wäre auch interessant. Für *dich*.

–Weißt du, warum die jungen Leute heute so langweilig sind? Weil Fernsehen und Computer den Blick auf die Welt so einengen.

Da steckt alles drin, was Freiburg ausmacht: Das Gebildete, das Faustische, die Liebe, die Jugend und der Niedergang der Hochkultur. Wie sagte Bürgermeister Salomon in einem *taz*-Interview: »Selbst der größte Quatsch, der hier erzählt wird, hat immer noch den Anspruch, dem Weltgeist abgelauscht zu sein.«

Na denn, Prost.

Durch Freund- und Feindesland.

Karlsruhe und der badische Schwarzwald

Kommen wir zu etwas, das stets mit einem gewissen folkloristischen Augenzwinkern betrachtet wird, im Gemüt der Schwarzwälder aber eine bedeutende Rolle spielt. Die Rede ist von den Animositäten zwischen Badenern und Schwaben, von berühmt-berüchtigten *Sauschwoben* und *Gelbfiaßlern*. Das Thema lässt sich nicht so ohne Weiteres greifen, denn beide Volksgruppen sind ja im Schwarzwald vertreten. Der liegt mit vollem Umfang in Baden-Württemberg, es gibt einen großen badischen und einen wesentlich kleineren schwäbischen Teil. Man darf Baden auch nicht, was immer wieder passiert, mit dem Schwarzwald gleichsetzen, da haben die vielen Badener von der Baar, aus Mannheim und aus Karlsruhe etwas dagegen.

Der Name *Baden* leitet sich von den heißen Quellen an der Oos ab, in denen schon vor 2000 Jahren gebadet wurde. Die dazugehörige Stadt hieß lange Zeit ebenfalls schlicht Baden. Als die Markgrafschaft Baden entstand, häuften sich die Verwechslungen; dass es in der Schweiz und in Österreich Städte gleichen Namens gibt, machte die Sache auch nicht leichter. Also verpasste man der Stadt 1931 einen Doppelnamen, seitdem heißt sie Baden-Baden.

Die Menschen, die in Baden leben, heißen *Badener* und nicht etwa *Badenser*. Woher die Abneigung gegen Letzteres stammt, ist nicht ganz klar. *Badenser* war bis weit ins 19. Jahrhundert hinein ein vollkommen gebräuchlicher Name, der gleichberechtigt neben *Badenern* und *Badnern* benutzt und auch in gängigen Wörterbüchern erwähnt wurde. Irgendwann im 20. Jahrhundert fingen die Badener an, den Begriff Badenser als diffamierend zu empfinden. Es gebe ja, sagte ein einheimischer Politiker mal, auch keine *Heilbronnser* oder *Frankfurtser*. Das Beste ist, Sie verzichten im Gespräch mit einem badischen Schwarzwälder oder einem schwarzwälderischen Badener auf Spitzfindigkeiten dieser Art.

Eine massive Bedeutungsverschiebung haben auch die *Gelbfiaßler* erfahren. Im 16. und 17. Jahrhundert waren damit noch ganz allgemein die Schwaben gemeint. Wobei Schwaben lange Zeit den kompletten Südwesten Deutschlands bezeichnete. Die Herkunft des Begriffes *Gelbfiaßler* ist nicht eindeutig geklärt. Vielleicht rührt er von den dreckigen gelben Füßen der Menschen her, die keine Schuhe hatten. Oder von ihren gelben Hosen – im Alemannischen und im Schwäbischen wird das Bein auch mit *Fuß* bezeichnet. Oder von den gelben Manschetten, die badische Söldner trugen, wenn sie mal wieder in einen Krieg zogen. Langsam begann die Bezeichnung *Geldfiaßler,* mit der ein paar Jahrhunderte lang die Schwaben gemeint waren, zu den Badenern hinüberzuwandern. Dafür ist vermutlich die rotgelbe Flagge des Großherzogtums Baden verantwortlich, das 1806 von Napoleons Gnaden gegründet worden war. Dabei ist es bis heute geblieben. *Gelbfiaßler* sind Badener. Als Kind schämte ich mich immer für diesen Namen, denn es klang nach Käsefüßen, oder, noch schlimmer, als könnten die Gelbfüßler nicht richtig im Stehen pinkeln und würden immer ihre Füße treffen.

Zu einer politischen Einheit wurde der Schwarzwald nach dem Zweiten Weltkrieg mit der Gründung Baden-Württembergs. Dieser »Südweststaat« war seit 1919 immer wieder diskutiert worden, um einen politisch und wirtschaftlich relevanten Nachbarn Bayerns und ein kräftiges Gegengewicht zu Preußen zu schaffen.

Die badischen Schwarzwälder waren strikt gegen diese Neugründung. Sie hegten schon immer starke Ressentiments gegen ihre Nachbarn und fürchteten einen schwäbischen Zentralismus. Diese Furcht war historisch bedingt. Baden hatte schon längst eine der liberalsten Verfassungen Deutschlands, als Württemberg immer noch von einem König regiert wurde. Nachdem Napoleon abgetreten war, warf der Schwabe doch glatt ein Auge auf seinen Nachbarn. Auf historischen Landkarten erkennt man Baden daran, dass es am Rhein liegt und wie dieser wie ein großes, krakeliges L aussieht. Es reichte von Konstanz über die Baar, den Südschwarzwald, Freiburg und Lörrach hoch nach Karlsruhe bis nach Heidelberg und Mannheim.

Damals war die historische Landesgrenze auch die Konfessionsgrenze. Der schwäbische Schwarzwald hatte sich als Teil Württembergs der Reformation angeschlossen, während der badische katholisch geblieben war. In Schwaben lebten so viele Protestanten, dass irgendwann in der ersten Hälfte des 20. Jahrhunderts die katholische Kirche St. Aurelius in Hirsau mangels Gläubigen geschlossen werden musste. Ein paar Jahre lang wurde sie von einem örtlichen Busunternehmer benutzt, der seine Fahrzeuge darin reparierte. Als nach dem Zweiten Weltkrieg viele katholische Flüchtlinge ins Land kamen und einen Ort für ihren Gottesdienst brauchten, wurde das Gebäude wieder zu einer katholischen Kirche umfunktioniert. Heute gibt es in Hirsau mit seinen 2400 Einwohnern eine katholische und eine evangelischen Kirche, eine Moschee und zahlreiche religiöse Splittergemeinschaften. Auch der Schwarzwald hat in den letzten fünfzig Jahren beträchtliche Veränderungen durchgemacht.

Zurück zum Südweststaat. Nach dem Zweiten Weltkrieg war der Südwesten von den Amerikanern und den Franzosen gleich doppelt besetzt. Die Strategie de Gaulles war es, so viel Land wie möglich zu besetzen. Frankreich gehörte ja erst seit 1944 zu den späteren Siegermächten und war bei den Alliiertengesprächen auf eine gute Verhandlungsposition angewiesen. Und das beste Argument war nun mal viel Territorium. Den Amerikanern missfiel das Auftreten der Franzosen, die sie ja mit befreit hatten, und es gab zeitweise erbitterten Streit. Am 19. September 1945 proklamierten die Amerikaner das Land Württemberg-Baden, in dem neben Stuttgart und Heilbronn auch Pforzheim, Heidelberg, Karlsruhe und Mannheim lagen, die nicht nur von großer wirtschaftlicher Bedeutung, sondern auch badisch waren. Daraufhin gründeten die Franzosen die Länder Baden und Württemberg-Hohenzollern mit den bevölkerungsschwächeren und ärmeren Städten Tübingen, Reutlingen, Biberach, Freiburg und Rastatt.

Allen war klar, dass diese drei Länder nicht von Dauer sein würden. So kam die Idee mit dem Südweststaat wieder aufs Tapet. Reinhold Meier, der damalige Präsident Württemberg-Badens, war strikt dagegen. Er wollte ein Bundesland in den Grenzen Altbadens, wissend, dass das zu stark dem französischen Einfluss ausgesetzt gewesen wäre. Aber seine Angst vor dem »ellenbogenstarken Volk der Schwaben« war einfach größer. Kanzler Adenauer soll übrigens auch gegen den Südweststaat gewesen sein, weil er einen Stimmenverlust im Bundesrat fürchtete (aber der war ja auch gegen die Wiedervereinigung, weil er nicht wollte, dass es in Deutschland mehr Protestanten als Katholiken gibt). Die Franzosen waren natürlich ebenfalls dagegen, denn damit würde ihr Einfluss unter den Alliierten schwinden.

Als es im Dezember 1951 nach einem langen und erbitterten Wahlkampf zur Volksabstimmung kam, waren beinahe alle Württemberger für und alle Badener gegen den Südweststaat.

Letztere waren zahlenmäßig unterlegen, und so kam es 1952 zur Gründung des neuen Bundeslandes. Wegen dieses »überspielten Volkswillens« wurde das Bundesverfassungsgericht angerufen, das 1956 die Abstimmung tatsächlich für verfassungswidrig erklärte. Die verordneten Neuwahlen wurden verschleppt, und als 1970 abermals gewählt wurde, hatte das Bundesland auch so viele badische Befürworter, dass es nicht wieder aufgelöst werden musste. Die Zeit heilt eben alle Wunden.

Heute würde ein Plebiszit für ein Land Baden wohl keine Chance mehr haben. Auch wenn die Fans des Sport-Club Freiburg und des Karlsruher SC gerne den Eindruck erwecken, dass sie sich am liebsten sofort von Württemberg lossagen würden. »Tod und Hass dem VfB« las ich mal auf dem Anstecker eines vielleicht zehnjährigen Knirpses. Bei Heimspielen findet dieser Wille seinen maximalen Ausdruck im lautstarken Absingen des *Badnerlieds*:

> *Das schönste Land in Deutschlands Gau'n, das ist mein Badner Land! Es ist so herrlich anzuschaun und ruht in Gottes Hand. Drum grüß ich dich mein Badner Land, du edle Perl im deutschen Land! Frischauf, frischauf, frischauf, frischauf, frischauf, frischauf mein Badner Land …*

Das Lied stammt ursprünglich aus dem 19. Jahrhundert und war längst vergessen, ehe es in der heiß umkämpften Nachkriegszeit von den Südweststaatgegnern wieder ausgegraben wurde. Es ist mittlerweile auf mehr als 700 Strophen angewachsen, die von Badenern dazugedichtet und ins Internet gestellt werden. Ob die Fußballfans und Sangesbrüder wissen, dass das Lied gar keine originär badische Erfindung ist, sondern vom *Sachsenlied* abstammt?

Es wird gern behauptet, die herrschenden Ressentiments zwischen Badenern und Württembergern seien eine einseitige Sache. Dass nur die Badener die Schwaben nicht leiden könnten, während diese umgekehrt überhaupt nichts gegen ihre Nachbarn hätten. Das stimmt nur bedingt. Die Nordschwarzwälder aus Calw, Horb oder Enzklösterle haben ebenfalls keine Schwierigkeiten mit den Schwaben, schließlich sind sie selbst welche. Aber eben weil sie Schwaben sind, hegen sie auch Aversionen gegenüber den Badenern. Da ist es egal, dass sie sich den Schwarzwald teilen. Schwäbische Schwarzwälder zieht es nach Stuttgart, Böblingen und Sindelfingen. Dort arbeiten sie, dort kaufen sie ein, und dort gehen sie aus. Nach Pforzheim geht nur, wer dort Verwandtschaft besuchen muss. Karlsruhe ist ganz tabu. Fragt man einen Calwer, wieso das so ist, legt der die Stirn in Falten und zuckt mit den Schultern: »Die Leut' da lieget uns ned.« Karlsruhe ist keine 50 Kilometer entfernt, die Sprachgrenze 25. Entsprechend schmerzt es, dass der Landkreis Calw im Regierungsbezirk Karlsruhe liegt und KA im Kennzeichen seiner Polizeiautos steht.

Je weiter man sich von der historischen Grenze zwischen Baden und Württemberg Richtung Süden entfernt, desto geringer wird das Leiden am gemeinsamen Bundesland. Besonders im Südschwarzwald spielen die alten Feindschaften keine Rolle mehr. Görwihler, Remetschwiler und Wutöschinger verneinen die Frage, ob die alten Feindschaften heute noch bestehen. Man hat sich arrangiert. Im Südschwarzwald hegt man nur wenige Animositäten gegen Schwaben, ganz einfach deshalb, weil es hier keine gibt. Die Grenze ist weit weg, das Gleiche gilt für die Landesregierung. Die kommunale Politik wird von Menschen gemacht, die von hier stammen, und als agrarisch und touristisch geprägte Region hat man keine industriellen Großprojekte, die von Stuttgart nicht bedacht werden. Es gibt viele Südschwarzwälder, die seit sechzig und mehr Jahren auf der Welt sind und noch kein einziges Mal in der Landeshauptstadt waren. *Was soll ich uff sellem Schduddgard?*

Ganz anders sieht es im nordöstlichen Schwarzwald aus, wo man dicht beieinander lebt. Fragt man einen Karlsruher, ob er

Schwarzwälder sei, bekommt man zur Antwort ein fragendes Gesicht. Und dann die mit Entschiedenheit vorgetragene Erklärung, Badener oder Badenerin zu sein. Somit wäre diese Frage auch geklärt.

Karlsruhe war die letzte große Stadtgründung Europas. Sie erfolgte 1715. Die Legende besagt, dass der lebenslustige Markgraf Karl Wilhelm, der in Rastatt residierte, mal wieder seiner pietistischen, württembergischen Frau Prinzessin Magdalena Wilhelmine entfliehen wollte und ausritt. Als er müde wurde und unter einem großen und schattigen Baum rastete, fiel er in einen tiefen Schlaf. Im Traum sah er ein wunderschönes Schloss, von dem die Straßen wie Sonnenstrahlen strahlenförmig abgingen. Als er wieder aufwachte, machte er sich sofort an dessen Verwirklichung.

Von den 32 Strahlen sieht man heute nur noch die Hälfte, weil die nördlichen sich im dicht bewachsenen Schlosspark verlieren. Die südlichen Straßen gehen wie in einem Fächer halbkreisförmig vom Schloss ab, weswegen die Stadt auch Fächerstadt heißt. Dadurch wirkt Karlsruhe sehr nüchtern und organisiert. Man merkt permanent, dass es am Reißbrett entstanden ist. Verwunschene Plätze und verwinkelte Gässchen sucht man hier vergebens. Große Teile wurden im Zweiten Weltkrieg zerstört, und so wird die Innenstadt heute von sehr breiten Straßen und einem sehr großen Marktplatz und sehr vielen Gebäuden aus sehr rotem Sandstein dominiert. Karlsruhe zieht längst nicht so viele Touristen an wie Freiburg oder Baden-Baden. Menschen aus der Umgebung kommen zum Einkaufen her, auch viele Franzosen. Es kann im Alltagsleben von großem Vorteil sein, wenn sich die Lebens- und Arbeitswege nicht ständig mit denen von Reisegruppen überschneiden. Nicht mal US-Amerikaner kommen, obwohl Karlsruhe das Vorbild für ihre Hauptstadt war. Thomas Jefferson, der spätere Präsident der Vereinigten Staaten von Amerika und Gründer von Washington, war 1788 hier und hat sich alles ganz genau angesehen.

Ein anderer Amerikaner, der Karlsruhe einen Besuch abstattete, war Buffalo Bill. Der echte. 1896 gastierte er hier mit seiner *Wild West Show*. Es ist nicht überliefert, ob es ihm gefallen hat und ob er die Zeit für einen Ausritt in den Schwarzwald hatte. Aber wer weiß, ob ihm das, was uns so groß vorkommt, nicht viel zu klein erschienen wäre angesichts der Weiten Amerikas, die er gewohnt war.

Karlsruher sind nicht irgendwelche Badener. Sondern die badischsten, die es gibt. Schließlich hatte hier bis 1918 die badische Regierung ihren Sitz. Da kommt der nahen Grenze zu Württemberg identitätsstiftende Wirkung zu. Hier ist es den Menschen zur zweiten Natur geworden, sich von den übermächtigen Schwaben abzugrenzen. Das Herz schlägt badisch, und damit immer auch kontra Württemberg.

Schon 1816 empfahl Aloys Schreiber in seinem *Handbuch für Reisende am Rhein von Schaffhausen bis Holland in die schönsten anliegenden Gegenden und die dortigen Heilquellen,* »politische Neutralität zu wahren um nicht in Konflikt zu geraten.« (Er riet auch, nur in guten Gasthöfen zu übernachten und sich einheimischen Reiseführern anzuvertrauen, um keinen Dieben in die Hände zu fallen.)

1977 gründeten drei Karlsruher den *Bund Freiheit statt Baden-Württemberg.* Zweck des Vereins, der knapp 500 Mitglieder hat, ist die Wahrung badischer Eigenständigkeit und, immer zur Fasnet, die Ernennung des »Badeners des Jahres«. Der Satzung nach ist der Bund aufzulösen, »wenn das Land Baden-Württemberg nicht mehr besteht und das Land Baden entweder selbständig ist oder als Ganzes einem nicht schwäbisch majorisierten Bundesland angehört«.

Die *Landesvereinigung Baden in Europa e. V.* wurde ebenfalls in Karlsruhe ins Leben gerufen. Ihre Mitglieder sind honorige Herren aus Wissenschaft, Wirtschaft und Politik. Sie wollen »die Zukunft des badischen Landesteils nicht allein der Landespolitik überlassen« und fühlen sich »durch den überzogenen zentralistischen Kurs herausgefordert, den Landesregierung und Landtag seit Jahren steuern, und davon, dass Landesbehörden, Institutionen, Verbände, Hauptverwaltungen von Banken, Versicherungen und anderen Einrichtungen sich hier auf ungesunde Weise massieren«.

Tatsächlich wirkt die Zuteilung von Landesmitteln nicht immer ganz ausgewogen. Karlsruhe muss in schöner Regelmäßigkeit erleben, wie Projekte in Stuttgart mit mehr Geld bedacht werden als die eigenen. Sei es eine neue Messe, das milliardenschwere Projekt *Stuttgart 21* oder der Ausbau des Straßennetzes zur Fußballweltmeisterschaft 2006, als im Stuttgarter Stadion Spiele ausgetragen wurden. Selbst Freiburgs ehemaliger Oberbürgermeister Rolf Böhme, der nun wirklich nicht als Aufwiegler bekannt ist, hatte angemahnt, dass der Rest des Landes über all den württembergischen Errungenschaften nicht vergessen werden dürfe.

Die badische Identität kann ansteckend sein. Wer nach Karlsruhe zieht und meint, per se immun gegen solche separatistischen, kleinstaatlich-nationalistischen Empfindungen zu sein, sei gewarnt. Badener wird man schneller, als man denkt. Mike Franz zum Beispiel war mal Fußballspieler beim Karlsruher SC. Als der Mannschaft 2007 der Wiederaufstieg in die Erste Bundesliga gelang und sie sich auf dem Rathausbalkon ihren Fans präsentierte, grölte Franz ein ums andere Mal aus Leibeskräften »Stuttgarter Arschlöcher« ins Mikrofon. Das war nicht sonderlich geistreich, kam bei den Fans auf dem Rathausplatz aber sehr gut an. Mike Franz stammt aus Langenstein. Das liegt in Sachsen-Anhalt.

Vielleicht war Herrn Franz auch nur die Hitze zu Kopf gestiegen. Karlsruhe ist nämlich nicht nur die badischste, sondern auch eine der wärmsten Städte Deutschlands. Einen Höllentäler (so heißt ein Fallwind, der durchs Dreisamtal weht), der in Freiburg wenigstens für ein bisschen Abkühlung sorgt, gibt es hier nicht. Manchmal steht hier die Hitze tagelang, und kein Lüftchen regt sich. Wenn dann auch noch das verdunstete Wasser des nahen Rheins in die Stadt kriecht, hat man das Gefühl, im Dschungel zu sein. Aus diesem Grund mussten sich lange Zeit die Soldaten, die zum Kolonialeinsatz nach Afrika, Asien oder Südamerika geschickt wurden, zunächst hier akklimatisieren.

Das heißt natürlich, dass es im Sommer sehr viele sehr warme Nächte gibt. Erfreulicherweise gibt es auch sehr viele öffentliche Plätze, an denen man diese genießen kann. Die Stadt hat viele Cafés, Kneipen und Biergärten zu bieten, in denen man sehr entspannte und inspirierende Sommernächte verbringen kann. Angeblich hat Karlsruhe sogar die höchste Biergartendichte Deutschlands. Wer auch immer das durchgezählt hat. Klar ist es auch hier manchmal schwer, an den besonders schönen Plätzen einen Platz zu bekommen. Aber weil die Karlsruher so entspannt sind und ihre Stadt keine Touristenhochburg ist, artet das Ausgehen nie in Stress aus.

Am Ludwigsplatz in der Stadtmitte trifft sich die Schickeria, von manchen auch liebevoll *Schickerles* genannt. Hier bekommt man viel breiten badischen Dialekt zu hören.

Neben der Orangerie und der Gemäldegalerie befinden sich die Gewächs- und Palmenhäuser des Botanischen Gartens. Der ganze Komplex erinnert in seiner Eleganz daran, dass Karlsruhe mal Residenzstadt war. In einem der Flügel sind die *Badischen Weinstuben* untergebracht. Im Sommer stehen die Tische und Stühle unter dem Eisengerüst des ehemaligen Wintergartens und laden zum Entspannen und Verweilen ein. Umrankt von Zitronen, Palmen und exotischen Blüten kann man sich dort wie ein König fühlen. Oder zumindest wie ein Großherzog.

Ein paar Hundert Meter weiter und durch ein Band aus blauen Fliesen mit dem Schloss verbunden, liegt die Staatliche Majolika Manufaktur. Diese Keramikwerkstatt, die Großherzog Friedrich I. errichten ließ, ist heute noch im Besitz des Landes. Im Gegensatz zur ebenfalls staatlichen Rothaus-Brauerei, die jährlich Millionen in die Landeskasse spült, ist die Majolika aber ein Zuschussgeschäft. Dafür hat die *Cantina Majolika* einen bezaubernden Garten, der gerne für Feierlichkeiten genutzt wird.

Mit gleich zwei tollen Terrassen punktet das Prinz-Max-Palais. In der städtischen Gründerzeit-Villa befinden sich Ausstellungsräume und das elegant gestylte *Café Max*. Eine Terrasse gibt es unter dem beleuchteten Brunnen vorne, eine ruhigere im Innenhof hinten. Ich könnte auf Anhieb gar nicht sagen, welche gemütlicher ist.

Einladend sind auch die Lokale und Cafés am Werderplatz. Dominiert wird der längliche, an vier Seiten von Wohnhäusern umgebene Stadtplatz vom großen Gastgarten der Brauerei Wolf. Und wenn samstags auf dem Gutenbergplatz Markt ist, stellen die ansässigen Lokale Tische und Bänke raus. Dann frönen die Akademikerfamilien aus der Weststadt dem gutbürgerlichen *Savoir-vivre*. Entsprechend viel gibt es hier zu hören und zu sehen.

Spannend ist auch ein Vormittag bei der Fähranlegestelle am Rheinufer. Man wundert sich, wer hier zu früher Stunde schon alles ein Viertele schlotzt. Ganz gemächlich geht es hier zu, als habe sich das Lebenstempo den langsam dahingleitenden Riesenschiffen angepasst. Mittlerweile kann man sogar wieder im Rhein baden. Allerdings nur am Rand, in der Mitte ist die Strömung zu stark. Er ist eine der meistbefahrenen Flüsse der Welt. Und Karlsruhe einer der größten Umschlagplätze für Mineralöl in Europa. Das Rohöl wird in Pipelines aus Triest und Marseille herangepumpt und hier zu Butan, Benzin, Diesel und Heizöl raffiniert. Mehr als 1500 Tanklaster werden hier täglich befüllt.

»Das Schöne an Karlsruhe ist, dass die Stadt nichts von dir will.« Das sagt einer, der es wissen muss. Im Gegensatz zu Freiburg haben hier nicht alle das permanente Gefühl, etwas Besonderes zu sein. Die Karlsruher sind gesellig und wissen gutes

Essen und einen guten Tropfen aus der Ortenau oder der benachbarten Pfalz zu schätzen. Frankreich ist so nah, dass sie regelmäßig zum Wandern und zum Einkaufen dorthin fahren. Sie leben und lassen leben. Ein Freund aus Ostberlin, der mit seiner badischen Frau in Jena lebt, erklärte mir mal die Leute »von da unten«. Die seien wirklich ausgesprochen nett, würden gern reden und viel disktuieren, auch über die kontroversesten Themen. Am besten gefallem ihm aber, dass sie zuhören und andere Meinungen gelten lassen würden. Ein schöneres Kompliment kann man der badischen Liberalität kaum machen.

Raus aus den Wäldern, rein in die Städte.

Architektonische Nachkriegsmoderne im Schwarzwald

Wenn eine Reise in den Schwarzwald immer auch eine Reise in die Vergangenheit voller unberührter Natur, schöner Dörfer und heiler Welt ist, dürfen wir jedoch eine andere Vergangenheit nicht aus den Augen verlieren. Die der Städte nämlich. Im Zweiten Weltkrieg wurden viele von ihnen bombardiert. Neben der Maschinen- und Rüstungsindustrie gab es feinmechanische Betriebe, die kriegswichtige Produkte wie Zünder oder Borduhren herstellten. Freiburg und Lahr wurden getroffen, Schramberg, Villingen und Emmendingen. Karlsruhe und Rastatt wurden angegriffen, Pforzheim und Offenburg fast völlig zerstört. Waffenfabriken sollten zerstört und die Bahn als Versorgungs- und Nachschubglied ausgeschaltet werden. Die Jagdbomber bereiteten den Vormarsch der westalliierten Truppen vor, die dann über den Rhein ins Deutsche Reich eindrangen.

Diese Städte mussten nach dem Krieg wieder aufgebaut werden. Das ist mal mehr und mal weniger gut gelungen. Mehr war eben nicht drin. Das Land lag in Trümmern, und es ging zuallererst darum, Wohnraum zu schaffen. Ästhetische Ansprüche mussten hintenanstehen. Der Werkbund forderte 1947, das zerstörte Erbe nicht historisch zu rekonstruieren, sondern in neuer Form wiedererstehen zu lassen. Durch und durch modern sollten die Städte werden, frei von allem historischen Ballast. So sieht es in Offenburg, Karlsruhe und Pforzheim über weite Strecken auch aus. Das Problem von zeitgenössischer Architektur ist ja immer, dass sie in die Jahre gerät. Und irgendwann gar nicht mehr toll und modern aussieht, sondern nur noch einfallslos und hässlich. (Dazu kamen die Umbauten in den Achtzigern – mit ihren bunten Farben und verspielten Formen eine architektonisch eher dürftige Ära.) Und trotzdem sind hier ein paar architektonische Gebäude gebaut worden, die zu den Meisterwerken der Nachkriegsmoderne zählen. Zwischen all den Bausünden gibt es ein paar Highlights, die Sie sich ansehen sollten. Sie sind geprägt von kubischen Formen, asymmetrischer Anordnung, großen Fensterfronten, weißem Verputz und wenig Schnörkel. Wer die klassische Moderne liebt und das Bauhaus, wer die Neue Nationalgalerie in Berlin schätzt und Mies van der Rohes Pavillon in Barcelona, wen die eleganten Villen an Amerikas Westküste genauso faszinieren wie Oskar Niemeyers Brasilia, der *muss* nach Karlsruhe und Pforzheim kommen.

Karlsruhe

Neun Fliegerangriffe musste Karlsruhe zwischen 1942 und 1945 über sich ergehen lassen. Weil viele zerstörte Gebäude wieder original aufgebaut wurden, ist das Stadtbild geprägt von den klassizistischen Gebäuden Friedrich Weinbrenners und Konsorten. Dazu kommen aber einige Exponate formschöner Nachkriegsarchitektur, die ihresgleichen suchen. Neben diversen Privathäusern, die man nicht besichtigen kann, sind es vor allem zwei Siedlungen, die Architekturinteressierte anlocken. Die zweigeschossigen Reihenhäuser und Mehrfamilienwohnblocks der luftigen Baumgartensiedlung aus den Sechzigern und die

Siedlung Dammerstock von 1929, die vom jungen Walter Gropius entworfen wurde. Die Dammerstocksiedlung rückte Karlsruhe damals ins Licht der Moderne. Ein geplanter Weiterbau scheiterte an der Weltwirtschaftskrise. Heute ist die Siedlung eine der beliebtesten Adressen Karlsruhes. Ruhig, grün, zentrumsnah. Ausnahmsweise ist sie nicht nur bei Familien beliebt, es gibt auch viele Single-Wohnungen.

In der Eberstraße, nahe dem Hauptbahnhof, steht der gestaffelte Ebert-Block von Hermann Alker aus den Dreißigern. Durch seine verhältnismäßig kleinen Fenster wirkt er heute vielleicht etwas bastionsartig. Aber wegen seiner homogenen, aus großen und kleinen Kuben zusammengesetzten Form ist er in sich stimmig und versprüht den Geist seiner Zeit. Er hat viele Nachahmer gefunden.

Nicht bewohnbar, aber trotzdem sehr schön sind die Gondolettas im Zoo. Kleine, überdachte Schiffchen im Nierentischstil werden von einem Drahtseil durch die beiden Seen des Tierparks gezogen. Man kann eine halbe oder eine ganze Runde buchen. Vom Zoo aus hat man einen tollen Blick auf die Schwarzwaldhalle. In diesem beeindruckenden Bau finden bis heute Kongresse und Konzerte statt. Das tief geschwungene Hängedach ist eine freitragende Betonkonstruktion und sieht aus wie ein riesiger ovaler Reitsattel. Die anmutig gebogene Schale ist nur sechs Zentimeter dick und war bei ihrer Errichtung Anfang der Fünfziger eine mechanisch-mathematische Meisterleistung. Die langen Vorhänge hinter den riesigen Scheiben sehen aus wie die Barten eines Wals. Die luftige Nancyhalle direkt daneben, die für die Bundesgartenschau 1967 gebaut wurde, wird heute kaum noch genutzt. Vermutlich wird sie irgendwann abgerissen. Baustellen ist man in Karlsruhe ja gewohnt.

Zurzeit wird die komplette Innenstadt umgebaut. Dort befindet sich eine Baustelle gigantischen Ausmaßes, wie es in Deutschland keine zweite gibt. Die Kaiserstraße wird komplett untertunnelt, damit die Straßenbahnen, die sich jetzt im Drei-ßig-Sekunden-Takt durch die Haupteinkaufsmeile kämpfen, unter der Erde fahren können. Die Planungen begannen vor über zwanzig Jahren. Grund dafür war paradoxerweise das fortschrittliche Bahnkonzept der Stadt. Karlsruhes Straßenbahnen können nämlich auch auf den Schienen der Regionalbahn fahren und so das ganze Umland erreichen. Wer in Bretten, Bad Herrenalb oder Rastatt in die Straba einsteigt, kommt schnell und bequem in die City. Deshalb fährt leider fast der gesamte Straßenbahn- und Regionalverkehr einmal durch Karlsruhes Innenstadt. Die Fußgängerzone ist zwar autofrei, trotzdem ist es kein Vergnügen, hier zu flanieren, weil man ständig den Bahnen ausweichen muss.

Ein Straßenbahnführer hat mal erzählt, wie nervenaufreibend die Samstage sind, wenn sich Tausende durch die Kaiserstraße schieben und alle naselang einer vor das Fahrzeug stolpert. So entstand die Idee, die Stadt zu untertunneln und mit unterirdischen Bahnhöfen zu versehen. Das Ganze sollte mal eine halbe Milliarde kosten. Bis alles fertig ist, wird es wohl das Doppelte sein. Die Karlsruher stimmten dem Projekt zu, nachdem versprochen wurde, dass auch die vielbefahrene Kriegsstraße untertunnelt wird. Dafür müssen sie zehn Jahre lang Lärm, Dreck und Verkehrschaos erdulden. An manchen Tagen und Ecken ist es wirklich infernalisch laut. Ein hiesiger Fotograf macht das Beste draus und vertreibt Ansichtskarten, auf denen nur Baustellen zu sehen sind. Die Einzelhändler in der Innenstadt klagen, dass die Kunden wegbleiben. Man kann ihnen nur die Daumen drücken, dass 2020 – so lange werden die Bauarbeiten wohl noch dauern – der Handel nicht längst komplett ins Internet gewandert sein wird.

Pforzheim

Pforzheim, am Zusammenfluss von Nagold, Enz und Würm gelegen, ist nicht unbedingt eine schöne Stadt. Manche finden sie einfach nur hässlich. Ehrlich gesagt, fast alle. Früher gab es in Pforzheim elegante Bürgerhäuser, schmuckes Fachwerk und verwinkelte Gassen. Aber dann kamen im Februar 1945 die britischen Flieger mit ihren Bomben. Keine halbe Stunde dauerte es, dann war die Innenstadt komplett zerstört. 18 000 Menschen starben. Es war eines der intensivsten Städtebombardements des Zweiten Weltkriegs, gleichzusetzen mit Hamburg und Dresden. Fast 30 000 Zentner Bomben fielen in einer Nacht und verwandelten die Stadt in eine Hölle. Die Menschen starben im Bombenhagel, erstickten in den Kellern und verbrannten in der Hitze, die sich mit über 1500 Grad durch die Straßen fraß. »Die Straßen waren mit Toten und Sterbenden übersät, die keiner anzurühren wagte«, gab ein US-Soldat zu Protokoll, »die einst blühende Stadt ist heute eine Geisterstadt.«

Nach dem Krieg wurde Pforzheim rasch wieder aufgebaut, und so sieht es eben auch aus. Lieblos und pragmatisch. Breite Straßen und rechte Winkel, Parkhäuser und Einkaufszentren. Kaum grün, viel Beton, Glas und Stahl. Die Sparkasse ist allgegenwärtig. Das größte Haus am Platz: der Sparkassenturm. Die Schmuckerlebniswelt: von der Sparkasse betrieben. Das große Bürohaus in der Poststraße: Hauptstelle der Sparkasse. Undsoweiterundsofort. Die Sparkasse Pforzheim Calw ist einer der weltweit größten Goldhändler im Bankenbereich. Bis zu dreißig Tonnen Goldbarren, -münzen und -granulat werden hier jährlich gehandelt. Allerdings geht nur ein Bruchteil davon an die einheimischen Goldschmiede. Das meiste landet in Galvanikbetrieben und bei anderen gewerblichen Abnehmern auf der ganzen Welt, die es in Autos, Handys, Laptops oder Navigationsgeräten verbauen.

Die Pforzheimer hadern bis heute mit ihrem Stadtbild. Der Bombenangriff hat sie traumatisiert, es gibt fast keine Familie, die nicht betroffen war. Früher war alles so viel schöner, sagen sie. Dabei hat das heutige Pforzheim wirkliche Schmuckstücke zu bieten. Wenn Sie mit dem Zug anreisen, sehen Sie gleich das erste: Die Eingangshalle des Hauptbahnhofs weiß mit einer einzigen riesigen Glasfront und einem eleganten Schwebevordach zu beeindrucken. Sie wurde nach Entwürfen des Architekten Helmuth Conradi gebaut und 1958 eingeweiht. In der Dämmerung, wenn die Bahnhofshalle illuminiert ist, kommt ihre Eleganz besonders zum Tragen. Am besten legen Sie Ihre Abreise in die Abendstunden.

Auf der Westseite des Bahnhofsplatzes steht das ehemalige Hauptpostamt, das jetzt die Polizeidirektion und die Druckerei der *Pforzheimer Zeitung* beherbergt. Die Frontseite besticht mit großzügigen Fensterflächen und Balkonen aus rotem Naturstein.

Der Caritas-Bau im Blumenhof erinnert mit seinen bunten Ziegelwänden an Venedigs Dogenpalast. Als hier noch das Gesundheitsamt untergebracht war, hieß das Haus auch »Drogenpalast.«

In der östlichen Karl-Friedrich-Straße steht das Technische Rathaus. Dieser Stahlbeton-Rasterbau mit vorkragendem Flugdach fällt wegen seines gebogenen Grundrisses und eines langen Vordachs auf, das wie ein Heckspoiler anmutet. Gebogen ist auch das Amtsgericht in der Lindenstraße, von dem aus man über die ganze Stadt blicken kann, von Architekt Heinrich Gremmelspacher. Der daran angeschlossene zweistöckige Sitzungssaal ist eine große, gläserne Voliere.

Auch das Zollamt lohnt einen Besuch. Bis zum Schengen-Abkommen musste der Schmuck, der von Pforzheim in alle Welt versandt wurde, verzollt werden. Hier findet sich eine riesige Schalterhalle mit mehr als zwanzig großen Schaltern, durch die früher die Pakete gereicht wurden.

Am Leopoldplatz steht das elegante Haus *Goldner Adler*. Sein solider Betonblock ist rundum von einem eingeglasten Balkon eingefasst, hinter dem sich ein Café befindet. Die Stromberghalle von 1966 sieht aus wie ein kleiner Bruder der Neuen Nationalgalerie in Berlin. Die expressionistische Herz-Jesu-Kirche (1928) von Otto Linder könnte mit ihren Spitzen und Ecken und Winkeln Kulisse für den Film *Metropolis* von Fritz Lang gewesen sein. Die Matthäuskirche in der Hochkopfstraße erinnert an einen künstlichen, aus Backsteinen aufeinandergeschichteten Bienenstock. Auf Betonstelzen ruht ein leicht geneigtes Satteldach. Zwischen den Stelzen befinden sich rote, graue und schwarze Lochsteine. Die Farbigkeit stammt von den Trümmern, die dem Beton damals zugemischt wurden. Im Innern der Kirche wirken die Steine wie perforiert. Das Licht dringt durch Hunderte kleiner bunter Glasscheiben hinein. Entworfen und erbaut wurde die Matthäuskirche von Egon Eiermann, der seit 1947 Professor an der Technischen Hochschule Karlsruhe war. Später hat er dieses Bauprinzip auf die Berliner Kaiser-Wilhelm-Gedächtnis-Kirche angewandt. Auch das Kirchenmobiliar stammt von ihm. Die Stühle sind längst Klassiker. Ungefähr zur selben Zeit hat er auch einen Tisch erfunden, das sogenannte Eiermann-Gestell. Dieses kreuzverstrebte Stahlrohr-Tischgestell ist bei Architekten und anderen Kreativen beliebt. Die zusammenklappbare Version E2 stammt von Adam Wieland, dem damaligen Werkstattleiter der TH Karlsruhe. Es wird bis heute verkauft.

Das absolute Highlight der Pforzheimer, ja der deutschen Nachkriegsarchitektur aber ist das Reuchlinhaus im Stadtgarten. Es ist benannt nach dem Humanisten Johannes Reuchlin (1455−1522), der aus Pforzheim stammte. Der Bau von 1961 war ursprünglich ein Multifunktionsbau, in dem sich Kunstverein, Kulturbüro, Stadtbibliothek, Heimat-, Schmuck- und Gemäldesammlung, Stadtarchiv, Goldschmiedezünfte und ein Saal für Feierlichkeiten befanden. Diese kulturelle Dichte war damals neu. In den Neunzigern wurde das Haus umgebaut. Heute beherbergt es nur noch das Schmuckmuseum und den

Kunstverein. Wen das Gebäude an Mies van der Rohes Pavillon in Barcelona erinnert, den der zur Weltausstellung 1929 entworfen hat, liegt nicht ganz falsch. Der Reuchlin-Bau wurde von dem Architekten Manfred Lehmbruck entworfen, einem Sohn des Bildhauers Wilhelm Lehmbruck. Lehmbruck junior war mit Mies van der Rohe befreundet. Das Reuchlinhaus war seine Reminiszenz an den Pavillon in Barcelona.

Der kubische Flachbau ist aus Nordschwarzwälder Buntsandstein, weißem Carrara-Marmor und großen Fensterfronten zusammengesetzt. Wie ein Landhaus steht er in einem grünen Park, der die weißen Glasfronten zum Leuchten bringt. In einem lichten Stahl-Glas-Würfel hat der Kunstverein seine Ausstellungsräume. Der benachbarte Block ist mit unregelmäßigen Platten aus rotem Sandstein verziert. Daneben steht ein großer schachbrettartig mit Glas und Alu-Platten verkleideter Container, der metallisch in der Sonne glänzt. Man sieht dem Würfel an, dass er bei seiner Einweihung nicht unumstritten war. Heute ist er ein moderner Klassiker.

Blickfänger im Innern ist die riesige, frei schwebende Wendeltreppe, die die lichtdurchflutete Eingangshalle dominiert. Durch ein großes, kreisrundes Loch verbindet sie die beiden Stockwerke miteinander. Die Treppe ist selbst ein Kunstwerk, eine begehbare Raumskulptur. Die großen Panoramascheiben im Untergeschoss schaffen einen fließenden Übergang in das meditativ anmutende Atrium mit Skulpturen und Wasserbecken.

Das Haus ist eine einzige ästhetische Wunderkammer. Jede Schautafel, jede Schublade ist ein optischer Genuss, alle Proportionen sind stimmig. In dem zweigeschossigen Dunkelraum, der sich im Glas-Alu-Würfel befindet, hängen einige wenige Schaukästen an schmalen Stäben von der Decke herab. Durch die Innenbeleuchtung sieht es aus, als würden sie schweben. Sehr stylisch. Das soll an die Eroberung des Weltalls erinnern, die sich damals in ihren Anfängen befand.

Neben Wechselausstellungen wird Schmuck in allen Variationen gezeigt. Zeitgenössisches hängt neben Traditionellem und Afrikanischem. Ich habe eine Postkarte gekauft, die junge Männer aus Kamerun mit frisch gefangenen Giftschlangen zeigt. Sie tragen die grellgrünen Tiere um den Hals, wie Ketten.

In herausziehbaren Schubladen liegt Werkzeug und Material aus, das man zur Schmuckherstellung braucht. Ein Museumswärter zeigte mir seine Lieblingsschublade. Darin befanden sich Musterplättchen zur Herstellung von Emaille, fein säuberlich aufgereiht, von Rot über Gelb und Grün zu Blau. Ich fragte, wieso ausgerechnet das seine Lieblingsschublade sei. »Ich bin Flieseleger gwese«, antwortete er, »und des da isch eifach nur schön.«

Wenn Sie sich selbst vergewissern wollen: Es ist die zweite Lade von oben, an der zweiten Säule von rechts. Das Personal soll die Besucher sanft auf die Schubladen hinweisen. Die werden nämlich leicht übersehen. Aus demselben Grund werden morgens manchmal die Schubladen herausgezogen, die sich im Hauptraum beim Jugendstil befinden. Aber wenn dann die Besucher kommen, schieben sie immer wieder alles zu. Es wirkt ihnen wohl zu unaufgeräumt.

Wie in alten Zeiten.

Bewegter Nordschwarzwald

Außer in der Religion, dem Dialekt und der Anzahl der Regentage unterscheiden sich der Nord- und der Südschwarzwald noch in der Bauweise ihrer Häuser. Im Südschwarzwald stehen zahlreiche riesige Eindachhöfe, während man im Nordschwarzwald viele Fachwerkhäuser findet. Sie können sie in Gernsbach, Bad Liebenzell, Furtwangen, Sasbachwalden, Oberkirch oder Gengenbach bestaunen. Gengenbach hat so viele Fachwerkhäuser, dass der Filmregisseur Tim Burton die Stadt sogar als Kulisse für einen Film verwendete. In *Charlie und die Schokoladenfabrik* gibt es eine kleine Szene, die hier gedreht wurde. Allerdings heißt die pittoreske Stadt im Film nicht Gengenbach, sondern Düsseldorf.

Typisch für den Norden sind auch Holzschindeln. Man baute sein Haus aus dem, was die Natur hergab: den Sockel aus Buntsandstein (in manchen Teilen des Nordschwarzwalds ist die natürliche Buntsandsteinschicht bis zu 400 Meter dick), darauf kam eine Holzkonstruktion, die mit Stein, Lehm und Ziegeln gefüllt wurde, und zur Isolierung wurden Schindeln an die Wände genagelt. Diese wurden aus hochwertigem, gleichmäßig gewachsenem Holz gefertigt, das keine Ast- oder Harzlöcher haben durfte. Wenn im Winter genug Zeit war, wurden die Schindeln in mühevoller Heimarbeit in Form geschnitten. So erhielt man eine kostengünstige und effektive Fassadenverkleidung. Höfen im Enztal ist ein ehemaliges Waldarbeiterdorf mit einer besonders hohen Schindelhausdichte.

Die Schindeln wurden in einer Schnitzbank geschnitten, die auch *Schnidesel* genannt wurde. Mithilfe eines Pedals wurde das Holz in den Schnidesel eingespannt und dann mit einem langen Ziehmesser bearbeitet. Aus einer ursprünglichen Nebenerwerbstätigkeit entwickelte sich im 19. Jahrhundert ein richtiger Handwerksberuf, der *Schnefler*. Der Schnefler stellte alles her, was im Haushalt gebraucht wurde: Rechen, Gabeln, Löffel, Teller, Schweins- und Rosshaarbürsten, Schuhe, Möbel, Wäscheklammern, Schachteln, Uhren, Geigen und Spielzeug. Noch heute übrigens wird in Japan das Holz der Schwarzwälder Tanne gern für die Herstellung von Totenbrettchen benutzt. Der Name des Toten wird mit schwarzer Farbe auf das Brettchen geschrieben. Dafür ist die Schwarzwälder Weißtanne ideal, weil sie weiß ist, nicht harzt und so gut wie keine Äste hat.

Anderes Kleingewerbe waren Löffelschmiede, Hinterglasmaler, Strohflechter und diverse Waldberufe. Köhler produzierten Holzkohle, Harzer stellten durch die Destillation von Harz Terpentin und Kolophonium her, und Aschenbrenner produzierten Pottasche (siehe »Der Wald hat's gegeben, der Wald hat's genommen«).

All diese Berufe wurden obsolet, als die maschinelle Produktion aufkam und die ersten Kunststoffe entwickelt wurden. Die Schwarzwälder verarmten wieder. Die Urgroßmutter eines Freundes verdiente sich mit einem Bauchladen etwas dazu. Zu Beginn des 20. Jahrhunderts zog sie von Tür zu Tür und verkaufte Waren des täglichen Bedarfs. War sie krank oder schwanger, übernahm ihr Mann das Geschäft, der Zeit seines Lebens ein zurückhaltender und wortkarger Geselle war. Ein typischer Schwarzwälder eben. Wobei er sich bestimmt nicht als solchen wahrgenommen hat, sondern immer nur *als ganz normalen* Schwarzwälder. Wenn er sich den Bauchladen umschnallte und von Haus zu Haus zog, kaufte ihm niemand etwas ab. Denn jedes Mal, wenn jemand die Tür aufmachte, sagte der Urgroßvater nur: »Sie wärre wohl nix brruuche.«

Der Nordschwarzwald war einst sehr wohlhabend. Freudenstadt, das sich die »Hauptstadt des schwäbischen Schwarzwalds« nennt, war durch den Bergbau zu Reichtum gelangt. Die Stadt war 1599 von Herzog Friedrich I. von Württemberg als Bergmannsiedlung gegründet worden. Heute wirbt Freudenstadt mit dem größten Marktplatz Deutschlands. Der ist mit seinen 219 mal 216 Metern so groß, dass man ihn gar nicht als solchen erkennt, wenn man ihn betritt. Das mag daran liegen, dass er ursprünglich gar nicht als Markt-, sondern als Schlossplatz geplant war. Als Herzog Friedrich I. starb, legte sein Nachfolger die Pläne für das Schloss angesichts der klaffenden Haushaltslöcher ad acta.

Gerber, Färber und Tuchmacher waren es, die das pittoreske Städtchen Calw wohlhabend machten. Im 18. Jahrhundert produzierte die Calwer Tuchfabrik mit Hunderten von Angestellten Decken, Tuche und Stoffe, die im ganzen europäischen Ausland verkauft wurden. Damals befand sich der Nordschwarzwald fest in württembergischer Hand. Nachdem die *Calwer Compagnie* das Salzmonopol für Württemberg erworben hatte, entwickelte sich die Stadt an der Nagold zur wirtschaftlich bedeutendsten Stadt des Herzogtums Württemberg. Kein Glück währt ewig. Das Salzmonopol ist längst aufgehoben, und Stoffe werden in Fernost längst wesentlich preiswerter gewoben.

Mit den Fabriken gingen die Arbeitskräfte und mit ihnen ihre Familien. Mangels Arbeit kam aber auch niemand mehr her. Calw stand vor der Frage, die sich allen kleineren und größeren Städten stellt, deren Industrie abgewandert oder ausgestorben ist: Was tun mit der Innenstadt? Einst prägten die Fabrikgebäude und Büros der *Calwer Tuchfabrik*, die am Flüsschen

Nagold standen, das Stadtbild. Heute wird alles von einem wuchtigen Einkaufszentrum mit angeschlossenem Parkhaus überragt. Dieses Gebäude ist alles andere als eine Augenweide und hat das Stadtbild auf immer verschandelt. Es tut weh zu sehen, was sich Deutschlands Kleinstädte in den letzten Jahrzehnten mit ihren Innenstadtsanierungen angetan haben. Natürlich mussten Calws Stadtmütter und -väter dem drohenden Bedeutungsverlust etwas entgegensetzen, weil die Menschen nicht mehr wie früher zum Arbeiten oder zum Einkaufen aus den umliegenden Dörfern und Gemeinden herkamen. Die mobile Gesellschaft fährt zum Shoppen nach Stuttgart oder bestellt gleich im Internet. Aber man fragt sich, ob der Bedeutungsverlust tatsächlich aufgehalten oder nicht viel eher noch beschleunigt wurde. Für eine stilvolle Sanierung mangelt es den meisten Gemeinden nicht nur an Geld, sondern auch an einheitlichen Konzepten. Das eine Haus wird modernisiert, das nächste abgerissen und das übernächste durch ein Parkhaus ersetzt. Und nun müssen die Menschen mit Stückwerk und lieblosen Beton-Ungeheuern leben, die auf Pragmatik und maximale Verkaufsfläche ausgerichtet und an Hässlichkeit nicht zu überbieten sind.

Einen anderen Weg, den klammen Stadtsäckel aufzufüllen, wählte die Stadt Blumberg im Schwarzwald-Baar-Kreis, die wegen der Sauschwänzlebahn und der nahen Wutachschlucht bekannt ist. Mit Zustimmung des Gemeinderates spielte Blumberg zwei Mal pro Woche Lotto. Nach vielen Jahren wurden mal 16 Mark 90 gewonnen.

Wenigstens Calws historischer Marktplatz und die Gassen dahinter haben ihren Reiz erhalten. Auch wenn an manchen Häusern das Fachwerk nicht freigelegt, sondern aus Kostengründen hinter einer Wand aus Rigips verschwunden ist. Am beinahe 300 Jahre alten Rathaus wurde jedoch wieder gesündigt. Eingerahmt von zwei Fachwerkhäusern, glänzt es obenrum mit schönen Staffelgiebeln und erschreckt unten mit riesigen Glasfronten, die in die ehemals offenen Bögen eingezogen wurden. Irgendjemand glaubte vor ein paar Jahren, man könne das Erdgeschoss mit Leben füllen, indem das freie Gewölbe gegen Wind und Wetter geschützt wird. Es hat nicht funktioniert. Das Café, das einzog, lief nicht und musste seine Pforten bald wieder schließen. Zurück blieben die deplatzierten Wände aus Glas. Das Rathaus steht seit einigen Jahren leer, weil einer der riesigen Trägerbalken weggeknickt ist. Das Haus drohte einzustürzen und musste evakuiert werden. Die Akten, die sich im Lauf der Jahre auf dem Speicher angesammelt hatten, wogen an die siebzig Tonnen. Die Calwer hatten wohl bei der alten Regel »Preußen erfinden Gesetze, Bayern heften sie ab, Badener lesen sie und Württemberger wenden sie an« etwas durcheinandergebracht. Nun erwies es sich als Vorteil, dass die Innenstadt langsam ausstarb: Man fand sofort genügend freie Büroräume, in die die Verwaltungsangestellten ausweichen konnten. Wegen klammer Kassen muss die Renovierung des Rathauses immer wieder verschoben werden.

Heilquellen

In Bad Bellingen im Markgräflerland weiß man erst seit Mitte des letzten Jahrhunderts, dass man heiße Quellen hat. Sie wurden zufällig bei Erdölbohrungen entdeckt.

Die meisten Heilbäder findet man im Mittel- und im Nordschwarzwald. Das Wasser in Peterstal im Renchtal »hilft gegen alle nur erdenklichen Beschwerden«, befand der Bischof von Speyer im Jahr 1579. Und vom Wasser Baden-Badens hat schon Paracelsus geschwärmt. Es sei vollkommener denn alles andere, schrieb er 1562 in sein berühmtes Bäderbüchlein. Drunter macht man es in Baden-Baden auch nicht. Zwölf verschiedene natriumchloridhaltige Quellen drücken täglich 800 000 Liter Wasser an die Erdoberfläche. Es ist das mineralienreichste Wasser Baden-Württembergs und soll bei Rheuma, Arthritis, Arthrose, Kreislaufstörungen, Frauenleiden bis zu Erkrankungen des Nervensystems und der Atemwege helfen. (Apropos Frauenleiden: »Die hätt sei Sach«, sagte der Opa eines Freundes, wenn seine Frau ihre Tage hatte.)

Der römische Kaiser Caracalla ließ hier Bäder bauen, in denen sich seine Soldaten von den Kriegen erholen konnten, die sie im Norden führten. Goethe war auch da, aber letztlich hat er Marienbad vorgezogen. Dabei ist Baden-Baden auf sieben Hügeln gebaut, genau wie das vom Meister so geliebte Rom. Und wie dort blühen auch hier die Freilandzitronen und -orangen. Oben am Florentinerberg wachsen sie, der unterirdischen Wärme wegen.

Wenn Sie stilgerecht entspannen und Ihren Körper verwöhnen wollen, sind Sie im Friedrichsbad genau richtig. Dieses irisch-römische Dampfbad im Neorenaissancestil ist ein wahrer Badetempel. Man schwimmt unter einer fünfzehn Meter hohen Kuppel, die Ruheräume zieren hundert Jahre alte Kacheln aus der Majolika Manufaktur in Karlsruhe. In sieben verschiedenen Heißluft-, Thermaldampf-, Sprudel- und Bewegungsbädern, mit Seifenbürstenmassagen, einem Cremeservice und einem wunderschönen Ruhebereich lässt sich's fürstlich entspannen. Das ist kein ganz billiges Vergnügen. Dafür sind Seife, Badetücher und -schuhe im Preis inbegriffen. Auch Badehose und -anzug können Sie zu Hause lassen, hier bewegt man sich nackt. Kinder unter 14 Jahren ist der Zutritt nicht gestattet. Wer seine Kleinen nicht draußen warten lassen will, weicht in die moderne Caracalla-Therme gleich nebenan aus. Die ist zwar nicht ganz so elegant, bietet aber tausend Quadratmeter Badefläche. Sie hat den Japanern so gut gefallen, dass die sie in Tokio originalgetreu nachgebaut haben.

Viele Bäder wurden eröffnet, als es dem westdeutschen Gesundheitswesen noch blendend ging. Die Siebentäler-Therme in Bad Herrenalb, die Paracelsus-Therme in Bad Liebenzell, die Mineraltherme in Bad Teinach oder die Vital-Therme in

Bad Wildbad stammen aus der zweiten Hälfte des letzten Jahrhunderts. Der Eintritt ist günstiger als in Baden-Baden. Aber sie wirken alle ein wenig zu groß, ein wenig zu eckig und ein wenig überdimensioniert. Auch wenn die Panoramasauna in Bad Wildbad tolle Blicke ins Tal zulässt – Sichtbeton und riesige Glasfronten sind einfach nicht die geeigneten Materialien, um Patina anzusetzen. Sie werden auf ganz profane Art alt und immer auch ein bisschen hässlich. Für den Zahn der Zeit waren diese Häuser kein mehrgängiges Menü, sondern nur Fast Food, mit dem er sich nicht lange aufgehalten hat.

Auch sonst hat dieser Zahn gewütet. Viele Hotels und Restaurants sind geschlossen, Geschäfte stehen leer. Häuser, deren Türen für immer verriegelt und stellenweise mit Brettern vernagelt wurden, sind wohl dem Verfall preisgegeben. »Wer weitermacht wie in den letzten zwanzig Jahren«, sagte Bad Wildbads Bürgermeister Klaus Mack, »wird die nächsten zwanzig Jahre nicht mehr miterleben.«

Längst vergessen die Zeiten, als die Gäste nicht nur einen Tag blieben, sondern zwei oder drei Wochen. Bad Peterstal-Griesebach gilt heute als eine der am höchsten verschuldeten Kommunen Baden-Württembergs.

»Schuld ist die Gesundheitsreform«, erklärte mir ein Bad Wildbader Kioskbesitzer, »die Krankenkassen bewilligen immer weniger Kuren!«

In einer Region, in der der Tourismus eine der Hauptsäulen der Wirtschaft ist, haben die Gesundheitsreformen zwischen 1989 und 2004 große Flurschäden hinterlassen. Sprich, einen massiven Besucherrückgang. Bad Wildbad beispielsweise hatte 1981 über 640 000 Übernachtungen. 2010 waren es noch 163 000. Über 900 Gasthäuser mussten seit der ersten Reform schließen. Es werden mit Sicherheit noch mehr werden. Bei vielen liegt die letzte Renovierung oft schon ein paar Jahrzehnte zurück. Man merkt es an den ungewöhnlichen Farben der Badezimmerfliesen und den durchgelegenen Betten. Das ist keine wirkliche Katastrophe, denn wer in den Schwarzwald kommt, will die Tage in freier Natur verbringen und nicht im Hotelzimmer. Außerdem bestechen die Häuser oft mit fairen Preisen und gutem Essen. Aber das ein oder andere Federbett, unter dessen Gewicht und Muffigkeit man zu ersticken meint, gehört schon mal wieder ausgetauscht.

»Wir leben von Stammgästen und Bussen«, erklärte die Wirtin eines solchen Hauses, und ich fragte mich, was wohl passiert, wenn diese Stammgäste irgendwann mal nicht mehr da sein werden. Dass das nur eine Frage der Zeit ist, verriet ein Blick durchs Lokal, in dem der Altersdurchschnitt auffallend hoch war. Ein Paar aus Dortmund, das seine Goldene Hochzeit feierte, saß Tisch an Tisch mit zwei ältlichen Schwestern aus Bielefeld, die stundenlang vor sich hin schwiegen. So laut, wie sie später die Fernsehgeräte auf ihren Zimmern stellten, müssen sie alle schwerhörig gewesen sein.

Die Gemeinde müsse einfach mehr tun, fand der Kioskbesitzer, um die Leute wieder herzulocken. Zum Beispiel ein Kasino errichten. Ob das tatsächlich die Lösung ist, wo es bereits ein sehr berühmtes im nahen Baden-Baden gibt?

Man muss den nördlichen Schwarzwald aber auch in Schutz nehmen. Die Gäste sind ja nicht über Nacht einfach weggeblieben, weil es ihnen nicht mehr gefallen hat. Sondern weil ihr Aufenthalt nicht mehr bezahlt wurde. Wer selbst zahlt, überlegt sich eben, wo er hin- und ob er überhaupt geht.

Dazu kommt, dass man im protestantisch-schwäbischen Nordschwarzwald den Sinnesfreuden traditionell abgeneigt war. Das katholische Baden-Baden hat schon früh auf Spaß und Ausschweifung gesetzt. Hierher kamen die Gäste schon immer freiwillig. Aber auch weniger betuchte Gäste wollen heute was erleben. Aktivurlaub ist angesagt, man will geführte Touren, Erlebnispfade und Spektakel. Tourismusexperten werfen dem Nordschwarzwald vor, diesen Trend verschlafen zu haben, »Mummelsee allein reicht nicht mehr.«

Man kann dem Nordschwarzwald nur wünschen, dass er, wenn schon nicht zu altem Glanz, so doch den Weg in eine neue Zukunft findet. Anfänge sind gemacht. Es gibt Klettergärten, Mountainbike-Parks, Sommerrodelbahnen oder die *Hirschgrund Zipline Area Schwarzwald* bei Schiltach. Auf sieben Drahtseilen, die Hunderte Meter lang sind, schwebt man über den Baumwipfeln herum, eine ebenso ungewohnte wie beeindruckende Perspektive. Viele hoffen auf den Nationalpark Nordschwarzwald, der nach zweijährigem Streit endlich beschlossen wurde. Aber bis da was zu sehen ist, wird es noch eine ganze Weile dauern.

Andere Quellen

Die bedeutendste Quelle des Schwarzwalds ist gerade mal tief genug, um die Füße darin zu kühlen. Bei Furtwangen entspringt die Breg, einer der beiden Zuflüsse der Donau. Nach den Regeln der Geografie gilt der mündungsfernste und längste Zufluss als Quellfluss. Das ist die Breg mit ihren 48 Kilometern.

In Donaueschingen, wo sie mit der Brigach, die bei St. Georgen entspringt, zusammentrifft, will man davon nichts wissen. Seit Kaiser Maximilian 1516 die Stadt als Donaustadt weihte, ist man der felsenfesten Überzeugung, der 2888 Kilometer lange europäische Schicksalsfluss entspringe im hiesigen Schlosspark. Zur Untermauerung hat man Ende des 19. Jahrhunderts einen kreisrunden Brunnen um die dort befindliche Karstaufstoßquelle bauen lassen. Hier treten ein paar Hundert Liter Wasser pro Sekunde aus dem Karst der Schwäbischen Alb an die Oberfläche und fließen dann als Donaubach in die Breg. Der imposante Brunnen ist wahrlich schön anzusehen, sodass wir den Donaueschingern gerne ihren Glauben lassen und den Lehrsatz »Brigach und Breg bringen die Donau zuweg« erst wieder laut aussprechen, wenn wir die Stadt verlassen haben.

Gar keine Quellen

Die meisten Schwarzwalddörfer haben weder eine Thermal- noch eine sonstige Quelle. Oft ist das einzige Aqua-Erlebnis eine Wassertretstelle im Kurpark, in direkter Nachbarschaft zu einem Holzbrunnen, in dessen eisig kaltes Wasser man zur besseren Durchblutung seine Unterarme halten soll. Als Kinder haben wir immer gewettet, wer seine Arme am längsten drin lassen kann. In der Wassertretstelle daneben hat mein Freund Klaus das Schwimmen gelernt.

In anderen Dörfern gehen die Kinder dafür ins Schwimmbad. Die meisten Freibäder des Schwarzwalds stammen aus den Siebzigern und locken mit Rutschen, Drei- oder Fünf-Meter-Sprungtürmen und großzügigen Liegewiesen. Aber in Lenzkirch-Kappel, in Gernsbach, Gaggenau und einigen anderen Orten gibt es wunderschöne Anlagen von zeitloser Eleganz, die den schlichten und herzlichen Charme der Fünfziger- und Sechziger- und manchmal sogar der Dreißiger- und Vierzigerjahre verströmen. Ich liebe diese Bäder. Meist sind sie am Dorfrand gelegen und nur durch einen einfachen Holzzaun von der nächsten Kuhweide getrennt. Die Fahrräder der Dorfkinder liegen unabgesperrt in der Hecke, es gibt Holzkabinen und eine Tischtennisplatte, und im Kassenhäuschen kann man sich eine heiße Wurst mit Brot und Senf kaufen, oder, wenn die Wurst ausverkauft ist, nur eine Scheibe Brot mit Senf. Die einzige Attraktion ist ein ausgeleiertes Ein-Meter-Brett, auf dem der männliche Teil der Dorfjugend zeigt, was er draufhat, wofür er vom weiblichen Teil, der dem Sonnenbaden frönt, kaum mehr als einen beiläufigen Blick erntet.

Zerstörerische Quellen

Weil es thematisch so gut passt, verlassen wir kurz den Nordschwarzwald und springen in den tiefsten Süden, ins liebliche Markgräflerland. An dessen Rand liegt Staufen, ein beschauliches, kleines Städtchen, in dem es sich sehr gut leben lässt. Staufen ist wie Freiburg, nur im Kleinformat. In seinem Rücken hat es den Schlossberg und die Ausläufer der Schwarzwaldhügel, vor sich die sonnenbeschienene Weinlandschaft des Markgräflerlandes. Auch hier ist alles Alte aufs Lieblichste erhalten. *Hauptstraße* steht in weißer Frakturschrift auf einem blauen Straßenschild. Das kleine Hinterstädtle wurde erstmals 770 erwähnt. Hier gibt es verwinkelte Häuschen, schattige Innenhöfe und sanft plätschernde Sandsteinbrunnen. Der historische Altstadtkern ist mit Kopfstein gepflastert, alte Gasthäuser und Cafés laden zum Verweilen ein, das Wasser, das durch die Bächle fließt, stammt aus dem Neumagen. Das Flüsslein überquert man über eine niedliche, Deutschlands einzige noch erhaltende Gussstahlbrücke. Kurz, Staufen ist wunderschön.

Aber das Bild trägt Risse, im wahrsten Sinne des Wortes. Viele Häuser in der Altstadt sind von langen, mehrere Zentimeter breiten Rissen durchzogen. Wenn Sie durch die Stadt spazieren, können Sie sie überall sehen. Das sieht gespenstisch aus, als wäre die Stadt kürzlich bombardiert worden. Oder als hätte die Erde gebebt. Etwas Ähnliches ist auch passiert. Tatsächlich bewegt sich die Erde unter Staufens Innenstadt und lässt die Häuser brechen.

Vielleicht hat es was zu bedeuten, dass dieses Unglück ausgerechnet in der Stadt passiert, in der Doktor Faust seinen Pakt mit dem Teufel schloss. Die Staufer haben sich den Ärger nämlich selbst eingebrockt. Sie waren, um Goethes *Faust* ein wenig abzuwandeln, Teil von jener Kraft, die stets das Gute will und stets das Böse schafft. Als vor ein paar Jahren das Rathaus grundsaniert werden musste, beschlossen die Staufer, eine Geothermie-Heizung einzubauen. Diese sollte im Winter heizen und im Sommer kühlen. Eine ökologisch und ökonomisch tolle Sache, glaubten sie. Glaubte jeder. Über hundert Meter tief wurde gebohrt. Sieben Erdwärmesonden wurden gebaut. 2007 wurde die Anlage eingeweiht, und alle waren glücklich und zufrieden. Doch schon wenige Wochen später begann der Ärger. Unbemerkt drang Wasser in höhere Gipskeuper-Schichten. Diese unterirdischen Quellungen hoben langsam den Boden an. Teilweise stieg die Erde um einen Zentimeter pro Jahr. Solchen Kräften ist kein Haus der Welt gewachsen. Mittlerweile sind über 260 Häuser betroffen. Die handbreiten Risse sind nicht zu übersehen. An vielen Häusern reichen sie vom Boden bis unter den First. Manche liegen offen da, die nächsten sind zugekittet. Wieder andere sind mit knallroten Klebebändern zugeklebt. Zuerst fragt man sich, was diese pflasterartigen Streifen wohl bewirken sollen. Tritt man näher, erkennt man, dass das Hilfsbotschaften sind, die zu Spenden aufrufen, um die Stadt vor dem Einsturz zu retten: *Staufen darf nicht zerbrechen.*

Dank schadensbegrenzender Maßnahmen hat man die Hebung zuletzt um die Hälfte senken können. Staufen wird noch sehr, sehr lange mit seinen Rissen zu kämpfen haben. So traurig es klingt: Wäre die Stadt nicht sowieso schon eine Reise Wert, sollte man sie allein wegen der Risse aufsuchen. In der Zerstörung liegt ja immer auch ein gewisser ästhetischer Reiz.

Waffen aus dem Schwarzwald

So friedlich und friedliebend sich der Schwarzwald auch zeigen mag – es gibt da einen Ort im Nordschwarzwald, in dem seit über 200 Jahren Schusswaffen hergestellt werden. Der König des erst wenige Jahre alten Königreichs Württemberg ordnete 1811 die Errichtung einer zentralen Waffenfabrik an. Die Wahl fiel auf ein ehemaliges Augustinerkloster in Oberndorf, das seit der Säkularisierung als Kaserne genutzt worden war. Fortan wurden in dieser nordöstlichsten Ecke des Schwarzwalds Gewehre, Karabiner, Bajonette, Säbel und andere Waffen hergestellt. 1874 wurde die Fabrik an die Brüder Mauser verkauft, die neuartige Gewehre mit Selbstspannung und Flügelsicherung entwickelt hatten, später kamen Röhrenmagazine und mit dem M98 das meistproduzierte Waffenverschlusssystem der Welt hinzu. Kunden aus dem In- und Ausland reisten in den Schwarzwald, um sich mit Waffen einzudecken. Oberndorf errichtete extra ein Gästehaus im osmanischen Stil, damit sich die türkischen Kunden wohlfühlten. Der Türkenbau fiel den Bomben des Zweiten Weltkriegs zum Opfer. Der Schwedenbau, der für die skandinavischen Einkäufer gebaut worden war, beherbergt heute das Heimat- und Waffenmuseum.

Während des Ersten Weltkriegs boomte das Geschäft, um nach seinem Ende erst mal zu versiegen. Laut Versailler Vertrag durfte Deutschland keine Waffen mehr herstellen. Wer weiß, welchen Verlauf die Weltgeschichte genommen hätte, wäre dieses Verbot aufrechterhalten worden. Aber schon wenige Jahre später wurde wieder produziert. Zuerst heimlich, dann ganz offiziell.

Als die Nationalsozialisten an die Macht kamen, erlebte die Schwarzwälder Waffenproduktion ihre absolute Blütezeit. Während des Zweiten Weltkriegs verließen über 800 000 Karabiner pro Jahr die Werkshallen. Nach dem Krieg wurden wieder Nähmaschinen-, Fahrrad-, Haushalts- und Büromaschinenteile hergestellt. Aber auch dieser Produktionsstopp wurde aufgehoben. Dafür sorgten die drei großen Ks des deutschen Wiederaufbaus: Koreakrise und Kalter Krieg.

Heute werden in mehreren Firmen »Handfeuerwaffen von Weltruf« produziert. Mehr als tausend Menschen sind in der Oberndorfer Waffenproduktion tätig. Heckler & Koch hat Tochterfirmen in England, Frankreich und den USA. Der Bundesgrenzschutz und die GSG9 schießen mit Waffen von Heckler & Koch. Auf der ganzen Welt sind Polizisten und Soldaten, Sicherheitskräfte und Wachfirmen, Milizen und Gangster mit Waffen von Heckler & Koch ausgerüstet. Allein das G3 wurde mehr als sieben Millionen Mal gebaut. Die MP5 prangte im Logo der Roten Armee Fraktion. Das G36 wurde in mehr als dreißig Staaten geliefert und tauchte in den Bürgerkriegen in Libyen und Georgien auf. In den USA, wo der zivile Markt immer wichtiger wird, bekommt man eine halbautomatische H&K für knapp tausend Dollar.

Dass die Waffenfabrik im Schwarzwald verankert ist, zeigt ein Werbevideo, in dem das Universalmaschinengewehr HK121 vorgestellt wird. Darin ist ein Mann zu sehen (der kernig-kräftigen Statur nach zu urteilen ein Schwarzwälder), der auf einem sonnigen Waldweg steht und aus dem Bild hinaus und in den Schwarzwald hinein ballert, mal stehend und mal liegend. Die maritimen Fähigkeiten des HK121 stellt ein dünnerer Kollege vor. Der steckt das Gewehr in einen vermosten Waldbrunnen, wie man sie oft auf Wanderwegen sieht. Untermalt ist der zehnminütige Film mit technohafter Klaviermusik. Wenn es nicht so makaber wäre, müsste man lachen.

Andere ortsansässige Waffenunternehmen sind der Sportwaffenhersteller Westinger & Altenburger und der Mauser-Nachfolger Rheinmetall Defence. In deren Werk in Neuenburg bei Müllheim im Markgräflerland gab es mal eine Werksführung für den Gemeinderat und die Mitglieder der freiwilligen Feuerwehr. Wie es hieß, konnte man sich über die Produktpalette des Werks informieren und pyrotechnische Produkte selbst testen. »Besonderes Gehör fand bei Bürgermeister Schuster das Versprechen, dass Rheinmetall der Stadt Neuenburg am Rhein und ihren Bürgern auch beim nächsten *Nepomukfest* wieder das traditionelle Musikfeuerwerk darbieten wird.« Obwohl es so makaber ist, muss man lachen.

Viele Oberndorfer leben direkt oder indirekt von der Waffenproduktion. Entsprechend stehen sie zu ihren Unternehmen. Für sie sind Waffen vor allem dazu da, Verbrechen zu verhindern. Sie müssen sich nur in den richtigen Händen befinden. Außerdem werde in der Diskussion immer ausgeblendet, dass mit Oberndorfer Sportwaffen schon zahlreiche olympische Medaillen für Deutschland geholt wurden.

Das sehen aber nicht alle Schwarzwälder so. 2013 fand im nahen Villingen erstmals der *Internationale Kongress zu sozialen und gesundheitlichen Folgen des globalen Kleinwaffenhandels* statt. Es gab eine Fahrradtour gegen Kleinwaffenhandel und ein Chorkonzert. Vor den Toren von Heckler & Koch wurden Friedens- und Freiheitslieder aus aller Welt sowie Stücke gegen Krieg und Gewaltherrschaft aus Südamerika, Aserbaidschan und dem Wilnaer Getto gesungen.

Der Tod im Nordschwarzwald

Nicht weit von Calw entfernt, im friedlichen und lieblichen Rombachtal, ist es kurz vor dem offiziellen Ende des Zweiten Weltkriegs zu einem schrecklichen Verbrechen gekommen, das bis heute nicht aufgeklärt ist. Als um das ferne Berlin noch gekämpft wurde und die bedingungslose Kapitulation noch nicht unterzeichnet war, war der Krieg im Schwarzwald schon vorbei. Da wurde im Rombachtal bei Enzklösterle im Nordschwarzwald eine zehnköpfige Familie ausgerottet. Die fünf Erwachsenen und fünf Kinder, deren Leichen am 25. April 1945 entdeckt wurden, waren Angehörige des Revierförsters Max Schultheiß, der wenige Tage zuvor in französische Gefangenschaft gekommen war. Man weiß bis heute nicht, wer die Tat begangen hat. Manche vermuten, hier hätten sich Spannungen aus dem Dorf entladen. Andere meinten, dass es die polnischen, dem Förster zugeteilten Zwangsarbeiter waren. Schultheiß, der sehr gewalttätig und aggressiv war, ließ sie hart schuften und gab ihnen nur Kartoffelschalen zu essen. Oder waren marokkanische Soldaten, die auf der Seite Frankreichs kämpften, die Mörder? Nach dem Zweiten Weltkrieg befand sich der größte Teil des Schwarzwalds in der französischen Besatzungszone. Die Marokkaner und Algerier bekamen nur sehr wenig oder gar keinen Sold, durften aber zwei Tage lang in besetzten Gebieten plündern, ehe diese von der französischen Armee offiziell eingenommen wurden. Sie zogen brandschatzend durch die Gegend und verbreiteten Angst und Schrecken. Vielen Schwarzwäldern muss das Herz in die Hose gerutscht sein, als sie den ersten Schwarzen ihres Lebens begegneten. Es gibt absurde Fotos, auf denen marokkanische Soldaten Kittelschürzen, Schlafhauben, Jägerhüte und andere Kleider, die sie erbeutet hatten, tragen.

Neben Wertgegenständen waren sie immer auch auf der Suche nach Nahrungsmitteln. Als Muslime waren sie nur an Schafen, Ziegen und Hühnern interessiert. Wenn sich nun Marokkaner einem Hof näherten, wurden die Kinder mit dem Vieh in den Wald geschickt und mussten dafür sorgen, dass kein Tier schrie oder blökte. »Wie beruhigt man denn eine Ziege?«, fragte ich einen alten Bauern, der mir davon erzählte. »Genauso wie en Mensche«, antwortete der, »streichle un beruhige un mit ihne schwätze. Un vorher guet füttere.« Da saßen die Kinder also im Wald, streichelten ihre Schafe und Ziegen und hofften, dass keine einen Mucks tat, wenn die Fremden näher kamen. Wenn die marokkanischen Soldaten nur noch dreißig, vierzig Meter entfernt waren, blieben sie meist stehen, warteten noch ein bisschen und machten wieder kehrt. Der Schwarzwald war ihnen einfach zu unheimlich. So dichten Baumbestand gab es in ihrer Heimat nicht. Außerdem trieben sich in den Wäldern versprengte Partisanen und deutsche Soldaten herum, die sich von ihrer Truppe abgesetzt hatten und immer noch bewaffnet waren.

Auch zu Vergewaltigungen kam es. Darüber wurde aber nie gesprochen. Frauen und Mädchen malten sich die Gesichter und Haare mit Kohle an, um verschont zu werden. Vielleicht wollten also marokkanische Soldaten, die zu dieser Zeit nachweislich in der Gegend von Enzklösterle unterwegs waren, den abgelegenen Rombachhof plündern und sich an den Frauen vergehen. Diese könnten Widerstand geleistet haben, sodass die Situation eskalierte und es zu dem schrecklichen Gemetzel kam.

Man weiß es nicht. Die französischen Besatzer, die den Fall damals kriminaltechnisch untersuchten, haben die Untersuchungsakten angeblich für 99 Jahre gesperrt.

Nur einer hat das Blutbad überlebt. Fritz, der Sohn des Försters, der damals sieben Jahre alt war, hatte sich unter seiner Bettdecke verkrochen. Dort fand man den völlig verstörten Jungen am nächsten Morgen. Die Toten wurden auf dem Mittelenztaler Friedhof beigesetzt. Fritz wuchs bei seiner Tante auf, und als er volljährig war, wanderte er nach Amerika aus.

Zurück zur Natur.

Der Nationalpark Nordschwarzwald

In Baden-Württemberg gibt es Naturparks und Naturwaldreservate, Biosphärenreservate und Flächennaturdenkmäler, es gibt Bannwälder und Schonwälder, es gibt Naturschutz-, Vogelschutz-, Wasserschutz- und Landschaftsschutzgebiete. Was es nicht gibt, ist ein Nationalpark. Baden-Württemberg ist neben Rheinland-Pfalz das einzige Bundesland ohne. Nicht nur deswegen hat die grün-rote Landesregierung beschlossen, einen *Nationalpark Nordschwarzwald* einzurichten. Den Plan gab es seit vielen Jahren, seine Umsetzung wurde aber von den Vorgängerregierungen immer wieder verschoben. Auf einer etwa zehn mal zehn Kilometer großen Fläche soll die Natur sich selbst überlassen werden. Bedrohte Tierarten sollen hier Schutz finden und der Urwald sich wieder ansiedeln. Das alles soll der Natur, dem Tourismus und der Wirtschaft dienen. Eine gute Sache, oder nicht?

Gutachten wurden geschrieben, mögliche Territorien ausgewählt, mit Tourismusverbänden und Anwohnern gesprochen. Und weil die grün-rote Landesregierung es anders machen wollte als ihre Vorgänger, die wichtige Entscheidungen gern mal im Alleingang durchgezogen haben, wurden die Bürger gleich von Anfang an in den Prozess einbezogen. Auch eine gute Sache.

Doch dann artete die Auseinandersetzung in eine Art Bürgerkrieg aus. Denn es gibt zwei Arten von Schwarzwäldern. Die einen sind für den Nationalpark und die anderen strikt dagegen. Viele Holzbauern, Gastwirte, Kommunen und Gemeinden vor Ort waren dagegen. Dafür war die Landesregierung. Auf Podiumsdiskussionen, in Prospekten und auf Homepages, in Gutachten und Gegengutachten überhäufte man sich mit Argumenten und Beleidigungen. »Wenn im Nordschwarzwald ein Nationalpark errichtet wird, gibt es nur Verlierer«, sagte der eine Hotelier, »wenn der Nationalpark gut gemacht wird, dann ist dies eine Initialzündung für den Bau neuer Hotels« der andere. Ein CDU-Gemeindeverband sah durch den Nationalpark sogar »unsere Freiheit in Gefahr«.

Das lässt ein anderes, viel grundsätzlicheres Problem erkennen. Die Gegner stört nicht nur, dass die Entscheidung für den Nationalpark getroffen wurde, sondern auch von wem. Denn seit 2011 hat Baden-Württemberg eine grün-rote Landesregierung. Bürgermeisterämter, Gemeinderäte und Kreistage sind aber immer noch von der CDU besetzt. Früher konnte ein CDU-Landrat einfach im Ministerium anrufen, wenn er etwas für seinen Wahlkreis tun oder etwas verhindern wollte. Diese Verbindung gibt es nicht mehr. Das irritiert und schmerzt.

Wer hätte denn auch vor wenigen Jahren darauf gewettet, dass Deutschland mal einen grünen Ministerpräsidenten haben würde? Noch dazu im konservativen Musterländle Baden-Württemberg, in dem die CDU seit 1952 immer die Regierungspartei und den Ministerpräsidenten gestellt hatte? Begünstigt wurde die Wahl durch einen wenig beliebten Vorgänger, der am Parlament vorbei Deals mit Energieunternehmen einfädelte, durch Fukushima und ein Memorandum der Bundeskanzlerin zur Atomenergie. Plötzlich stand Winfried Kretschmann dem Land vor. Aber die Schwarzwälder brachen nicht in Jubelgesänge aus.

Die wenigsten von ihnen hatten ihn gewählt. Sie sind zwar natur- und heimatverbundene Menschen, die ihre Heimat geschützt wissen wollen. Aber dafür muss man doch nicht gleich die Grünen wählen. Die Grünen mögen die Wahlkreise Freiburg I und Freiburg II gewonnen haben. In Calw und Pforzheim jedoch, in Rottweil und Waldshut, in Emmendingen, Lörrach und Lahr hat wie eh und je die CDU die meisten Stimmen geholt. Entsprechend groß war die Sorge, was dieser Kretschmann wohl anstellen würde. Im Ernst: Nicht wenige Baden-Württemberger fürchteten sich vor Enteignung, Zwangsverwaltung und Kommunismus. Auch die baden-württembergische Autoindustrie fürchtete einen Politikwechsel, als Kretschmann gleich mal erklärte, dass weniger Autos doch entschieden besser seien als mehr. Aber dann zeigte sich, dass ein pragmatischer Mann die Villa Reitzenstein bezogen hatte, der sich um die Belange der Wirtschaft kümmert. Die Grünen seien »schon immer eine Autofahrerpartei« gewesen, sagte er bald, und dass das Ländle von der ganzen Welt um die technische Leistungsfähigkeit seiner Unternehmen beneidet werde. Ökonomie und Ökologie gingen in eine Richtung, das sei einfach großartig.

Die Sorge vor Kommunismus und Enteignung ist bei den meisten Schwarzwäldern mittlerweile gewichen. Die Sorge um den Nationalpark jedoch nicht. Die Holzindustrie, die dort kein Holz mehr schlagen darf (nach einer Übergangsfrist von dreißig Jahren), fürchtet um ihre Arbeitsplätze. Gastwirte fürchten den Buchdrucker. Diese Borkenkäferart wird vom Harz der Fichten angelockt. Der fünf Millimeter große Käfer bohrt sich durch die Rinde und legt seine Eier ab. Wenn die Larven geschlüpft sind, ernähren sie sich vom Baumsaft, der Baum stirbt ab. In den Augen der Nationalpark-Gegner wird der Buchdrucker die Wälder kahl fressen und den Touristen den einzigen Grund nehmen, herzukommen. »Die Regierung will unseren wunderschönen Wald verrecken lassen!«, sagen sie und publizieren Fotos von kahl gefressenen Hügeln aus dem Nationalpark Bayerischer Wald. Sie verschweigen aber, dass dieser Park, den es seit 1970 gibt und der am Anfang genauso umkämpft war, heute ein Touristenmagnet ist.

»In einem Nationalpark darf sich Natur ungestört entwickeln«, sagen die Befürworter und garantieren eine Bannmeile, die vor der Ausbreitung des Käfers schützen soll. Die ursprünglich hier ansässige Tanne werde sich wieder ansiedeln und der Schwarzwald wieder so dicht und dunkel erstrahlen wie in allerfrühesten Zeiten. (Wie lange das dauert, können sie leider auch nicht sagen. Ein paar Dekaden werden es schon sein.) »Der Schwarzwald ist ein roher Diamant, den man mit der Hilfe eines Nationalparks schleifen und in eine Goldfassung stecken kann«, sagt Klaus Brähmig, CDU-Mitglied und Vorsitzender des Tourismus-Bundestagsausschusses.

Im Nationalpark wird man also eines Tages Natur erleben können, wie sie wirklich ist. Heißt das, dass der Schwarzwald, wie wir ihn kennen und lieben, *falscher Natur* ist? Welcher ist der bessere? Der, der von den Menschen gehegt und gepflegt und gestaltet wird? Oder der, der sich selbst überlassen wird?

Der Nationalpark wird kommen. Die grün-rote Landesregierung hat den Gesetzentwurf im September 2013 verabschiedet. 0,7 Prozent der baden-württembergischen Waldfläche wird er einnehmen. Ein Teil liegt am Hohen Ochsenkopf, ein größeres Gebiet am Ruhestein. Bestandsschutz genießen Hotels, Schanzen, Loipen und Hütten. Die beiden Teile sind durch dichten Wald miteinander verbunden, der einer privaten Waldgenossenschaft und sieben Gemeinden gehört, die sich dem Nationalpark nicht anschließen wollten. Was wohl los sein wird, wenn die ersten Wölfe gesichtet werden?

Koks und Kuhmist.

Die Reichen, die Schönen und die Armen des Schwarzwalds

Stéphanie de Beauharnais war die Tochter eines französischen Offiziers, die nach dem Tod ihres Vaters von Kaiser Napoleon Bonaparte adoptiert wurde, um 1806, 16-jährig, mit dem badischen Erbprinzen Karl verheiratet zu werden.

Bonaparte war der größte Ehevermittler seiner Zeit. Die europäischen Herrscherhäuser band er mittels Eheschließungen an sich. Genutzt hat es ihm nichts. Nach der anfänglichen Verehrung haben sie sich irgendwann doch gegen ihn gestellt. Sogar die Südweststaaten, die ihm überhaupt erst ihre Existenz verdankten.

Stéphanie fühlte sich hier nie richtig wohl. Sie vermisste das höfische Leben in Paris. Am badischen Hofe ließ man sie spüren, dass sie nicht wohlgelitten war. Nicht mal ihr eigener Mann kümmerte sich um sie, sondern frönte weiter seinem Junggesellenleben. Sie brachte eine gesunde Tochter zur Welt, zwei Söhne verschieden etwa ein Jahr nach der Geburt. Ihr Mann wurde Großherzog von Baden und starb wenige Jahre später an der Wassersucht. Danach führte Stéphanie 42 lange Jahre lang das pflichtbewusste Leben einer Witwe. Ein Schicksal, das sie mit vielen Frauen ihres Standes teilte, und Stéphanie wäre wahrscheinlich längst vergessen, wenn es 1828 nicht zu einem Vorfall gekommen wäre, in den sie indirekt verwickelt war und der die Gemüter bis heute beschäftigt.

In jenem Jahr wurde im fernen Nürnberg ein verwirrter junger Mann aufgegriffen, der nichts sagen konnte als: »Ich mecht a solchener Reiter wern, wie mei Vadder einer gwähn is.« Als man ihm einen Zettel hinschob, schrieb er einen Namen darauf: Kaspar Hauser. Der Jurist Anselm Feuerbach und der Gymnasialprofessor Georg Friedrich Daumer brachten ihm Lesen und Schreiben bei und führten allerlei psychologisch-pädagogische Experimente mit ihm durch, die sie regelmäßig in populärwissenschaftlichen Journalen veröffentlichten.

Wissenschaftler aus aller Welt waren an der Entwicklung des »Wolfskinds« interessiert. Die Regenten Europas und der kleine Mann auf der Straße interessierten sich für etwas anderes. War Kaspar Hauser tatsächlich der Sohn von Stéphanie de Beauharnais und Karl von Baden, den man im Säuglingsalter entführt und gegen ein totes Kind ausgetauscht hatte, wie die damalige *Yellow Press* spekulierte? Hauser hatte nämlich starke Ähnlichkeit mit den Abkömmlingen des badischen Herrscherhauses. Dass er angeblich in einem dunklen Verlies aufgewachsen war, wo man ihm jeden Tag Wasser und Brot gegeben und regelmäßig die Kleider gewechselt und die Fingernägel geschnitten hatte, beflügelte diese Theorie genauso wie die beiden Mordanschläge, die auf ihn verübt wurden. Den ersten überlebte er schwer verletzt, den zweiten dann nicht mehr. Ein Mann hatte ihn unter dem Vorwand in den Stadtgarten gelockt, ihm etwas über seine Herkunft verraten zu können. Kaspar ging mit und wurde niedergestochen. Drei Tage später, am 14. Dezember 1833, erlag er seinen Verletzungen und wurde in Ansbach begraben.

Das Großherzogtum Baden wollte nichts mit dem dahergelaufenen Bengel zu tun haben. Man sah in diesen Gerüchten nichts als eine gezielte politische Provokation. »Die Anhänger

Bayerns haben die Geschichte von Kaspar Hauser erfunden«, sagte Markgraf Wilhelm, »um uns dadurch in der öffentlichen Meinung zu schaden.« Aber wie es sich mit Gerüchten eben verhält: Je heftiger sie dementiert werden, desto hartnäckiger halten sie sich.

Über Kaspar Hauser wurden Romane geschrieben, Stücke aufgeführt und Filme gedreht. In Ansbach gibt es sogar Kaspar-Hauser-Festspiele. Nur im Schwarzwald gedenkt man seiner nicht. Genanalytische Untersuchungen aus dem Jahr 2002, die das Rechtsmedizinische Institut Münster anhand von Gewebematerial vorgenommen hat, ergaben, dass Hausers Blut höchstwahrscheinlich nicht mit dem des Hauses Baden verwandt war. Vielleicht hat deshalb das Interesse an Kaspar Hauser in letzter Zeit ein wenig nachgelassen. Heute sind die beiden einzigen nennenswerten Adeligen Maximilian von Baden und sein Sohn Bernhard, die in Salem am Bodensee leben und Schloss Staufenberg in Durbach besitzen (kleiner Tipp: von da hat man einen tollen Blick auf die Rheinebene und die Weinberge), sowie der Fürst von Fürstenberg. Beide sind in den letzten Jahren durch nicht immer positive Schlagzeilen aufgefallen.

Max von Baden wollte im großen Stil Handschriften verkaufen, die in der Badischen Landesbibliothek in Karlsruhe ausgestellt sind, und mit dem Erlös sein Schloss Salem am Bodensee renovieren. Aber manche Experten waren der Meinung, dass sich die Schriftstücke überhaupt nicht im privaten Besitz des Großherzogs befinden. Sie gehörten ursprünglich dem Großherzogtum, dessen Nachfolger das Land Baden und das Land Baden-Württemberg waren. Sie dienten nicht dem persönlichen Nutzen des Großherzogs, sondern dem des Großherzogtums, weswegen das Land die Personal- und Erhaltungskosten der Kunstsammlung und der Bibliothek bestritt. Das würde bedeuten, dass der Graf die Handschriften gar nicht veräußern darf. Dann kam heraus, dass das Land Kunstwerke kaufen wollte, die es kurz nach dem Zweiten Weltkrieg schon mal erworben hatte. Den Deal hatte Graf Douglas in die Wege geleitet. Der sitzt nicht nur im Aufsichtsrat der Zähringer Stiftung und hat als solcher über ebendiesen Verkauf zu entscheiden, sondern ist auch noch als Kunsthändler tätig und berät in dieser Funktion die Familie der von Baden (mit der er um ein paar Ecken auch noch verwandt ist). Kein Schelm, wer Schlechtes dabei denkt.

Heinrich wiederum, der Fürst von Fürstenberg, dem riesige Wälder gehören und der früher auch mal eine Brauerei besaß, wurde wegen Kokainmissbrauchs zu 135 000 Euro Strafe verurteilt. Seine Familie habe ein fürstlich fürstenbergisches Fröhlichkeits-Gen und schon immer gern gefeiert, erklärte er später in einem sehr offenen Interview. Es seien, sagte er, halt nur bestimmte Menschen, mit denen man rund um die Uhr feiern könne, alle anderen würden nachts schlafen. Aber er forderte die Leser und seine Untertanen auch eindringlich dazu auf, gar nicht erst mit Drogen anzufangen.

Im Schwarzwald hockten Arm und Reich schon immer dicht aufeinander: Arme Bauern auf den Dörfern und Höfen, verarmte Adelige in den Schlössern, Millionäre in den Städten. In Baden-Baden leben die meisten Deutschlands. Im Alter kommen sie wegen des guten Klimas, der anspruchsvollen Pflegedienste und der exzellenten Privatköche.

Die meisten Schwarzwälder Bauern ernährten sich noch in den Fünfzigern und frühen Sechzigern von Milch, Brot und Kartoffeln, und das an 360 Tagen im Jahr. Mein Onkel Heinz, der beim Schluchsee aufgewachsen ist, hat mir von seiner entbehrungsreichen Kindheit erzählt. Wurst gab es höchstens an Weihnachten, Limonade wurde aus Wasser, Essig und Zucker gemischt. Einmal pro Jahr wurde bei einem fahrenden Händler eine große Dose Salzheringe gekauft. Wollte man einen zubereiten, musste Heinz sie erst ausnehmen. Weil das keine schöne Arbeit war, tat er es draußen oder im Stall. Der Salzgeruch lockte aber die Kälbchen an. Wenn er nicht aufpasste, stießen die Tiere die Dose runter, und er musste die Fische am Brunnen waschen. Dabei durfte ihn der Vater nicht erwischen, sonst gab es eine Tracht Prügel.

Ich dachte lange, dass Bauern im Winter nichts zu tun haben, aber da hat Onkel Heinz mich eines Besseren belehrt. In der kalten Jahreszeit drosch er Heu, richtete das Futter für die Tiere oder schippte den Schnee vom Dach, damit es unter seiner schweren Last nicht einbrach. Damit war er manchmal tagelang beschäftigt, und wenn er fertig war, schneite garantiert der nächste Sturm alles wieder zu. Ski fuhr er nur nachts, vorausgesetzt, der Mond schien hell genug.

Nach Neustadt kam er höchstens einmal pro Jahr, wenn seine Großmutter ihm Schuhe kaufte oder einmal den Kommunionsanzug. Busse fuhren nicht, also legten sie den ganzen langen Weg zu Fuß zurück. Die Schuhe wurden vier Nummern zu groß gekauft, tragen durfte er sie nur im Winter. Den Rest des Jahres lief er barfuß. Im Sommer war das kein Problem. Aber im Spätherbst, wenn sein Vater jeden Morgen den Himmel betrachtete, ob das Vieh noch mal einen Tag auf die Weide konnte, konnte es sehr kalt sein. Der kleine Heinz schützte sich hinter einem Baum vor dem eisig kalten Wind und passte auf, dass das Vieh nicht davonlief. Und wenn eine Kuh *brunzte*, dann rannte er schnell hin und stellte seine Füße in den Strahl, um sie ein bisschen aufzuwärmen. Noch besser war, wenn eine scheißen musste, dann konnte er seine Füße in den warmen Fladen stecken. So wie Onkel Heinz erging es allen Bauernkindern im Schwarzwald. Wohlgemerkt, wir sprechen nicht vom Anfang des 19. Jahrhunderts, sondern von der zweiten Hälfte des 20., als in westdeutschen Großstädten längst das Wirtschaftswunder begonnen hatte.

Die Feriengäste, die sich kein Hotel leisten konnten, mieteten sich im Heuschober ein. Ganze Familien mit Kindern schliefen drei Wochen lang im Stroh. Jeden Morgen kamen sie im Trainingsanzug in die Küche, um Milch fürs Frühstück zu kaufen. Ihr Ferienprogramm bestand aus Wandern, Beeren und Pilze Sammeln und manchmal im Schluchsee Schwimmen. Mehr war nicht drin.

Aber braucht es denn überhaupt mehr? Ist dieses einfache und ehrliche Leben im Stroh und in der freien Natur nicht die beste Form der Erholung? Und ist es nicht eigenartig, dass unsere Vorstellungen von Idylle immer so eng an Armut geknüpft sind?

Um von den Drogen loszukommen, fuhr der Fürst von Fürstenberg gemeinsam mit seiner Frau weg. Aber nicht nach Südafrika, auf Barbados oder die Fidschis. Nein, der Fürst hat sich dahin begeben, wo wir Normalsterblichen uns auch regenerieren und zu uns selbst finden. In den Schwarzwald.

Gehen oder bleiben?

Die Weltwälder

Es gibt zwei Arten von Menschen, heißt es, die, die hier leben, und die, die hier leben wollen. Es gibt aber auch die, die von hier weggehen. Der Schwarzwald war nie nur Zu- und Durch-, sondern immer auch Wegzugsgebiet. Wo's am schönsten ist, sollte man gehen.

Der Maler Martin Kippenberger regenerierte sich regelmäßig in St. Georgen, danach zog er wieder hinaus in die Welt. Bekannte Größen wie Erasmus von Rotterdam, Max Weber, Walter Benjamin und Alfred Döblin blieben nur kurze Zeit. Hannah Arendt und Konrad Adenauer verließen Freiburg nach ein paar Semestern, der *Tocotronic*-Sänger Dirk von Lowtzow schon nach einem. Er ließ die musikalische Abrechnung *Freiburg* zurück.

Wer sich zu Höherem berufen fühlt, geht. Die Band *Tele* aus Lörrach, die einige Jahre in Freiburg lebte, ging. Judith Holofernes von *Wir sind Helden* besuchte in Freiburg die Schule. Sie ging. Wolfgang Schäuble, Jürgen Schrempp und Christian Klar wurden hier geboren, ebenso die Schauspieler Katharina Wackernagel, Johanna Wokalek, Felix Eitner und Til Schweiger. Sie alle gingen, manche schon als kleines Kind. Als solches zog

Alexandra Maria Lara mit ihren Eltern aus Rumänien her und schon bald wieder weiter.

Ein Nordschwarzwälder verließ seine Heimat und wurde zu einem der bedeutendsten Industriedesigner der letzten fünfzig Jahre. Hartmut Esslinger hat das Erscheinungsbild unserer Welt wie kaum ein Zweiter mitgestaltet. Wenn Ihnen sein Name nichts sagt, so kennen Sie doch sicher seine Entwürfe. Er hat für Sony, SAP, Louis Vuitton, Hansgrohe, Lufthansa, Windows, Acer, VW, Honda, AT&T, Disney, IBM, Karstadt, Motorola, Rosenthal, Siemens, Swatch, Virgin, Zeiss, Olympus, Yamaha, Kodak, Fissler und viele andere gearbeitet. Von ihm stammt der zeitlos schöne Apple II, der heute in der Pinakothek der Moderne in München steht. Esslinger stammt aus dem kleinen Weiler Beuren, zwischen Freudenstadt, Nagold und Pforzheim gelegen. In Schwäbisch Gmünd studierte er Industriedesign. Als seine Mutter erfuhr, dass er nicht Ingenieur werden wollte, ist sie in Ohnmacht gefallen. Seine erste Firma hatte ihren Sitz in Altensteig. Von hier aus hat Esslinger das Erscheinungsbild der Welt verändert. Später zog er nach Kalifornien. Berlin wäre nicht infrage gekommen, sagte er mal. Städte, die auf Sand gebaut sind, entzögen nämlich Kraft. Manhattan stehe auf Granit, das habe eine ganz andere Energie. Das gelte auch für seine Heimat. »Im Schwarzwald gräbst du, dann bist du auf Granit.« *Schdimmt sell?*

Einer, der diese These bestätigt, ist Jürgen Klopp. Der Meistertrainer von Borussia Dortmund hat mit seiner energetischen und erfrischenden Art, Fußball spielen zu lassen, ebenfalls die Welt erobert. Klopp stammt aus der kleinen Schwarzwaldgemeinde Glatten bei Freudenstadt, knapp 2000 Einwohner.

Wer nur für eine Nacht in Freiburg bleibt, endet oft in einer Ahnengalerie in der Herrenstraße. An den Wänden des *Gasthaus Löwen* hängen die Original-Autogrammkarten von Udo Jürgens, Roberto Blanco, Paul Kuhn, Howard Carpendale und Hunderter weiterer Stars, die sich hier nach ihrem Auftritt erholt und an der berühmten Schweinshaxe mit der knallgelben Sauce béarnaise gelabt haben, die bis drei Uhr morgens serviert wird.

Vielen Jugendlichen ist der Schwarzwald zu provinziell. Wenn sie ihn verlassen, dann nie in Richtung Stuttgart. Darum leben auch so viele Süddeutsche in Berlin. Während junge Bayern, Hessen und Holsteiner nach München, Frankfurt und Hamburg gehen, ist Stuttgart für Schwarzwälder keine Option. Null Identifikation.

Nach ein paar Jahren kehren viele von ihnen zurück. Den Rest befällt eine lebenslange Sehnsucht. Begegnen sich Schwarzwälder in der Diaspora, kommen sie früher oder später immer auf die Vor- und Nachteile einer Rückkehr zu sprechen. Würden Beruf, Wohnung und Familiensituation stimmen, man wäre schon längst wieder daheim.

Die zum Heimweh passende Jahreszeit ist der Herbst. Im Schwarzwald ist er von eigentümlicher Schönheit. Nirgendwo sonst teilt einem die Natur so sanft und so spät mit, dass nichts bleiben wird, wie es war. Wohlwollend umhüllt die Sonne alles mit ihrem spätsommerlichen Glanz, die Luft ist warm und sanft, die Speisekarten locken mit neuem Wein und Zwiebelkuchen, das Wild steht in den Wäldern zum Abschuss bereit, und erst lange nachdem das Laub gefallen ist und die morgendlichen Wiesen zu dampfen begonnen haben, deutet sich ein Hauch von Winter an. Ach, wenn es nur immer so schön wäre. Wenn man für immer bleiben könnte! Sehnsüchte werden stets von ihrer Unerfüllbarkeit genährt.

Im Schwarzwald leben zwei Arten von Menschen, die *Waldwälder* und die *Weltwälder*. Während der *Waldwälder* nie über den Tellerrand seiner Heimat hinausblickt – »Wa soll ich denn uff sellem Hamburg?« (und manchmal nicht mal weiß, was er in Freiburg soll) –, geht der *Weltwälder* in die Welt hinaus. Die Verkehrslage ist günstig, dank vieler ICE-Bahnhöfe und Flughäfen kommt er überall schnell hin. Aber genauso gern, wie er sich alles ansieht, kehrt er in den Schwarzwald zurück, wo er zu Hause ist und sich am wohlsten fühlt und es am allerschönsten ist.

Den berühmtesten *Weltwälder* durften Freunde von mir kennenlernen. Sie treffen sich einmal pro Woche auf der Eschholzwiese in Freiburg zum Fußballspielen. Es war kurz vor der letzten Fußballweltmeisterschaft, da kamen sie an, und die Wiese war schon belegt. Der berühmteste *Weltwälder* kickte hier mit ein paar Kollegen. Er wurde 1960 in Schönau geboren, arbeitete ein paar Jahre in Freiburg, ging dann nach Stuttgart, Frankfurt, Karlsruhe, in die Schweiz, die Türkei und nach Österreich, ehe er beim DFB anheuerte, wo er bis heute arbeitet. Durch seinen Beruf kommt er in der ganzen Welt herum, kehrt aber immer wieder nach Freiburg zurück, wo er gemeinsam mit seiner Frau seit vielen Jahren lebt. In einem Interview mit dem Fußballmagazin *11 Freunde* erklärte er, dass er sich nach wie vor im selben Umfeld bewege und die Dinge tue, die er auch getan habe, bevor er wurde, was er ist.

Meine Freunde wollten gerade wieder gehen, da rief jemand: »Hanai, bleibt halt da, spiele mer zsamme…!« Das war der berühmteste *Weltwälder*, den alle Welt nur »Jogi« nennt. Also blieben meine Freunde. Und spielten Fußball. Mit Jogi und seinen Kollegen. Im Schwarzwald. Auf der Eschholzwiese in Freiburg. Eineinhalb Stunden lang. Wer kann das von sich behaupten?

Die größte Ehre aber ist Hermann Eitel zuteilgeworden. Der unscheinbare Feriengast kam mehr als zwanzig Jahre lang jeden Sommer in das kleine Kappel im Hochschwarzwald, machte lange Spaziergänge und saß am liebsten auf einer Bank auf einem Hügel zwischen drei großen alten Eichen über den Dächern des Dorfs. Wie oft hat er sich wohl dem Gedanken hingegeben, nicht ins Ruhrgebiet zurückzukehren, sondern hierzubleiben? Hermann Eitel ist längst verstorben, und wer weiß, ob er die zehn Einfamilienhäuser gemocht hätte, die mittlerweile auf seiner Wiese stehen, und die Tatsache, dass der schmale Feldweg, auf dem er Sommer für Sommer zu seiner Bank hinaufstieg, einer asphaltierten Straße gewichen ist. *Wege dem bruuchsch du nit truurig sii.* Bestimmt hätte ihm der Name gefallen: Die Straße heißt *Hermann-Eitel-Weg.* Die Gemeinde hat sie nach ihrem treuen Gast benannt. Wer weiß, vielleicht sieht Hermann Eitel gerade in diesem Moment von oben auf seine Straße herab und freut sich, dass er für immer angekommen ist. Im Schwarzwald.

Bereits erschienen:
Gebrauchsanweisung für ...

01/0010/12/L

01/0011/12/R

PIPER

Anton Hunger
Gebrauchsanweisung für Schwaben

208 Seiten. Gebunden

Willkommen in Schwaben, wo fleißige Bausparer vor sich hin arbeiten, denen Sinnenfreude suspekt ist und die sich von Teigtaschen und Hefezopf ernähren. Aber das Schwabenland ist viel mehr: Es ist der immerwährende Konjunkturzünder Deutschlands, Heimat der Dichter, Philosophen und Kunstförderer, der Designer-Outlets und Pfarrhäuser. Der gefeierten Sterneköche und prämierten Rotweine, der Fußballhelden und scharfzüngigen TV-Entertainer. Der grünen Landschaften und Weinberge, der Barockstraße und des Neckar. Und mittendrin Stuttgart mit seiner einzigartigen Hügellage – lange unterschätzt und jetzt auf dem Sprung zur hippen Kulturmetropole. Anton Hunger zeigt den ganzen Charme Schwabens zwischen Tübingen und Überlingen, Baiersbronn und Marbach, Bietigheim und Metzingen, ergründet die berüchtigtste Mundart und die letzten Geheimnisse der Maultaschen-Connection.

01/1739/01/L